在《法律帝国》中追问合法性问题

徐 晨◎著

上海交通大学出版社

SHANGHAI JIAO TONG UNIVERSITY PRESS

内容提要

　　本书主要希望探讨德沃金在《法律帝国》中对待合法性问题的态度,以及他是如何在探究合法性问题的同时,以"建构性诠释"与"整体性"作为其理论基础,回应法理学之基本问题——"法律是什么"以及"何谓正当之法"。本书希望将德沃金对"法律概念"的认识作为理解其合法性理论的契机,并凭借论证"建构性诠释"以及"整体性"的要旨,揭示这两个经典问题在"法律帝国"中的"合二为一"。

图书在版编目(CIP)数据

在《法律帝国》中追问合法性问题/ 徐晨著. —上海:上海交通大学出版社,2018
ISBN 978－7－313－20156－0

Ⅰ.①在… Ⅱ.①徐… Ⅲ.①法律－研究 Ⅳ.①D9

中国版本图书馆 CIP 数据核字(2018)第 206536 号

在《法律帝国》中追问合法性问题

著　　者:徐　晨
出版发行:上海交通大学出版社　　　　地　　址:上海市番禺路 951 号
邮政编码:200030　　　　　　　　　　电　　话:021－64071208
出 版 人:谈　毅
印　　制:江苏凤凰数码印务有限公司　　经　　销:全国新华书店
开　　本:710 mm×1000 mm　1/16　　印　　张:11.75
字　　数:187 千字
版　　次:2018 年 9 月第 1 版　　　　　印　　次:2018 年 9 月第 1 次印刷
书　　号:ISBN 978－7－313－20156－0/ D
定　　价:58.00 元

自　序

　　本书是根据笔者的博士毕业论文《在"法律帝国"中追问合法性问题》修改而成。在本书中,笔者主要阐述了德沃金是如何通过回应"法律是什么"以及"何谓正当之法"这两个经典法理学问题,从而借助"建构性诠释"方案下的立法原则与司法原则,证成了他所身处的英美法律共同体的合法性问题。在博士论文初稿的基础上,本书修改了文章的导论,以便读者能够更加明确地了解合法性问题概念;增加、扩充了一部分注释,以求更为详尽地阐释德沃金理论与相关哲学、政治哲学思辨之间的关系。此外,还删去了一些与主题关联不大的内容,以求精简论述、有的放矢。

　　对于20世纪的法理学研究而言,罗纳德·德沃金(Ronald Dworkin)这个名字也许是无法回避的。1931年12月11日,德沃金出生于美国马萨诸塞州。在经过哈佛大学、牛津大学的求学经历后,德沃金于1957年赴美国联邦最高法院担任汉德大法官的助手。由于自己的观点与汉德存在分歧,德沃金很快就离开了最高法院,并作为律师从事了一段时间的法律实务工作。此后,由于家庭原因,外加英国牛津大学法学院向德沃金抛出橄榄枝,德沃金选择了回归校园继续从事学术研究的道路。1969年,德沃金开始担任牛津大学法理学首席教授,他的学术观点从此开始在世界范围内广为人知。从1975年开始,德沃金还同时担任纽约大学法学院教授,直至2013年2月14日离开人世。

　　就其代表作而言,德沃金前期的《认真对待权利》、中期的《原则问题》、后期的《审批法袍的正义》《刺猬的争议》都可以称为当代法理学的经典。然而,在笔者看来,《法律帝国》是德沃金理论的巅峰之作。德沃金对合法性问题的关注固然散见于他各个不同时期的作品之中,但《法律帝国》一书通过引入"建构性诠释"和"整体性"政治美德,连接了德沃金前期权利理论,并为其后期进一步的现实思考提供了理论武器。德沃金在该书中具体、翔实地回应了英美法律共同体在立法和司法两个层面上的合法性问题——虽然其后期著作更为具体地讨论了政治美德以及建构性诠释在美国政治、法律实践中的应用,但正如德沃金本人所指出的那样,他后期的工作都是在捍卫、重申和拓展各经典命题。①

因此,一如本书目录所示,笔者希望将德沃金对"法律概念"的认识作为理解其合法性理论的契机,并凭借论证"建构性诠释"以及"整体性"的要旨,揭示这两个经典问题在"法律帝国"中的"合二为一"。据此,本书的论述将主要分为六个部分。

在第一章导论中,笔者简要论述了合法性问题与德沃金理论的相关性。针对立法实践中的合法性问题,德沃金反对乌托邦式的社会契约论传统,主张政治共同体的合法性问题应当通过引入第四种政治美德"整体性"来予以解决。针对司法实践中的合法性问题,德沃金反对法律实证主义以及其他法学流派采取的"语义学"态度,主张法官应当通过建构性诠释在判决中给出对法律实践的"最佳诠释"。在本章中,笔者还将简要阐述国内外对上述问题的看法和观点,并且指出国内研究的不足,即他们在不同程度上忽略了德沃金理论与合法性问题的关联。

在第二章中,笔者的主要目标是探讨"法律的概念",也就是"法律是什么"这一经典问题。笔者认为,有三类关于法律概念的学说是我们不能忽略的:自然法理论、法律实证主义、法律现实主义。德沃金认为,传统的法律概念理论试图找到人类使用法律语言的共同规则。此种努力被他视为"语义学之刺"。它主要有两个危害:其一,以不必要的方式限制了我们理解法律与道德关系的可能,使法律语言的灵活性受限,并且导致了"恶法亦法"问题的产生。其二,错误地理解了疑难案件中争议的实质,未能清晰地揭示存在于法律人分歧中的"理论性争议",因此,扭曲了法律实践的真实状态。为了消解"语义学之刺"对法理学研究的影响,德沃金认为有必要引入新的理解法律概念的模式。此种模式正是"建构

---

① See Ronald Dworkin, *Justice in Robes*, Harvard University Press, 2006, pp.170-171.

性诠释"。

本书第三章主要探讨"建构性诠释"的概念。我们将看到,在德沃金所设想的"礼貌共同体"中,人们会对礼仪持有两个层面的诠释性态度。此后,本书将简要列举诠释的诸多类型,包括科学性诠释、艺术性诠释、对话性诠释以及作为创造性诠释的建构性诠释。建构性诠释不仅关注说话者、行为者和创作者的"原本意图",而且还更希望有所发展地令言行的原初主体能够从诠释中"有所收获",那么,实际上就存在有一种意图与对象相互作用、规定和给予意义的动态过程。这个动态过程被德沃金称之为诠释的诸阶段,包括前诠释阶段、诠释阶段以及后诠释阶段。在回应指向"建构性诠释"的两类质疑后,我们将简要探讨作为诠释性概念的"正义"政治美德,并为后续的论述做好准备。

在第四章中,笔者就将回答一个本书希望探讨的核心问题:建构性诠释视野下的法律概念研究将呈现出怎样的样态? 德沃金认为,法律的概念是一种诠释性概念,它的意义演变和延伸过程又可以在"前诠释阶段"、诠释阶段与后诠释阶段中得到澄清。在前诠释阶段中,法律人对法律概念的领会体现为一种"语义学"或"生活形式"上的大致共识;在诠释阶段中,法律人将凭借各自的诠释意图希望最好地诠释其所身处的法律实践,也可以说是在最好地揭示法律的寓意;在后诠释阶段中,法律的概念延伸表现为对上一个阶段之寓意的修正、补充或者怀疑。按照建构性诠释的观点,既然存在着对法律实践的"最佳诠释",就必须有"诠释竞赛"的规则,用以判断不同诠释的孰优孰劣。"符合"与"尽善尽美"就正是这样的规则。

在这个基础上,德沃金提出了自己的法律概念,将英美法律实践的寓意理解为"根据来源于过去的政治决定正当化强制力的使用、持有和保留"。这个法律概念的三个概念延伸就是因袭主义、实用主义和"作为整体性的法",它们分别对法律与强制力的关系以及如何理解过去的政治决定做出了不同的回应。于是,通过将"正当化强制力"引入法律的概念,这个法律概念和它的概念延伸必须同时回答"法律是什么"以及"何谓正当之法"的问题。德沃金此处实际上站在了法律实证主义分离命题的对立面,以建构性诠释融合了法律的"是"和"应当"。他进一步指出,因袭主义没有正确地描述英美法律实践,不"符合"它所试图诠释的对象,因此,是一种失败的诠释;实用主义怀疑"法律正当化强制力"的寓意,故对它的反驳必须通过对合法性问题的重提来展开。

"作为整体性的法"试图击败因袭主义与实用主义，它所坚持的立法原则和裁判原则均是对合法性问题的回应：前者要求立法者必须追寻正当之法——他的立法应当尊重整体性的政治美德，使其符合政治共同体的道德传统，并确保立法一以贯之和平等地适用于所有公民，以使得公民产生服从法律的"联合义务"；后者要求法官必须在司法裁判中发现正当之法——他们必须将法律实践视为一个整体，并且通过对诠释意图的正确运用来看待判决先例，从而发现每一个案件的"最佳诠释"，从而为裁判活动本身提供合法性证明。在本书的第四章中，我们就将具体地探讨这两类原则，并说明建构性诠释与整体性政治美德之间的关联。

本书的第五章，笔者将对本书的论述进行总结，并简要探讨国内学界所关心的一个主要问题：德沃金的理论能否适用于中国的法律实践。笔者对这个问题持谨慎的怀疑态度。然而，通过以上的论证，我们已经大致了解了德沃金对待合法性问题的态度，也领会了"建构性诠释"与"整体性"在解决该问题时所发挥的重要作用。在德沃金看来，或许每一个追问"法律是什么"的法律人同时也进行着"何谓正当之法"的追问。理解了这一点，我们或许就明白了德沃金为我们留下了怎样的法理学"遗产"。

熟悉德沃金《法律帝国》一书的读者可能会看出，本书的布局与论证并未过多地脱离这部法理学经典。在此，笔者希望坦陈的是，本书未能给出更多原创性思考的原因，乃是由于笔者的能力有限，而并非进一步的思考没有意义和价值。事实上，在本书完成后，有不少前辈与学友指出本书并无太多"原创性推进"。对于此类批评，笔者予以感谢，并欣然接受。但是，原创性推进势必要建立在对经典著作大致正确的理解上。诚如德沃金所言，法律人进行理论性争议的前提，在于他们对所探讨的疑难已经形成了大致的共识，否则，任何争论、探讨都将失去焦点，成为令人忧惧的自言自语。笔者不敢评价本书"大致正确"，但可以姑且把它当作朝向该目标的一次努力吧。

德沃金的方案能否适用于有着完全不同历史、文化、政治传统的当代中国，学界对此莫衷一是。在这个问题上，我比较赞同季卫东先生和其他持有相同观点的学者的立场，即基于不同的法律传统和思维，不能将他的理论简单地生搬硬套。德沃金对此亦有表态，他希望读者重视起理论中关键的抽象阶段，而不是牢牢抱住其结论不肯放下。何谓关键的抽象阶段？例如，某人叙述他是如何处理一项事务或者论证一个难题——对于听者而言，更重要的是他处理事务、论证难题的切入点、思考方式以及背后蕴含的抽象性原理，而并非他在叙述的最后给出的具体方案或阶段性结论。这要求听者将相似的、抽象的、哲学上的思考模型予以抽取，最后根据自己的实际情况加以运用。所以，本书的目标也仅在于大致正确地"提炼"德沃金的思考模型，而更为困难的"加以运用"，留待笔者自己与读者们思考与推进。

　　囿于个人能力，本书也许存在着错漏和观点值得商榷之处，欢迎各位师长与学友提出更多的批评与反馈。

　　是为序。

徐　晨

2018 年 8 月 21 日

于渝北巴山夜雨

目　录 | CONTENTS

第一章

导论：德沃金的"态度"

第一节　法律帝国与合法性问题

　　我们总是不可避免地身处于各式各样的共同体中：在"家庭"里，我们是"父母""夫妻"和"兄弟姐妹"；在"社会"中，我们是"朋友""同事"和"街坊邻居"；在"政治国家"的名义下，我们是"公民""选民"和"诉讼当事人"。我们的身份和言行被共同体的原则和规则所主宰，因而或多或少地总是有服从它们的义务。在这些原则和规则中，我们将发现"道德"，而为什么人必须服从于道德是一个伦理学问题（ethical issue）；①我们还将发现"法律"，而公民为何有义务遵守法律、服从裁判则是"合法性问题"（puzzle of legitimacy）的延伸。如何回答这两个问题，我们总是有自己的期许：也许道德是使人成为人的内心律法，也许它能让共同体更加和睦而繁荣；②也许法律应当代表正义和公平，也许它应当成为粉碎皇冠的利剑，让"法律面前人人平等"不至于沦为可笑的空谈，除此之外，它还应当成为驯化"利维坦"（*Leviathan*）的巨网，让个人脆弱的生命和尊严成为权力的目的

---

　　① "道德对人类提出了怎样的要求"以及"为什么人类应当服从这些要求"，可以说是伦理学的两个核心问题："答案就在于，伦理标准是规范性的……它们还向我们提出了要求，它们能够命令我们、强迫我们，或建议我们、引导我们。或者，最起码，我们在使用这些标准的时候，是在相互提出要求。如果我说某个事情是对的，我是说你应当做它；如果我说某个东西是好的，我是向你推荐你值得选择它。"详见〔美〕克里斯蒂娜·科尔斯戈德：《规范性的来源》，杨顺利译，上海译文出版社 2010 年版，第 9 页。

　　② 前一种观点代表着康德对道德问题的看法，而后一种则代表着经验论传统中功利主义者的观点。详见〔德〕康德：《实践理性批判》，载李秋零主编：《康德著作全集（第五卷）》，李秋零译，中国人民大学出版社 2006 年版，第 93 页；〔英〕边沁：《道德与立法原理导论》，时殷弘译，商务印书馆 2000 年版，第 82—83 页。

而不是手段。① 然而，也有人认为世俗道德只是虚伪的说教，或者优势意志的体现，而法律只不过是在"划分敌我"后将异己押上的"断头台"；② 还有人说："应当"(thing ought to be)和"事实"(thing is)根本就是两个问题，而这前面所有的"也许"只是一种喃喃梦呓。③ 不管怎样，这些问题都关乎我们的态度，或许是态度决定了合法性问题的正确答案。

那么，什么是合法性问题？为何有这个合法性问题？若不对概念进行澄明，恐怕下文的论述将难以获得其自身的"合法性"。"legitimacy"一词指代本书探讨的"合法性"概念；合法性问题又可以译作"正当性问题"，在本书中笔者是在同一个意义上使用这两个词语。在进入"合法性"的正式阐释前，必须区分以下三个概念：① "合法律性"(legality)，它主要指对象是否符合特定法律体系的规定和表达，是否应当被判定为符合法律或者违背法律；② "有效性"(validity)，它主要指法律在法体系中是否获得了恰当的形式性认可，从而获得其自身成为法律的效力；③ "合法性或者正当性"(legitimacy)，它更多地关系政治决定或者法律的制定、裁判是否符合价值标准，从而使得官员和民众拥有合理或道德上的义务遵守这些决定和法律。笔者是在第三个意义上使用"合法性"一词。④

---

① 这里参照了洛克对霍布斯的批评以及他"以法律限制特权"的平等主张。详见〔英〕约翰·洛克：《政府论（下篇）》，叶启芳、瞿菊农译，商务印书馆2012年版，第12—14页，第90页，第105页。

② 在这里，笔者参考了尼采(Friedrich Nietzsche)和施密特(Carl Schmitt)的观点。详见〔德〕尼采：《论道德的谱系》，周红译，生活·读书·新知三联书店1992年版，第11—12页；〔德〕卡尔·施密特：《政治的概念》，载刘小枫主编：《施密特文集（第一卷）》，刘宗坤等译，上海人民出版社2004年版，第106—108页；〔德〕卡尔·施密特：《宪法学说》，载刘小枫主编：《施密特文集（第三卷）》，刘锋译，上海人民出版社2005年版，第98页。德沃金将此种针对道德与法律的不同观点视为"内在怀疑主义"(internal skepticism)，关于内在怀疑主义和"外在怀疑主义"，参见 Ronald Dworkin, *Law's Empire*, Boston：Harvard University Press，1986，pp.78－85。

③ 英国哲学家大卫·休谟(David Hume)和后期的功利主义者与法律实证主义者们是这种划分的支持者。详见〔英〕大卫·休谟：《人性论》，关文运译，商务印书馆1980年版，第94页；〔英〕边沁：《道德与立法原理导论》，时殷弘译，商务印书馆2000年版，第79页；〔英〕约翰·奥斯丁：《法理学范围之限定》（影印版），中国政法大学出版社2003年版，第184—185页；H. L. A. Hart, "Positivism and the Separation of Law and Morals," *Harvard Law Review* Vol.71. No.4. (1958)，pp.593－629。

④ "合法性问题"也可以按照如下方式进行：我们为何需要政治国家？如果我们需要政治国家，那它应当采取怎样的方式正当地实施它的统治？如果它的统治方式是法治，那么，这些法律又依照怎样的程序，它的内容应当符合怎样的原则，从而有效地为法律所代表的国家强制提供正当性证明(justification)？无政府主义者(anarchist)强调人们并不需要政治国家，而霍布斯(Thomas Hobbes)则认为国家是绝对必要的，并且强大的主权者应当对政治共同体有绝对的支配权；密尔(J. S. Mill)的伤害原则或不干涉原则("harm principle" or "non-interference principle")为国家的行为划定了必要的界限，而罗尔斯(John Rawls)则认为政治结构和分配方案必须符合他所提出的"正义原则"(principles of justice)。在这些基础上，合法性的衍生问题是：谁应当拥有统治的权力，以及为何人们有服从统治的义务。第一个问题关系统治者的"合法权威"(legitimate authority)，第二个问题则关系公民的"政治义务"(political obligation)。结合下文的对立法原则论证，我们将看到德沃金采取了与经典思想家不同的路数：（转下页）

笔者认为，合法性问题的价值取向代表了对"正当之法"的追求，具体而言，它关系法律制定与司法裁判的价值取向，关系法律与道德的关系以及我们如何看到法律实践中的各种疑义。既然我们正当之法与价值取向有关，那么，就必须追问此种价值取向或者规范标准来源于何处？古典自然论者认为，这些标准来源于"法"的形而上学本质，即法律本身必须成为"抽象道德"的代言人。在他们的论说中，我们发现合法性难题解决的关键，正在于寻找那超验的"正当之法"：它们不存在于我们可感的经验世界，存在于为理念之光普照的"洞穴"外部；①不存在于世俗王权的一声令下，存在于全知全能者的先行规划。总而言之，法律或者裁判的合法性基础，存在于立法者或者裁判者是否能具备某种超越经验的知识，进而洞见那潜藏于"法律"理念中独一无二的共性，也就是所谓的"超验规范"。正是此种先在的规范，给予了立法与司法行为的合法性基础。从而，一旦世俗之法迎合了它的要求，它便作为超验的秩序的化身能够正当地要求其公民臣服于它的正当权威。这种超验秩序大都还主张：法律与道德之间存在着密不可分的关系，因为法律的合法性基础在于它符合或者体现了某种价值取向。反过来，假如人定法没能实现自然法的高尚追求，那么，我们似乎就立即拥有了一种拒绝将其称之为法律的理由。这就是著名的"恶法非法"（evil law is not law）判断。

但是，这种规范真的存在吗？它会不会只是哲学家们一厢情愿的说辞？它是否独断地混淆了法律与道德之间存在的界限，以至于浑水摸鱼地觅得了它所希冀的合法性答案？最后，法律的概念一定与此种超验价值存在联系吗？在特定共同体的道德传统中，一定就存在着能够被视为"正当之法"依据的规范性源泉吗？就法理学在20世纪初期的发展而言，这些追问或多或少地提醒人们应当

（接上页）他没有从第一组问题入手，从国家的基本形式证明政治权威的合法性，进而得出公民的政治义务，而是直接考察在何种情况下真正的政治义务会在特定的政治实践中产生，再借由此种"义务"的产生反过来说明此种情况下强制力的使用和持有是合法的。并且，司法裁量的正当权威也应当来自其对政治共同体道德传统的体现。本书主要介绍德沃金的论证思路，但没有能力，也并不试图站在更高的角度去审视德沃金的理论是否完美解决了合法性问题——尽管后一个问题可能更加困难，也更具研究价值。参见〔美〕罗伯特·诺齐克：《无政府、国家和乌托邦》，姚大志译，中国社会科学出版社2008年版，第62—64页；〔英〕托马斯·霍布斯：《利维坦》，黎思复、黎廷弼译，杨昌裕校，商务印书馆2012年版，第131—132页；〔英〕约翰·密尔：《论自由》，许宝骙译，商务印书馆2012年版，第10—11页；〔美〕约翰·罗尔斯：《正义论》，何怀宏、何包钢、廖申白译，中国社会科学出版社2009年版，第47页。

① 〔古希腊〕柏拉图：《理想国》，郭斌和、张竹明译，商务印书馆1986年版，第156—157页，第272—280页。

保持清醒的头脑。现代法理学之父约翰·奥斯丁(John Austin)对法律的概念作了如下定义:就其本质而言,法律乃是主权者凭借其政治优势地位,以特定不利与威胁作为后盾而颁布的命令体系。① 虽然奥斯丁的理论招致了许多批评,但此种应然与实然的严格区分为后世法律实证主义(legal positivism)的研究奠定了基调,即法律应当被客观地视为一种语言、符号的事实性存在予以探究。如此延伸,那么,我们便很快能够得出法律实证主义者坚信的"分离命题":法律的存在是一回事,它是否符合某种特定的合法性标准则是另一个问题。换言之,法律与道德、正义、公平并无概念上的必然联系,而假使研究者希望严肃地对待这一概念,那么,他就应当保持清醒,不要被形而上学与自然法(natural law)的胡话冲昏了头脑。如果他想要探求"正当之法"的存在标准,不肯放弃对合法性问题的追问,法律实证主义者就会告诉他:这很好,但这与"法律是什么"是不同的问题,不要把它们混为一谈。法律实证主义者哈特(H. L. A. Hart)也曾经指出:我们完全可以不必去否认纳粹种族屠杀的法律就"是"法律,但也没有必要因为它事实上"是"法律,就认为自己有服从的义务。我们可能会说,这就是法律,只不过因为它太不正义了,太过邪恶了,所以,我们没有义务去服从。② 所以,按照法律实证主义者的观点,如果当今的法理学希望探讨"法律是什么",那么,它必须和那些乌托邦的合法性理论划清界限——很显然,那些理论既没有给我们讲述真实历史,也不是对法律存在的客观描述;那些理论可以是政治哲学,甚至可以是伦理学,但它们不是法理学。

我们必须注意,法律实证主义并不是在说,自由主义传统所坚守的"个人权利"传统应当随着此种划分而随之消隐。③ 它们只是在说,合法性问题的关切在于此种权利传统能否为强制力的使用、持有和保留提供证成,但这与法理学探究法律的概念的事业不能同日而语。实证主义的策略不仅仅表现在法学理论层面上:在对法律语言进行孜孜不倦地研究后,哈特教授得出了一个惊人的结论,那就是由于法律语言不可避免的模糊性,在疑难案件中必然会存在着"法官造法"

① 〔英〕约翰·奥斯丁:《法理学范围之限定》(影印版),中国政法大学出版社2003年版,第184—185页。

② H. L. A Hart, *The Concept of Law*, 2nd ed. P. Bulloch and J. Raz. Oxford: Clarendon Press, 1994, p.208; H. L. A. Hart, "Positivism and the Separation of Law and Morals", *Harvard Law Review* Vol.71. No.4, 1958, pp.593-629.

③ 关于哈特对实证主义政治立场所做的澄清,参见 H. L. A. Hart, *Positivism and the Separation of Law and Morals*, Harvard Law Review Vol.71. No.4, 1958, pp.593-629.

的情形。① 也就是说,在法律语言的清晰地带,裁判者必须严格拘泥于法律文字之清晰含义从而"忠诚于法律",而不能用自己个人的道德信念与法理判断代替法律本来之所是,但"完全忠诚"又是不可能的,因为裁判者在法律语言的开放结构中时常会发现自己必须在可能的法律解释之间做出选择,但那时似乎又不存在着某种"高阶原则"指导他应当采取何种解释。所以,不论他如何行事,不论他如何正当化自己的判决,彼时彼刻的他都是在进行一种被称为"缝中立法"(interstitial legislation)的实践。② 按照这种逻辑,我们可以推出,在英美普通法传统中,公民在法律语言的清晰地带享有确定不移的权利,而在另外一种情况中则没有。所以,合法性问题在司法裁量中的完全解决对于实证主义者只是一出政治哲学的幻想。而法理学本身的任务,就是在司法裁判过程中揭穿那不可能存在的"合法性之梦"。

无独有偶,法律现实主义(legal realism)者采取了更为激进的策略来审视法律概念与合法性问题的联系。"法律是对法官将要做出何种判决的预测,而不是你们平日里喋喋不休的先例和规则。"现实主义者如是说。③ 换言之,我们日常意义上的法律是不存在的。既然如此,我们也不必对他们以下的宣言感到震惊:人们拥有的法律权利只是一种似乎存在的权利(as if right),而这些权利提出的意义并不在于为共同体的强制力提供任何形式的合法性证明。④ 那为何法律人还要就它们争个不停呢? 现实主义者们采取了实用主义的立场:这是通向共同体美好明天的道路,而权利应当在这途中扮演一种工具,以使得立法者和法官能够采取灵活的策略——比如进行棋盘式立法,比如思考什么裁判最有利于共同体的明天——在社会现实和历史情境中审时度势地利用他所能利用的一切,尽可能地编织共同体之似锦前程。⑤ "法律的生命不在于逻辑,而在于经验"。⑥ 所

① H. L. A Hart, *The Concept of Law*, 2nd ed. P. Bulloch and J. Raz. Oxford: Clarendon Press, 1994, pp.121-126.

② H. L. A Hart, *The Concept of Law*, 2nd ed. P. Bulloch and J. Raz. Oxford: Clarendon Press, 1994, p.132.

③ See B. Cardozo, *the Nature of the Judicial Process*, New Haven: Yale University Press, 1921, pp.10-69; J. Gray, *the Nature and Sources of the Law*, ed. by D. Campell and P. Thomas, Aldershot: Ashgate & Darmouth, 1997, p.65.

④ Ronald Dworkin, *Law's Empire*, Boston: Harvard University Press, 1986, pp.154-155.

⑤ Karl N. Llewellyn, "A Realistic Jurisprudence- the Next Step", Vol. 30, *Columbia Law Review*, 1930, pp.464-465.

⑥ Olver W. Holmes, *the Common Law*, in William W. Fisher III, M. J. Horwitz, Thomas A. Reed(eds.), *American Legal Realism*, Oxford: Oxford University Press, 1993, p.9.

以,即使法律实证主义那般主张权利存在于"清晰地带"的观点亦误解了法律实践的本质。所以,立法者与法官必须说出那高贵的谎言,共演一出"别有用心"却"动机高尚"的戏剧,以此规避无知大众在知晓真相后的出离愤怒。合法性问题,在法律现实主义者看来,在自然论者与实证主义那里都是一个天大的误会。正好像,年轻的汉德法官(Learned Hand)向他心中的法律英雄霍姆斯致敬(O. W. Holmes),后者却残酷地剥夺了他天真的幻想——"请主持正义!大法官!(Do justice! Justice!)"。"那可不是我的工作!(That's not my job!)"。①

那么,法理学应当按照这些建议弱化、回避甚至放弃对合法性问题的探寻吗?在本书中,笔者将主要考察德沃金(Ronald Dworkin)的态度,这是一种建立在"建构性诠释"(constructive interpretation)与"整体性"(integrity)之上的态度。② 为什么应当考察此种态度?这种指向合法性问题的考察有什么意义?笔者相信德沃金分别使用了这两个概念以解决提到的困境:

其一,"法律的概念"与合法性问题究竟有没有联系?针对法律实证主义者的"分离命题",德沃金提出了"建构性诠释"的概念,用以填补那些没有必要存在的"是"和"应当"的区分。这一概念的提出将法律实证主义、自然法学说,乃至法律实用主义关于辨识法律概念的"共同语言标准"斥之为"语义学之刺"(the sting of semantics),并认为正是这恼人不休的偏见使得法理学在审视"法律与

① 这个真实的故事来自《身披法袍的正义》一书:Ronald Dworkin, *Justice in Robes*, Harvard University Press, 2006, p.1.
② 关于"建构性诠释"(constructive interpretation)与诠释性概念(interpretive concepts)的译法,国内学界似乎没有形成同一意见。《法律帝国》的大陆中译本译者李常青教授将其译为"建设性阐释"与"阐释性概念";而我国台湾地区译者李冠宜先生在其新译本中将其译作"建构性诠释"与"诠释性概念";沈宗灵先生将"interpretive"一词理解为"解释性",而季卫东先生也采取了这样的理解,将这个前者表述为"建构性解释"。在本书中,笔者采用了李冠宜先生的译法。而对于"integrity"的译法,以上学者看法亦不尽相同。例如,李冠宜先生将其译为"整全性",而季卫东先生将其译为"整合性"。笔者采用了李常青先生"整体性"的译法。之所以采用此种译法:首先,德沃金所使用的"constructive interpretation"一词指的是"意图与对象之间的互动过程"(后文将给予详细论证),那么,这个概念就涉及哲学诠释学上"主观—客观"二元对立的融合,从而不同于"使得主观意图符合客观语词"的语义学和"单纯以主观规定客观对象"的康德式认识论。其次,对于"Integrity"而言,德沃金在法律帝国中多次提及最佳诠释的对象乃是"legal practice as a whole",并且也因为其诠释学的背景,这个概念可能实际上隐含了现象学中认识和实践过程的合而为一。当然,不管译法如何,我们只有明确语词的使用方式才能确切地知晓它的含义。而本书正是这样的一个努力。参见〔美〕罗纳德·德沃金:《法律帝国》,李常青译,中国大百科全书出版社1996年版;〔美〕罗纳德·德沃金:《法律帝国》,李冠宜译,时英出版社2002年版;沈宗灵:《评介哈特〈法律的概念〉一书的"附录"——德沃金与哈特在法学理论上的主要分歧》,《法学》1998年第10期;季卫东:《法律体系的多元与整合——与德沃金教授商榷解释方法论问题》,《清华法学》2002年第1期。另外,关于法律诠释学,还可以参见郑永流:《出释入造——法律诠释学及其与法律解释学的关系》,《法学研究》2002年第3期。

道德"这一经典难题时犯了独断、偏执的错误。若"建构性诠释"要拔出这根肉中刺，就势必要给出自己的回应，去重新审视法理学的经典追问——"法律是什么"（what is law）以及"何谓正当之法"（what is legitimate law）。我们将看到，通过论证"建构性诠释"之要义，法律实证主义抱着不放的"分离命题"也将随着语义学之刺的剔除变得可有可无。德沃金所坚信的是，通过正确阐明法律概念与社会实践的互动关系，那么，也许我们将发现，法律与道德、正义、公平等概念诚然有所不同。然而，此种不同的原因在于，它们的内容都取决于彼此，都在一个特定的共同体内随着人们的政治、法律实践得到诠释性发展。于是，法理学当然不能粗暴地划定明确的界限，将"正当之法"的合法性追问生硬地剥离至"法律概念"之外。

其二，如果我们采纳了德沃金的建构性诠释方案，那么，合法性问题又应当怎样在特定政治共同体内得到解决？这关系"整体性"的政治美德。在立法与司法层面上，"整体性"的政治美德（political virtue）同时也是一种政治原则和法律原则，它旨在更好地理解并解决特定政治共同体的合法性难题。① 这意味着政治共同体的法律必须符合整体性的要求，因为一旦这些立法在整个层面有瑕疵，甚至欠缺，那么，公民的守法义务也由此变得岌岌可危，因为"整体性"要求政治共同体以正当的方式平等地对待每一位公民。② 我们将要看到，"整体性"带来的解决不是社会契约或形而上学式的。如前文所述，乌托邦理论不能跳出自己的假定，去合理地解释为何某个特定国家的公民有支持并服从该国法律的义务，特别是当公民们对道德问题见解不一时，它不能说明为何他们仍然有服从法律的义务；此外，这些理论也不能以恰当的方式说明立法者之立法应当被怎样正确地解读，和法官应当如何在法律语焉不详之处进行正确的判决。所以，若进一步去追问，我们将会找到两个问题：第一，法律应当以怎样的方式被制定？它的内容又应当符合怎样的价值，以至于能在共同体成员中产生服从法律的义务？这涉及一个政治共同体中的立法原则（legislative principle）；第二，那些已经得到制定和颁布的法律在司法活动中应当怎样正确地被理解，以此维系共同体合法性基础在司法实践中的延续？这涉及这个共同体的裁判原则（adjudicative principle）。③ 对

① Ronald Dworkin, *Law's Empire*, Boston: Harvard University Press, 1986, p.166.
② Ronald Dworkin, *Law's Empire*, Boston: Harvard University Press, 1986, p.213.
③ Ronald Dworkin, *Law's Empire*, Boston: Harvard University Press, 1986, p.176.

于政治共同体而言,合法性问题都必须在两个层面得到同时解决。它们缺一不可。"整体性"和"建构性诠释"正志在于此:它们力图提供一种更为全面和深刻的视角去看待这些疑虑,去重新审视合法性问题;它们必须在通往立法原则与裁判原则的征途中,绕开"自然状态"那非历史的剧场,治愈"语义学之刺"带来的"法理学感染",而走入更为现实的特定政治、法律实践,最终直面合法性问题,回应"何谓正当之法"的追问。可以说,这就是"法律帝国"的态度。

第二节　本　书　主　旨

本书将主要围绕《法律帝国》中的"合法性问题"展开。这势必牵涉上文所提及的两个关键概念——"建构性诠释"和"整体性"。正如我们已经看到的那样,"建构性诠释"的提出旨在消除"语义学之刺"对法律概念研究的影响,所以,在本书第二章,首先探讨三种类型的法律概念,分别是自然法理论、法律实证主义、法律现实主义。德沃金认为,这三类理论都共同采取了一种语义学的方式来界定法律之所"是":即人类判明法律为何物的标准,正在于它是否符合了学说希望给它添附的语义学标签。不同的标签带来了争议,而这一部分的论述将简要回顾这些争议。包括法律实证主义者与自然法理论者就法律与道德的关系展开的争论,法律实证主义者与法律现实主义者就规则的确定性所展开的争论,同时还应当包括各类学说对疑难案件的不同看法。在德沃金看来,这些争论的源头都在于那根恼人的"语义学之刺",有时它让论者以不必要的方式限定了法律语言的灵活性,有时它又站在独断而又傲慢的立场上误解了法律概念的真实形态。所以,为了拔出这根语义学之刺,必须要引入新的理解模式,而德沃金所采取的方案受惠于欧洲大陆诠释学哲学,也就是广为人知的"建构性诠释"。

因此,本书的第二章将主要围绕着建构性诠释的概念展开。这个展开将从德沃金所设想的"礼貌共同体"中,人们所展现的两个层面的诠释性态度开始,即人们都认为礼貌不仅仅是一种事实性的社会规则,而且它的要求表达了特定的寓意,并且人们应当根据此种寓意的演变来审视、调整和修正自己的实践。在这之后,本书将简要列举诠释的诸多类型,它们包括科学性诠释、艺术性诠释、对话性诠释以及作为创造性诠释的建构性诠释。德沃金指出：社会习俗乃至法律的概念正是一种建构性诠释在历史中的显现。那么，为了进一步阐明这个概念，必须从"意图与对象的相互关系"入手，澄明建构性诠释将如何有别于那种期望抓住说话者意图的"对话性诠释"。又因为建构性诠释不仅仅关注说话者、行为者和创作者的"原本意图"，还更希望有所发展地令言行的原始主体能够从诠释中"有所收获"，那么，实际上我们就可以看到一种意图与对象相互作用、规定和给予意义的动态过程。这个动态过程被德沃金称之为诠释的诸阶段，它们包括前诠释阶段、诠释阶段以及后诠释阶段。在前诠释阶段中，由于共享着相同的语言规则和生活形式，诠释者之间能够就带诠释对象的基本意义问题达成大致的共识；在诠释阶段中，因为诠释者会采取诠释性态度的第一个寓意面向，他将不再机械地从语义学的角度去审视待诠释的对象，而将凭借自己的信念、意图尝试着通过阐发"寓意"（point），去尽善尽美地理解待诠释的对象；①在后诠释阶段中，随着时间推移，诠释者有可能会强化、延伸、修正或者调整自己的原始诠释；在社会习俗诠释中，他也有可能站在原先的寓意上修正自己的实践方式。德沃金认为，在诠释阶段，诠释者所阐发的寓意表达了待诠释对象的概念（concept），而在后诠释阶段对这些寓意的强化、延伸修正或者调整则被称为待诠释对象的概念延伸（conception）（或者"概念观"）。② 在本章的最后，本书将简要引入德沃金的论述，旨在说明"正义"作为一种政治美德，其本身也是一种不断被诠释，且尚具备进一步诠释可能性的诠释性概念。

在第四章中将试图说明建构性诠释在法律领域中的运用如何成为可能。这实际上关涉第一章所阐释的"法律的概念"问题。笔者将借助上文给出的诠释阶段的线索，进一步阐明法律的概念是如何在学说演进的过程中获得其不同的意义。具体而言，如果我们将法律实证主义、自然法理论，乃至法律实用主义的法律概念作为一种前诠释意义上的共识，那么，此种共识就不可能逃避其进一步被验证和发展的可能，而且它也将无法解释发生在德沃金所试图展现的英美法律共同体中存在的种种争论——因为这些争论并不完全都是语词之争，而是有的

---

① "point"这个词的意思可以是"要点""主旨"或者"意思"。笔者在此处使用"寓意"这一译法主要是根据德沃金对它的使用。德沃金指出：任何实践、习俗或者艺术作品都有其"寓意"，而此种"寓意"应当如何进行理解则是建构性诠释面临的主要任务。第三章、第四章将对"寓意"进行详细说明。

② 关于此处翻译的问题，笔者将在第三章具体论述。

放矢地进行"理论竞赛"。如果我们将这些法律的概念进一步视为诠释阶段的产物,也就是说,它们是阐明"法律之寓意"的严肃议题,那么,这些概念就不会获得无可争议的优越性,而将要在理论与实践的互动中一决高下。这也意味着,这些被德沃金称之为"竞争性诠释"的法律概念必须在后诠释阶段检验自己是否以恰当的方式阐明了"法律的寓意"。

此处非常重要的是,法律寓意的诠释性阐发只有在特定的共同体内才能获得其校验标准,因为诠释的对象与意图已经为诠释的范围划定了界限。具体而言,如果诠释的对象是普遍的法律概念,那么,这个对象实际上已经先行为意图拟定了某种诠释的结构,而此种诠释的结构又反过来重新在事先划定好的范围内给出了诠释对象的寓意。此种意图和对象的互动关系进一步说明,如果诠释者像法律实证主义者那样采取探究法律之客观所"是"的意图来诠释法律,那么,其收获的结论必然因为那先行被给予的诠释结构而局限了其寓意的阐发可能。因此,法律实证主义的语义学结论正是此种诠释对象普遍化的后果。然而,如果诠释者希望在这个基础上进一步地探究法律之概念问题,它的诠释对象就必须更加具体、更加特定,从而为诠释阶段的深入提供可能。反过来说,此种界限的划定又随着诠释的深化提供了"尽善尽美"的可能,而此种尽善尽美的标准与"法律之所是"的"符合"标准必须拥有一致的内在逻辑。只有这种内在逻辑予以成立,对法律概念的"最佳诠释"(the best interpretation)才有可能达到。① 因此,我们必须注意以下两点:第一,"最佳诠释"的可能性存在于特定的诠释范围内,在德沃金看来,他所力图给出的最佳诠释或许已经先行被规定于"英美法律共同体"内。第二,此种对法律概念诠释随着界限的划定,也因此具备了决出最佳诠释的竞赛规则:首先,一个阐发法律概念寓意的诠释必须符合对象,也就是符合那个特定共同体的法律实践;其次,它必须借助建构性诠释的理念,尽善尽美地理解它所试图理解的对象。

---

① "唯一正确答案"(a single right answer)、"正确答案(复数)"(right answers)、"最佳诠释(单复数)"〔the best interpretation(s)〕分别是德沃金在不同时期曾经采取的概念。我们或许有理由相信,随着其早期观点传播和遭受的质疑,德沃金修正和深化了他的"正确答案"理论。"建构性诠释"下的"最佳诠释"正是深化和修正的最终产物。所以,本书基本上采取了最后一种提法。关于其他表述,参见 Ronald Dworkin, *Taking Rights Seriously*, Boston: Harvard University Press, 1986, p.279;〔美〕罗纳德·德沃金:《原则问题》,张国清译,江苏人民出版社 2008 年版,第 145—181 页。德沃金在《身披法袍的正义》一书中沿用了"最佳诠释"这一表述,Ronald Dworkin, *Justice in Robes*, Harvard University Press, 2006, p.5, p.11.

　　随后,笔者将转入德沃金对具体问题的探讨。首先,将要引入的是德沃金所提出的"法律概念"。由于我们已经拟定了界限,因此,便不难理解这个概念为何会提及法律"正当化强制力"的"寓意"。由这两组关系又可产生三个递进层级追问,而作为因袭主义(conventionalism)的法律实证主义、实用主义(pragmatism)以及德沃金的整体性方案都将依据这三个追问给出不同的"概念延伸"。德沃金认为,因袭主义和实用主义都是失败的诠释,因为它们给出的诠释要么没能尽善尽美地理解法律实践,要么就根本不符合那尚待诠释的法律实践。结合这一法律概念的追问,前两类诠释都没能充分地对合法性问题进行回应:第一,那些公民个人道德观念可能不赞同的法律是否应当被服从?第二,那些由过去立法者所颁布的法律现在为何仍旧应当被遵守?而整体性方案的提出,恰好就是为了解决这两个问题。所以,此处德沃金暗藏在"法律概念"中的"私货",正是政治哲学乃至法哲学所历来探求的"正当之法"的理念,而此种"法律概念"之所以与我们追求客观、中立描述的理论直觉相悖,正是因为德沃金凭借建构性诠释理论的引入,将原先"是"和"应当"的二分消解在意图与对象的实践交互关系中。于是,随着诠释阶段乃至后诠释阶段的展开,"法律是什么"和"法律应当是什么"这两个追问就有可能在"尽善尽美"与"符合实践"的诠释意图中"合二为一"。

　　在接下来的两章,伴随德沃金式的"法律概念"一起到来的"合法性问题"将得到充分地探讨。我们将紧密的围绕着"正当之法"问题,来审视整体性方案对共同体中的立法原则(legislative principle)的限制。不过,也必须再次澄清界限:既然"法律是什么"与"何谓正当之法"已经在诠释性概念中得到了统一,那么,正当的标准必然亦不是置之四海而皆准的,我们或许只能在法律帝国所拟定的疆域内发现"正当之法"的存在。其后,有必要进行关于理论回溯,去阐明形而上学理论、功利主义理论、社会契约论,乃至罗尔斯(John Rawls)对合法性问题的基本看法。

　　德沃金认为,这些不同理论的弊端大致有以下三点:其一,它们是乌托邦式的理论,故而无法解决特定现实政治共同体的合法性问题;其二,它们不能说明为何特定政治共同体的公民有服从特定法律的义务;其三,传统政治哲学意义上的"政治美德"间可能会产生冲突,而最终导致共同体的道德人格分裂的"棋盘式"法律("checkerboard" law)正是此种冲突的产物。整体性方案希望解决这些问题:它意味着在特定的政治共同体中,历史和实践的演进中形成了某种足以让共同体成为共同体的"合意",而如果这个共同体采取了法治的结合形式,那么,它就必须将这种关乎法律之公平、正义以及正当程序的合意,在进行建构性诠释以获得对它的最佳理解后,以"一以贯之"的立法原则形式正确地对待每一位公民,这种"正确对待"必须根据共同体结合形式的不同符合"某些条件",使得这个共同体在时间维度上,凭借此种"合意"在建构性诠释中而得到延续,从而才能令该共同体的公民真正拥有服从法律的义务。所以,整体性的方案实际上回应了前文"法律概念"所提出的两个追问:一是那些公民个人道德观念可能不赞同的法律是否应当被服从?二是那些由过去立法者所颁布的法律现在为何仍旧应当被遵守?就第一个问题,整体性采取了人格化的方案来解决这个问题,而此种人格化的政治共同体之所以能够产生正当之法,乃是因为本身作为诠释性概念的政治美德能够不断地在整体性的约束下维系,而此种维系并没有限制进一步分歧的产生;相反,它能够在整体性的限制下,不否认原先的共识,而使得合法性问题能够在守法义务持续存在的基础上不断展开;第二个问题与第一问题紧密相关:正是因为整体性的政治美德对建构性诠释的种种方案提出的限制和标准,所以,一个法治共同体能够持续地通过反思性态度以及恪守立法、裁判原则,"一以贯之"地在时间的流逝中发现正当之新法(立法),给予旧法以新的正当性诠释,从而使得共同体的成员持续不断地有义务遵守法律。

最后一章,将要着重探讨裁判原则(adjudicative principle)和合法性问题的关联。该部分的探讨主要分为三个部分:首先,简要论述德沃金对裁判原则,也就是"法律中的整体性"的基本看法,包括对裁判原则与立法原则的关系进行简要说明。笔者将试图论证,在裁判原则与立法原则之间存在着紧密的逻辑关联,因为如果我们希望将德沃金笔下的法官视为有着同一作者之"章回小说"的续写人,那么,就必须接受立法原则部分对共同体抽象道德人格所做的假定。并且,在司法裁判实践中,合法性问题的关键在于法官要在法律语焉不详处,借助"建构性诠释"和"整体性"的观念,在各个备选诠释之间进行反思性论证,最终做出对于案件的"最佳诠释"。那么,此种最佳诠释何以可能呢?而它与我们希望探讨的合法性问题又有着怎样的关联呢?这两个问题将是本章余下内容之主旨:笔者继续结合德沃金就文学诠释与法律诠释之相似性所做的类比,探讨文学诠释中"章回小说"的类比,并且指出章回小说的"最佳续写"必须符合以下两个条件:"符合"与"尽善尽美"。相似地,德沃金认为赫拉克勒斯法官在裁定疑难案件时也必须遵守"符合"(fit)与"正当化"(justify)。在这个意图与对象互动的建构性诠释过程中,面对疑难案件和相关判决先例的法官必须首先给出可能的诠释清单,此中应当包括它对法律原则的一般理解和对判决先例与本案相关性的解读。他必须开始他的初步检验,首先,排除"不符合"共同体法律实践的诠释,然后,再借助他对"法律之整体性"的理解和信念,凭借一种高阶原则,做出能够最好回应正当化问题的"最佳诠释"。在本章的最后,笔者想要简要探讨"建构性诠释"与"整体性"之间所存在的关联:整体性分别从诠释的对象、意图和意图与对象之间的互动关系限制了法律人的诠释。而这样一种限制能够确保合法性问题在立法实践与司法实践中得到持续不断地解决。

在结语部分,对本书内容进行简要总结,并结合前文论证,进一步以余论的形式探讨中国学者十分关切的问题:德沃金的理论是否能够适用于中国的法律实践。笔者认为我们必须对这个问题持谨慎的态度,因为适用德沃金理论的前提必须是首先理解它的论证。不过,厘清德沃金对于合法性问题的论证,或许有利于我们找到自己的"梯子",爬到更高之处去审视中国的法律实践。这也许就是德沃金留给中国法律人的"法理学遗产"。

第三节　文　献　综　述

在本部分,笔者简要梳理、提炼国内外著名学者关于德沃金问题的重要论述和观点,并就本书研究的必要性与创新进行说明。文献的收集主要围绕着如下重要议题展开:关于德沃金法律概念的论述、关于德沃金探讨合法性问题(或者"正当之法")的论述、关于重要概念"建构性诠释"以及"整体性"的论述。

德沃金本人对合法性问题探究正是从西方政治哲学的经典概念"权利"入手的。可以说,他的起点正是法律实证主义停下的地方。[①] 在《认真对待权利》一书中,德沃金细致地分析了两种规则模式。[②] 在实证主义者所坚持的模式中,由

---

① 这里引用了阿图尔·考夫曼的表述。参见〔德〕阿图尔·考夫曼:《当代法哲学和法律理论导论》,郑永流译,法律出版社 2013 年版,第 152 页。

② See Ronald Dworkin, "Model of Rules", *University of Chicago Law Review*, Vol. 35, Issue 1, Autumn 1967, pp.14 - 46; Ronald Dworkin, *Taking Rights Seriously*, London: Duckworth, 1977, pp.14 - 80.

于法律的概念与道德的概念不存在着必然的联系,所以,法官在法律语言语焉不详处应当进行所谓的"缝中立法"实践。德沃金认为,这个类似"凯卡波尔塔之门"的漏洞将使得英美政治共同体之合法性基础陷入岌岌可危的处境。因为当事人如果被共同体认为拥有法律上的权利,而此种权利又可以在特定案件中被法官随意处置,那么,实际上人们服从法律的义务也就随之陷入了极大的不确定性之中。① 所以,如果法理学希望维系"法治"的确定性,进而维系法律权利正当化强制力的行使、持有和保留,那么,公民的个人权利就不能任意地被处置。于是,德沃金提出了他著名的"唯一正确答案"理论,主张法官应当在疑难案件中将"法律原则"视为自身判案的依据,并且通过反思性的论证与原则间的竞赛,在确认公民拥有权利的大前提下窥见疑难案件的正确解答。在其随后的《原则问题》一书中,德沃金进一步完善和捍卫了自己的权利学说,并且驳斥了法律实证主义关于"模糊性必然导致不存在正确答案"的论证,初步描绘了他在《法律帝国》一书中正式提出的"建构性诠释"的概念蓝图。② 在其理论巅峰《法律帝国》之后,德沃金的一系列著作大都直指美国的现实法律、政治问题,这其中包括主旨为法律与具体道德难题的《生命的自主权:关于堕胎、安乐死与个体自由的论辩》,结合新近事件重新阐释美国宪法的《自由的法:美国宪法的道德解读》以及探讨平等价值和自由主义民主传统的《至上的美德:平等的理论与实践》和《这里民主是可能的吗? 新型政治辩论的诸原则》。③ 2006 年出版的《身披法袍的正义》一书集结了德沃金多年以来发表的理论性文章,在进一步重申其诠释性立场的基础上,对法律实证主义、实用主义以及形而上学式怀疑论者给出了回复。他在生前出版最后一本著作——《刺猬的正义》一书中进一步驳斥了《法律帝国》中所提及的外在怀疑主义思潮,并且仍旧捍卫道德命题的普遍性与客观性。④ 此外,

---

① Ronald Dworkin, *Taking Rights Seriously*, London: Duckworth, 1977, pp.214 - 215.

② Ronald Dworkin, *A Matter of Principle*, Oxford: Clarendon Press, 2006, p. 130, p. 151, pp.167 - 180.

③ Ronald Dworkin, *Life's Dominion: An Argument about Abortion*, *Ehthanasia and Individual Freedom*, New York: Vintage, 1994; Ronald Dworkin, *Freedom's Law: The Moral Reading of the American Constitution*, Boston: Havard University Press, 1996; Ronald Dworkin, *Sovereign Virtue: The Theory and Practice of Equality*, Cambridge and London: Havard University Press, 2000; Ronald Dworkin, *Is Democracy Possible Here? Principles for a New Political Debate*, Princeton and Oxford: Princeton University Press, 2006.

④ Ronald Dworkin, *Justice for Hedgehogs*, Cambridge: the Belknap Press of Harvard University Press, 2011.

2013 年出版的《没有上帝的宗教》是德沃金最后对生命、宗教和哲学的沉思。[1]

《法律帝国》是德沃金理论的巅峰之作。我们可以看到，德沃金对合法性问题的关注散见于他各个不同时期的作品之中。然而，《法律帝国》一书通过引入"建构性诠释"和"整体性"政治美德，连接了德沃金前期权利理论，并为其后期进一步的现实思考提供了理论武器。正如导论一部分指出的那样：德沃金在该书中具体、翔实地回应了英美法律共同体在立法和司法两个层面上的合法性问题。虽然其后期著作更加具体地讨论了政治美德以及建构性诠释在美国政治、法律实践中的应用，但正如德沃金本人所指出的那样：他后期的工作都是在捍卫和重申初见于该书的各个经典命题。[2] 所以，这也是为何本书将主要围绕《法律帝国》展开的缘由。

《法律帝国》在世界范围内引起了巨大和深远的影响。就国外研究而言，有不少学者针对德沃金的法律概念与合法性论述提出了批评和质疑。这其中不乏20 世纪的诸多思想巨擘与杰出学者。在此笔者将列出最具代表性的人物和观点：H. L. A. Hart 在《法律的概念》后记中回应了德沃金对法律实证主义的批评，他直接反驳了德沃金将法律与正当化强制力等同起来的看法：

> ……德沃金所提出的各种形式的诠释性法律理论都依赖于这样的假设，即法律或法律实践的重点或目的在于证立国家强制力的行使。然而，我肯定不认为，也从来不认为法律有此重点或目的。……所以，在我的理论中，没有任何一点支持德沃金以下的看法（当然，我也不持这样的看法），即法律的目的是证立强制力的行使。[3]

哈特的学生约瑟夫·拉兹（Joseph Raz）则采取了和哈特不同的反驳理由。他指出：法律要么必须"声称"自己有正当的权威，要么必须"被认为"自己拥有正当的权威，并且"如果缺乏使某人的指令具有权威性道德的或者规范的条件"，那么，没有任何权威的运作具有正当性。但是，道德不能成为检验法律的标准，

---

① Ronald Dworkin, *Religion without God*, Cambridge: Harvard University Press, 2013.

② 关于德沃金所做的重申，参见 Ronald Dworkin, *Justice in Robes*, Harvard University Press, 2006, pp.170 - 171.

③ H. L. A Hart, *The Concept of Law*, 2nd ed. P. Bulloch and J. Raz. Oxford: Clarendon Press, 1994, pp.248 - 250.

而法律对官员和市民主张权威时,不能认为此种权威导致了公民之守法道德义务的产生。①

不同于拉兹,"柔性实证主义"或者"包容性实证主义"的代表朱尔斯·科尔曼(Jules Coleman)认为:法律的检验标准"可以"包含共同体中的道德传统或者道德原则,并且法律人针对疑难案件对法律本身所展开的道德争议,可以视为一种关于法律本身之"隐含区间"的分歧。不同于"严格的实证主义"或"排他性实证主义",此种"隐含区间"应当被视为法律的一部分。但是,我们不能认为道德原则本身就是一种法律渊源。我们还将在后文中进一步论述这两种实证主义的观点。②

另一名法律实证主义者斯科特·夏皮罗(Soctt Shapiro)则无奈地指出:虽然法律实证主义者的回应弱化了德沃金早期著作的力量,但是对于在《法律帝国》等后期作品中德沃金提出的论证和观念,"至今没有人能够提出有效的回应"。③

著名的法律实用主义者理查德·波斯纳(Richard Posner)针对德沃金将法律与道德传统予以联系的做法表示震惊,他分别提出了两个命题去质疑德沃金的理论是否准确地描述了美国的法律实践:"强命题"认为,没有哪种道德理论能为道德判断提供一个坚实的基础;而"弱命题"则认为,不论道德理论在日常生活或政治领域具有怎样的影响力,法官们都应该忽略它,因为他们有更好的办法来利用现有的"资源"达到他们的"目的"。④

斯坦利·费什(Stanley Fish)则对德沃金"章回小说"的比喻提出了怀疑。他认为,德沃金错误地假定了"章回小说"第一章之作者"拥有完全自由"的发挥空间,因为即使这位作者也必须受到"前理解(prior understanding)"的限制。他还认为,如果德沃金不能有效地说明文本的意义"独立于"对它们的诠释,那么,他也将不能说明"哪一个诠释更好",所以,"最佳诠释"就会成为空中楼阁。⑤

---

① Joseph Raz, *Ethics in Public Domain: Essays in the Morality of Law and Politics*, Oxford: Clarendon Press, 1994, pp.199 - 201.

② Jules Coleman, "Negative and Positive Positivism", *Journal of Legal Studies*, Vol. 2, 1982, pp.139 - 164; Jules Coleman, *the Practice of Principle: In Defense of a Pragmatist approach to Legal Theory*, Oxford: Oxford University Press, 2001, p.99, pp.157 - 158.

③ Scott J. Shapiro, "The 'Hart-Dworkin' Debate: A short Guide for the Perplexed", *Public Law and Legal Theory Research Paper Series*, Law school of Michigan University, Feb 2, 2007.

④ Richard A. Posner, "The Problematics of Moral and Legal Theory", *Harvard Law Review*, Vol. 111, 1998, pp.1637 - 1717.

⑤ Stanley Fish, "Working on the Chain Gang: Interpretation in the Law and in Literary Criticism", in *The Politics of Interpretation*, ed., by W. J. T. Mitchell, Chicago: University of Chicago Press, 1983, pp.273 - 281.

关于德沃金的政治哲学面向,以下学者分别站在不同的角度对"整体性""友爱联合"与"联合义务"等论点给出了回应。莱斯利·格林(Leslie Green)指出:德沃金关于联合义务的论述是失败的,因为民主传统和政治哲学的历史都告诉我们,契约论式的合意是解决共同体的合法性最好方式。① 拉兹则指出:"整体性"能否保持法律"用同一个声音说话"这一点必须要打上问号,因为"整体性"只是法律必须尊重的政治美德之一,所以,德沃金没有具体地告诉人们,在分歧产生时,法官应如何在各种诠释之间做出选择。② 杰里米·沃顿(Jeremy Waldron)提出的追问是:德沃金的"法律概念"或者"概念延伸"是否是一种客观的存在,而我们是否可以认为法律概念中所包含的原则能否同样为某种"程序主义"的进路所澄清?③

此外,德国思想巨擘尤尔根·哈贝马斯(Jürgen Habermas)在其名著《在事实与规范之间——关于法律与民主法治国的商谈理论中》一书中专列一章对德沃金建构性诠释的理念进行了探讨。他说:

> 德沃金给诠释学思路一种建构主义转向。……根据他的模式,实证法是由规则和原则所组成的,它通过商谈性司法而保证相互承认关系的完整性……德沃金引述我对伽达默尔的批评,把他的批评诠释学程序称作是一种"建构性诠释",它通过诉诸一个范式或者一个"目的"而阐明意义理解过程的合理性……借助于这样一种建构性诠释程序,每位法官在每个案例中应该都能够通过一个"理论"来支持其论证、从而弥补所谓"法的不确定性",而得出一个理想地有效的判决。④

同时,他亦对德沃金理想主义的倾向提出了批评:

---

① Leslie Green, "Associative Obligations and the State", *Dworkin and his Critics: with replies by Dworkin*, ed. By Justine Burley, Oxford: Blackwell Publishing Ltd, 2004, pp.267 - 284.

② Joseph Raz: "Speaking with One Voice: On Dworkinian Integrity and Coherence", *Dworkin and his Critics: with replies by Dworkin*, ed. By Justine Burley, Oxford: Blackwell Publishing Ltd, 2004, pp.284 - 290.

③ Jeremy Waldron: "The Rule of Law as a Theater of Debate", *Dworkin and his Critics: with replies by Dworkin*, ed. By Justine Burley, Oxford: Blackwell Publishing Ltd, 2004, pp.291 - 319.

④ 〔德〕尤尔根·哈贝马斯:《在事实与规范之间:关于法律和民主法治国的商谈理论》,童世骏译,生活·读书·新知三联书店 2003 年版,第 259 页。

在这样一种理论的设定上面,笼罩着高强度理想化的长长阴影。这种理论要求赫拉克勒斯作为它的作者;而这种具有讽刺意义的作者身份认定,恰好显露了这个理论所要满足的理想性要求。①

德沃金对大多数批评进行了回应。② 以上只是对国外关键文献的梳理和提要,以便我们在后文进行比对。现在,我们转向国内研究及其问题。根据笔者关注探讨的重点问题,将从"法律的概念""何谓正当之法""建构性诠释"与"整体性"四个方面梳理国内德沃金研究。众所周知,国内学界对于德沃金相关问题的研究不可谓不多,其涵盖范围从德沃金早期的学术论文一直延伸至《身披法袍的正义》一书。以下便是国内研究的代表性观点:

关于德沃金理论的道德面向,有以下学者给出了自己的观点。例如,沈宗灵教授认为:"根据德沃金的解释理论,每一个规定某个主题的法律命题必然包含道德判断,因为这种解释有两种功能,既确定法律又为法律提供道德根据……按照哈特的理论,法律与道德会有偶然的联系,但并无必然的联系,但德沃金认为,法律必须有某种道德上的根据。"③李桂林教授认为:"德沃金理论的贡献更多在于强调法官对于法律的忠诚义务,强调法官应该依据'作为整体的法的原则,从历史的、道德的角度来把握具体规则的适用条件'。"④张乃根教授认为:"如果说康德伦理学是从义务的角度说明人与人之间的平等关系,德沃金则是从权利的命题出发审视政府与公民的关系,强调每个公民享有平等关怀和尊重权。可见,德沃金的权利论与康德的伦理学有一定联系。"⑤张琪博士认为:"与任何形式的说明性概念不同,阐释性概念的实质在于它的价值负载性,也就是说,主题自身的价值与目的成为此类概念得以成立及正常运作的重要因素之一。"⑥邓巍博士

---

① 〔德〕尤尔根·哈贝马斯:《在事实与规范之间:关于法律和民主法治国的商谈理论》,童世骏译,生活·读书·新知三联书店 2003 年版,第 262 页。

② 关于德沃金的回应,请参见 Ronald Dworkin, *Justice in Robes*, Harvard University Press, 2006, pp.75 - 104, pp.140 - 186, pp.187 - 222; Ronald Dworkin, "Replies to Critics", *Dworkin and his Critics: with replies by Dworkin*, ed. By Justine Burley, Oxford: Blackwell Publishing Ltd, 2004, pp.339 - 396; Ronald Dworkin, "My Reply to Stanley Fish: Please Don't Talk About Objectivity Any More", in *The Politics of Interpretation*, ed., by W. J. T. Mitchell, Chicago: University of Chicago Press, 1983, p.293.

③ 沈宗灵:《评介哈特〈法律的概念〉一书的"附录"——哈特与德沃金在法学理论上的主要分歧》,《法学》1998 年第 10 期。

④ 李桂林:《法律推理的实践理性原则》,《法学评论》2005 年第 4 期。

⑤ 张乃根:《试析德沃金的权利论》,《当代法学》1988 年第 3 期。

⑥ 张琪:《争议与阐释——德沃金法律理论研究》,吉林大学论文,2009 年。

认为："法律的正当性基础无论从理论上还是从实践上看，都要依赖于道德。这构成了德沃金整个理论建构的基点。"①这些研究都基本揭示了德沃金理论中关于法律与道德关系的论证，但是并没有具体说明"法律与道德"如何在德沃金的理论体系内"融贯于一体"。

关于德沃金对"正当之法"的追问，国内学界也进行了一定程度的探究。例如，季卫东教授认为："德沃金关于疑难案件处理的论述提出了一种不具备等级结构的正当化图式"，"他既不接受分析性实证主义的束缚，也没有停留在实践理性的层面，而是进一步明确提出了著名的整合性命题"，并且，"在他看来，道德—政治理论（包括权利本书、义务本位的、目的本位的等不同类型）不能直接规定什么是法，而只能在最有利于已经确立的法律的正当化限度内参与什么是法的问题的决定"，由此，"德沃金把法理解为统合性，即在过去的政治决定的积累和由此推导出来的权利义务之间都保持特殊的一致性的整体结构"。他还指出："在德沃金均衡论中举足轻重的'权利命题'和整合性要求，在我国法学本土资源中却无影无踪。"②张乃根教授认为："如果说康德伦理学是从义务的角度说明人与人之间的平等关系，德沃金则是从权利的命题出发审视政府与公民的关系，强调每个公民享有平等关怀和尊重权。可见，德沃金的权利论与康德的伦理学有一定的联系。"③而陈景辉教授则认为：德沃金的权利命题"其规范性方面则为这一结构提供了政治上的正当化说明"，但是，"整体性法理论很难始终保障其整体性的获得，因此整体性法理论的解释力仍然很有限，甚至可以说这个理论过于理想化了。"④针对其权利命题，夏勇教授指出：德沃金主张"为了认真看待权利，必须承认权利具有一种价值规范效力。他强调权利只有通过原则争执才能被压倒。这些原则争执涉及其他权利的价值规范性牵掣"⑤。针对德沃金所回应的法律实证主义立场，葛洪义教授给出的论证是："德沃金先生在讨论关于法律的整体性阐释问题

① 邓巍：《德沃金法律阐释理论研究》，西南政法大学论文，2008年。
② 季卫东：《面向二十一世纪的法与社会——参加法社会学国际协会第31届学术大会之后的思考》，《中国社会科学》1996年第3期；季卫东：《中国司法的思维方式及其文化特征》，《法律方法与法律思维》2005年第1期；季卫东：《法律体系的多元与整合——与德沃金教授商榷解释方法论问题》，《清华法学》2002年第1期；季卫东：《法律解释的真谛（上）——探索实用法学的第三道路》，《中国法学》1998年第6期；季卫东：《法律解释的真谛（下）——探索实用法学的第三道路》，《中国法学》1999年第1期。
③ 张乃根：《试析德沃金的权利论》，《当代法学》1988年第3期。
④ 陈景辉：《原则与法律的来源——拉兹的排他性法实证主义》，《比较法研究》2006年第4期；陈景辉：《法律的界限：实证主义命题群之展开》，中国政法大学论文，2004年。
⑤ 夏勇：《权利哲学的基本问题》，《法学研究》2004年第3期。

时,基本立场就是维护启蒙以来的法治理念,他要从法律实用主义那里拯救法律的确定性、客观性。"①这些探究基本揭示了德沃金回答合法性问题的态度,但却没能给出建构性诠释与整体性政治美德在此态度中应扮演的具体作用。

那么,国内学界对于这两个概念的研究又如何呢?关注颇多。比如,范进学教授认为,德沃金的整体性具有三个层次的含义:"其一,司法判决是一个原则问题,而非这种政策或政治性调解;其二,它的历史纵向的一致性……其三,它的横向一致性……",并且,"德沃金把法律看成是不断解释性的、整体性的和建构性的概念,法律是什么的理解和确切地把握,只有在整体性法律解释中,以建构性的解释态度,使法律更加趋于完美。"②又如刘星教授认为:"德沃金的解释性的法律概念在哲学上体现了现代阐释学的一般观念。现代阐释学以为,解释是以'前理解'(pre-understanding)为基础的,而前理解是解释者在解释中依赖的先前已被理解的且与理解有关的意义实体";并且,"'隐含法律'的确是不明确的,但是不明确并不意味着不能知道,无论是'明确法律'还是'隐含法律',都是以原则、政策、道德、普遍接受的信仰、学说和观念等作为自己的背景'根据'的。"③朱景文教授则认为,整体性原则可以分为"两个亚原则:一个是立法中的统一性原则,它要求创制法律的人在立法中保持法律在原则上的一致;另一个是司法中的统一性原则,它要求法官把法律作为一个原则一致的整体来对待和执行。"④陈金钊教授认为:"整体性与阐释性有密切联系。作为整体性法律,它既是法律实践的产物,又是对法律实践进行全面阐释的一种方法。法官的建设性阐释不是任意阐释,它要求法官对法律本身已有的完美阐释继续说明,从而提供更详尽地阐释。"⑤这些论证基本上单独地说明了"何谓建构性诠释"以及"何谓整体性美德",但却似乎没能够揭示这两个概念之间的内在关联。

此外,还有一些声音试图脱离德沃金对合法性问题的追寻,从法律解释学的层面来理解德沃金的理论。例如,林立教授认为:"Dworkin 自信满满地表示,在

---

① 葛洪义:《法律原则在法律推理中的地位和作用——一个比较研究》,《法学研究》2002 年第 6 期。
② 范进学:《论德沃金的道德解读——一种宪法解释方法的进路》,《浙江学刊》2006 年第 4 期;范进学:《德沃金视野中的法律:走向整体性法律解释之路》,《山东社会科学》2006 年第 7 期。
③ 刘星:《描述性的法律概念和解释性的法律概念——哈特和德沃金的法律概念理论之争》,《中外法学》1992 年第 4 期;刘星:《德沃金的"理论争论说"》,《外国法译评》1997 年第 3 期。
④ 朱景文:《认真对待意识形态——批判法学对德沃金〈法律帝国〉的批判》,《环球法律评论》1993 年第 4 期。
⑤ 陈金钊:《德沃金法官的法律解释——评〈法律帝国〉一书中关于法律的认识》,《南京大学法律评论》1997 年第 1 期。

今天,归功于美国的法律体系已经发展到一个极为繁复完整的程度,法官只要再配合他所提出的法律解释方法,即'原则立论法',两个条件加起来,是可以发现美国的法律的确是对一切问题都已提供看法、解答的"。① 而林来梵教授、王晖同学认为,德沃金的"'唯一正解'实际上也可理解为是法律上的一种应然状态,即法官在法律判断中应该尽力追求的,并且在完满的法规范内部实际上也可获得的结果。"② 又如张华博士认为,德沃金设想了"在司法裁判过程中,法官想要获致一个妥协的裁判结果,就必须看到伦理道德与法律规范之间的互动关系,选择立法者意图和法律体系相协调一致来作为确定法律具体内容的依据,进而针对疑难案件作出判决。"③ 邱昭继博士认为:"德沃金正确答案论题赖以存在的解释方法没有普适性。他的解释方法没有解释法律实践的重要特征。解释方法忽视了权威和共识在法律实践中的重要性。"④综上,上述种种观点都将德沃金的理论视为一种司法裁判中的法学方法论显现,都在不同程度上忽略了德沃金在立法原则上所作出的努力。⑤

此外,还有一些论述显然是误解了德沃金理论的哲学背景,比如,张国清教授认为,对于解释主客观之区分,"德沃金则主张两者有明确的界限……要坚定地拒绝随意性而坚持客观性和严肃性。"⑥又如余俊教授认为:"对于'疑难案件'的解决,德沃金寄希望于赫拉克勒斯的法官,可如果面对的是'恶俗'或'坏法

---

① 林立:《法学方法论与德沃金》,中国政法大学出版社 2002 年版,第 10 页。
② 林来梵、王晖:《法律上的"唯一正解"——从德沃金的学说谈起》,《学术月刊》2004 年第 10 期。
③ 张华:《法律原则的司法适用》,南京师范大学论文,2012 年。
④ 邱昭继:《法律、语言与法律的不确定性》,中国政法大学论文,2008 年。
⑤ 德沃金的司法裁判理论是一种法学方法论吗? 笔者在此进行简要地回应:首先,德沃金所身处的普通法传统与欧陆(特别是德国方法论传统)有着明显的区别。笔者认为包括林立教授在内诸多学者可能是从以下两个角度考虑问题:(1)德沃金自觉地将自己的裁判理论视为一种法学方法论的延伸;(2)德沃金不自觉地迎合了法学方法论的某些主张,所以,具备了欧陆法学的色彩。主张(1)显然是不正确的,因为德沃金多次在《法律帝国》一书中提出自己描述的是"英美法律共同体"的法律实践。那么主张(2)呢? 我们都知道,法学方法论来源于康德哲学对于德国概念法学的影响,而德沃金本人所持的"诠释学"信念则在一定程度上背离了康德关于"对象"和"意图"的认识。这其中牵涉的哲学争议要求我们必须慎重地审视我们的"想象":我们既可以将德沃金的努力视为一种工具,视为法官寻找正确答案的"法律解释",也可以从诠释学的视角将德沃金的工作视为对法律"存在"本身的意义诠释。换言之,它可以被视为一种通往客体的方法,也可以在本体论层面上被视为主体与客体交互过程的本身。混淆此种区分显然是不正确的,所以,基于以上学者都未就"方法论"问题给出哲学上的说明,笔者认为他们的判断可能失之于武断。关于康德哲学对法学方法论的影响,参见〔德〕齐佩利乌斯:《法学方法论》,金振豹译,法律出版社 2009 年版,第 4 页;关于拉伦茨对法学方法论中诠释学与新康德主义的论述,参见〔德〕卡尔·拉伦茨:《法学方法论》,陈爱娥译,法律出版社 2003 年版,第 15 页;郑永流:《出释入造——法律诠释学及其与法律解释学的关系》,《法学研究》2002 年第 3 期。
⑥ 张国清:《在原则与政策之间——罗纳德·德沃金和理想法律人的建构》,《浙江大学学报》(人文社会科学版)2005 年第 2 期。

官'，权利原则就没有操作性保障了。"①朱颖博士则认为：德沃金的"法理学理论在哲学本体论上的意义，与他所强烈批驳的传统自然法模式的真理意义并不见得有多少先见之明，甚至比自然法的论证更加加剧了'原则'之法走向虚无之极'深渊'的程度。"②洪川博士指出：德沃金"系列小说的比喻不算有趣，也欠确当，但含义是清楚的，即法律制度是相对自主的。"③傅鹤鸣博士认为："德沃金属自然法学家，具有浓郁后现代思潮的现代主义者，温和的自由主义者。"④

这些研究所作出的努力以及可能存在的问题，亦为本书写作提供了必要的素材和创新的空间。大体而言，国内研究对于德沃金与合法性问题的论述存在以下三方面的问题：

首先，国内研究大都对德沃金式"法律概念"进行了解说性论述，然而似乎没有进一步地考察德沃金为何会提出此种独特的"法律概念"。有些研究仅仅简单地将德沃金关于法律概念的学说视为"新自然法"理论在 20 世纪的展现，有些研究则片面地理解德沃金法律概念的内涵，将其视为单纯"权利观"在西方经典中的延伸。因此，本书试图说明，德沃金所提及的法律概念与其他学说的法律概念有何不同以及为何不同，亦希望通过对相关理论的阐释说明德沃金为何要将"合法的外在强制"纳入其法律概念之中。通过梳理和探讨，我们或许会发现，德沃金法律概念中"合法的外在强制"与本书希望探讨的合法性问题关系密切，而这或许恰好是国内研究所遗漏的。

其次，国内研究大致都涉及了"建构性诠释"与"整体性"的概念。然而，只有

---

① 余俊：《国家司法中民间习俗的影响力评析——中国语境中哈特与德沃金之争的反思》，《现代法学》2011 年第 4 期。

② 朱颖：《德沃金的"原则"法理学——关于时间性、真理性与自由问题的考论》，西南政法大学论文，2008 年。

③ 洪川：《德沃金关于法的不确定性和自主性的看法》，《环球法律评论》2001 年第 1 期。

④ 傅鹤鸣：《论法律的合法性——德沃金法伦理思想研究》，复旦大学论文，2005 年。笔者将在这个注释中一一解释为何我说以上论者都误解了德沃金的哲学理论背景。首先，就德沃金诠释学所主张的"意图与关系"之互动而言，张国清教授所认为的"解释主客观"之分似乎并不存在于德沃金的"建构性诠释"之中；其次，赫拉克勒斯的确是德沃金提出的一个偶像式的法官，但德沃金所有的论证和前提都已经在法律帝国开篇时得到说明，即他假定了法官必须忠诚于法律，所以，余俊教授所谓的"坏法官"或许降低了德沃金理论的格调。朱颖博士的论证读起来似乎充满着"本体论"的意境，但他并没有说明德沃金的理论是如何有别于自然法的理论，也好像并不打算告诉我们，坚持"法律原则"论的德沃金是怎样自掘坟墓地走向了虚无的深渊；洪川博士给德沃金下达的结论告诉我们，德沃金的章回小说的目的是为了维系法律的自主性，却为法的不确定性留下了一席之地，殊不知，在《原则问题》和《法律帝国》中，德沃金恰好是要挽救法律于实证主义带来的不确定性之中；傅鹤鸣博士为德沃金带上了许多顶帽子，其中包括自然理论者，但是它似乎并没有说明为何德沃金要将这项帽子视为"语义学之刺"的延伸，在《法律帝国》中予以批判和摒弃——这是因为的德沃金自相矛盾了吗？还是因为我们根本不能如此简单地审视德沃金的理论？

很小一部分研究采用了比较模糊的方式探讨了这两个概念之间的内在联系。其他的研究要么对这两个概念采取分而视之的态度，要么就只论及了两个概念在司法裁判领域的运用。事实上，如果我们倾向于将德沃金的理论视为一个整体，便不难从中发现两个概念之间的内在关联。因此，本书将要指出的是，"建构性诠释"是德沃金借以重塑法律概念的利器，而"整体性"作为一种政治美德则是对特定共同体下法律实践参与者所可能作出诠释的约束。当然，这里的法律实践绝不仅仅包括司法实践，还应当包括立法实践，这一点，德沃金在其原著中亦明确提及。

最后，国内对政治共同体的合法性问题的研究甚少。我们注意到，研究者大多主张，德沃金认为法律与道德是不可分离的，并且正当之法的判定标准往往来自特定的道德传统中。然而，这又如何与政治共同体的合法性问题联系起来呢？事实上，德沃金已经给出了相关的论述，但这一部分的论述似乎没有得到国内学界过多的重视。本书将从德沃金法律的概念入手，探讨这个概念如何借助"建构性诠释"之路数融合了法律概念的"是"和"应当"，并且将在此基础上，探讨德沃金关于政治共同体合法性问题的论述——这些论述所牵扯的理论不仅限于司法裁判理论，还更多地涉及政治哲学对政治美德的理解以及传统的乌托邦社会契约论。笔者希望将德沃金的论述视为一种解决合法性问题的努力，说明他的法律概念如何有别于传统法理学对法律概念的理解，又是如何凭借此种理解对合法性的问题进行了回应。

第二章

法律是什么

第一节　法律的概念

"……人们所知道的而非仅由喧嚣扰嚷听来的一切,都可以用三个词说出来。"①维特根斯坦(Ludwig Wittgenstein)所引用的这句名言的含义,无非是在说:我们用语言表达我们所知事物的一切。关于法律概念的一切,亦是必须经由语言来表达的。对于法律而言,法理学追问的形式表现为那个经典的问题:法律是什么? 用语言问出的这个问题,自然要用语言来解答,而古往今来法理学的语言,以其思考法律概念之路数的不同,又可粗略地一分为二:形而上学或理性主义传统中的自然法路径、经验哲学传统中的法律实证主义与法律现实主义。当然,此种划分势必要掩盖一些认识论或者是存在主义哲学意义上的法律概念理论,不过,笔者希望通过讨论此种一分为二的法律概念研究,以及此种研究带来的种种争议,为后文引出德沃金独特的"法律概念"铺平道路。因此,在本章的开端,我们将沿着这条思路,借由对学说历史的简要回顾,开始对"法律概念"的探究。

一、本质之法

对自然法理论的探究将沿着时间顺序而进行:我们将分别审视古代的、近代的,乃至现代的自然法理论。不难看到,大多数自然法理论的共同点都在于去

---

① 此为屈伦伯格尔之名言。转引自〔奥〕路德维希·维特根斯坦:《逻辑哲学论》,贺绍甲译,商务印书馆 2005 版,扉页。

试图把握法律概念在超验意义上或者内在形式中的"本质特性"。这种被探求的"本质"不同于外在世界经验的变幻莫测，能够为运用理性的思考者捕获和寻得。此种观点令人不禁想起了柏拉图哲学的"洞穴"二元分离，事实上，也正是此种"真实世界"与"虚假世界"的划定，导致了古代自然法理论大都倾向于认为，"什么是（真正的）法律"这个问题与"何谓正当之法"这个问题能够在对"本质之法"的窥见过程中同时得到解决。

　　柏拉图（Plato）的政治哲学试图为人类的政治生活找到一套先验的秩序，此种秩序亦可被视为"善"之理念在城邦生活中的体现。① 按照柏拉图的思考，关于万事万物本质的知识不是能为人感官所捕获的经验材料，而是隐藏在形而上学世界中，且能够为人类所回忆的关于"理念"的知识。法律居常不变的本质也正是法律的"理念"。我们可以说，此种关于"法律"本质所作出的哲学判断，已经先行为后世探究自然法的存在厘定了思考和言说的模型。与柏拉图不同，他的学生亚里士多德（Aristotle）虽也论及了自然法的意义，但却采取了一套完全不同、更具经验色彩的说辞：

　　　　政治的公正有些是自然的，有些是约定的。自然的公正对任何人都有效力，不论人们承认或不承认。约定的公正最初是这样还是那样定并不重要，但一旦定下了……就变得十分重要了。②

　　亚氏关于约定法与自然法的区分深刻影响了后世的自然法思想家。随着希腊城邦的衰落，斯多葛（Stoics）学派的包罗万象的自然法学说成了连接古希腊哲学与古罗马自然法学说的桥梁，而古罗马最负盛名的自然法思考者就是鼎鼎大名的西塞罗（Cicero），他以如下的雄辩总结了斯多葛学派的精髓，将寻找"正当之法"的矛头对准人类自身的理性，而不是外在于我们的超验世界，亦将自然法的观念与罗马法律的实际予以比较，直呼自然法就是"永恒不变的法律"。③

---

　　① 关于"善"之秩序和"洞穴隐喻"，参见〔古希腊〕柏拉图：《理想国》，郭斌和、张竹明译，商务印书馆 1986 年版，第 156—157、272—280 页。
　　② 〔古希腊〕亚里士多德：《尼各马可伦理学》，廖申白译，商务印书馆 2003 年版，第 149 页。
　　③ 〔古罗马〕西塞罗：《国家篇 法律篇》，沈叔平、苏力译，商务印书馆 2002 年版，第 104 页。

　　近代思潮中的自然法理论则发挥不同的作用。随着宗教革命之蔓延和人文主义的兴起,在自然法路数下追寻"正当之法"的任务从寻找一套基于超验假定的政治秩序,演变成为希望从世俗国家的法律与政治制度中证立其统治的合法性依据。在近代政治哲学作品中,此种证立模式体现为依凭自然法的指引缔结社会契约。我们可以分别找到如下的表述:

> 　　为了约束所有的人不侵犯他人的权利,不互相伤害,使大家都遵守旨在维护和平和保卫全人类的自然法,自然法便在那种状态下交给每一个人去执行,使每人都有权惩罚违反自然法的人,以制止违反自然法为度。①
>
> 　　自然律是理性所发现的戒条或一般法则。这种戒条或一般法则禁止人们去做损毁自己的生命或剥夺保全自己生命的手段的事情,并不禁止人们不去做自己认为最有利于生命保全的事情。②

　　紧随其后的,便是依据自然法和自然状态的假定,使得个人与个人之间订立社会契约。社会契约的目的或在于保全个人的生命和共同体的和平,或在于保护公民的个人财产和应有权利。那么,为了实现这些目的,政治共同体便是必要的,如是一个立法者的权威也应当是必要的,此即通过自然法的假定获得政治权威的合法性。那么,国家实际的法律就不得与彰显自然法精神的社会契约相悖。否则,或出于霍布斯式(Hobbes)的必然性理由,或出于洛克(Locke)意义上的应然抗拒权利,政治共同体内的公民将不再有遵守人定法律的义务。

　　自然法理论发展至今日,其力量已随着科学主义与实证主义的兴起逐步衰弱。不过,还是有必要提及当代自然法理论和新自然法理论的代表人物。其一,朗·富勒(Lon Fuller)。富勒对法律实证主义者的分离命题提出了批判,进而提出"法律的内在道德性"作为法律之形式性要件,并列举了法律内在道德性(law's inner morality)八项基本要求。③ 其二,约翰·菲尼斯(John Finnis)。菲尼斯在重新梳理古典与近代自然法理论的基础上,提出了人类生活"基本善"

---

①　〔英〕约翰·洛克:《政府论》(下篇),叶启芳、瞿菊农译,商务印书馆 2012 年版,第 5 页。
②　〔英〕托马斯·霍布斯:《利维坦》,黎思复、黎廷弼译,杨昌裕校,商务印书馆 2012 年版,第 98 页。
③　〔美〕朗·富勒:《法律的道德性》,郑戈译,商务印书馆 2005 年版,第 49—53 页。

的序列体系,并就现代社会中道德多元的事实站在古典的立场上进行了深刻评析。①

二、实证之法

自然法理论对"正当之法"与"真实之法"所作的整合是合理的吗? 至少在苏格兰人大卫·休谟(David Hume)看来,这些理论均无视了"是"和"应当"之间理应存在的鸿沟。休谟的经验哲学旨在批判人类理论对先验概念的认识,并且主张一切知识的来源都是我们经验性的感觉、印象。既然经验是知识唯一合法的源泉,那么,妄说形而上学的自然法理论则显得失去了它的根基。这些理论要么是一种独断地猜想,要么就是对个人道德情感夸大其词地运用。② 沿着这个沟壑,英美法理学采取了两种不同模式探究法律的概念。首先,是继承休谟道德哲学理论的杰里米·边沁(Jeremy Bentham)以及边沁的继承者约翰·奥斯丁所开创的法律实证主义传统。其次,就是随着实用主义思想在美国的传播,植根于约翰·杜威(John Dewey)哲学背景的美国法律现实主义或法律实用主义的传统。③ 目前,我们先来回顾法律实证主义的学说。

法律实证主义的基本命题有如下三类,即分离命题、因袭命题以及谱系命题。法律实证主义者认为,只有紧扣这三个命题,我们才能正确地认识法律的概念。"分离命题"所力图表达的是关于"什么是法律"的判断标准。这种判断标准说明了"法律的概念"与自然法所主张证立"正当之法"的道德概念并无必然联系。正如法律实证主义的奠基人奥斯丁(Austin)曾指出的那样:"法律的存在是一回事,它的优缺点是另一回事,法律是否存在与它是否符合某假定的标准是两个不同的范畴。"④这是对法律实证主义"分离命题"的重要表述,它清楚地表明了实证主义者的姿态:拒绝将"法律是什么"与"法律应当是什么"混为一谈。奥

---

① See John Finnis, *Natural Law and Natural Rig*hts, Oxford: Oxford University Press, 2011, pp.59 - 97; John Finnis, *Fundamentals of Ethics*, Oxford: Clarendon Press, 1983, pp.1 - 4.
② 〔英〕大卫·休谟:《人类理解研究》,关文运译,商务印书馆 1957 年版,第 9—19 页,特别是第 13—15 页;〔英〕杰里米·边沁:《政府片论》,沈叔平等译,商务印书馆 1995 年版,第 129 页。
③ 关于杜威对法律的看法,参见 John Dewey, "Logical Method and Law", 10 *Cornell L. Q.* 27, 1914 - 1925.
④ 〔英〕约翰·奥斯丁:《法理学范围之限定》(影印版),中国政法大学出版社 2003 年版,第 184—185 页; H. L. A. Hart, "*Positivism and the Separation of Law and Morals*", Harvard Law Review Vol.71. No.4, 1958, pp.593 - 629.

斯丁的理论继承人同时也是批判者哈特教授对这一命题进行了重申,他认为奥斯丁与其前辈边沁(Bentham)急于想要表达的,正是"不能仅仅因为一个规则违背了道德标准而否认它是一个法律规则",反过来,"也不应因为一个规则在道德上是令人向往的,便认为它是一个法律规则。"①

"因袭命题"所试图表达的是关于法律概念"有效性"的判断标准。在《法理学范围之限定》一书中,奥斯丁指出:"人们所说的准确意义上的法或规则,都是一类命令"②(law or rules, properly so called, are a species of commands)。如果这类命令是由处于政治优势的主权者或其下属颁布,以某种不利威胁为基础,且得到适格群体大致的习惯性普遍服从,就可以将这些命令称之为法律。③ 在奥斯丁看来,作为命令体系的法律之所以能够获得它的效力,是因为实际存在的主权者处于政治优势的地位,并且,此种优势在历史上的延续导致了法律的持续有效。此外,法律的有效性也取决于"其下属"的持续服从,而这同样也是一个绵延于历史中的事实性问题。④

"谱系命题"所试图表达的是关于法律体系特征的判断标准。奥斯丁将法律视为一种命令的体系,而其理论继承人哈特则认为按照奥斯丁的逻辑,"授权性"法律则将被逐出法律体系之外。于是,哈特提出了"规则说"作为对前者的补充和完善,进而强化了法律实证主义的谱系命题。"规则说"的大致要点如下:法律是一种由科以义务的初级规则和授权性的次级规则所组成的规则体系,而法体系存在的条件则是,"一方面,那些符合法体系终极判断而有效的行为规则,必须被普遍服从;另一方面,这个法体系当中提供效力判准的承认规则,加上改变规则与裁判规则,这几种所谓的次级规则必须被政府官员实在地接受,作为衡量官员行动的共同的、公共的标准。"⑤

作为一种研究"法律概念"的典型学说,法律实证主义的理论还有很多值得

---

① H. L. A. Hart, "Positivism and the Separation of Law and Morals," *Harvard Law Review* Vol.71, No.4, 1958, pp.593 - 629.

② 〔英〕约翰·奥斯丁:《法理学范围之限定》(影印版),中国政法大学出版社 2003 年版,第 21 页。

③ H. L. A Hart, *The Concept of Law*, 2nd ed. P. Bulloch and J. Raz. Oxford: Clarendon Press, 1994, p.25.

④ 哈特对其持有不同看法,参见 H. L. A Hart, *The Concept of Law*, 2nd ed. P. Bulloch and J. Raz. Oxford: Clarendon Press, 1994, pp.58 - 60.

⑤ See H. L. A Hart, *The Concept of Law*, 2nd ed. P. Bulloch and J. Raz. Oxford: Clarendon Press, 1994, p.117.

探讨之处。① 我们将在下文"语义学之刺"中重点予以考察。不过,目前已经可以看到,法律实证主义的基本观点可以总结如下:① 法律是一种事实存在的,由人类语言表达的符号、命令或者规则;② 对法律概念的判断,也就是回答"什么是法律"这个问题和何谓"正当之法"这个问题是两个不同的问题;判断"法律是否是法律"不必要借助道德概念;③ 法律效力的判断条件取决于历史事实的因袭延续;④ 法律体系成立的条件亦不需要借助道德的概念。

　　值得一提的是,奥地利法学家汉斯·凯尔森(Hans Kelsen)的学说在某种程度上亦被视为法律实证主义理论的变种,尽管这种提法遭到了来自实证主义内部的怀疑。② 凯尔森关于法律概念与法律体系的观点大致可以被总结如下:法律的体系乃是一种独立的"自在自为"的规范体系;认为某种拥有最高效力的"基础规范",才是判定其体系内"次级规范"是否有效的正确标准;③他对法律的"规范之效力"进行了"体系内"的甄别。凯尔森的理论或许在"将道德排除在实然法之外"这一目标上与法律实证主义不谋而合,但其构建的"概念的天国"在某种程度上替代了法律实证主义所孜孜以求的语言与逻辑分析。

三、现实之法

　　"官员对争议所做的事就是……法律本身""对法院将要做什么的预言……是我所意指的法律""成文法'是法律的来源……但不是法律本身的部分'",以上论断皆可被归于以"规则怀疑论"作为向实证主义进攻的武器,并以"现实主义

　　① 二十世纪后期,法律实证主义随着德沃金以及其他法学家的批判分裂成"包容性实证主义"与"排他性实证主义"。此处可以用最简明的话语描述来阐明"包容性法律实证主义",或者"柔性法律实证主义"(soft legal positivism)、"包容主义"(incorporationism)与"排他性法律实证主义"(exclusive legal positivism)间的区别:承认规则是否可能包含道德内容,它是否可以在每一个法体系中必然地不包含道德内容。哈特在《法律的概念》的后记中承认他的"理论是所谓的'柔性实证主义(soft positivism)'",他和朱尔斯·科尔曼(Jules Coleman)、瓦卢绍(W. J. Waluchow)一起成为这个阵营的代表。而哈特的弟子约瑟夫·拉兹(Joseph Raz)认为法体系可以必然地不包含任何道德内容而独立存在,他与夏皮罗(S. J. Shapiro)可被视为后者的代表。See H. L. A Hart, The Concept of Law, 2nd ed. P. Bulloch and J. Raz, Oxford:Clarendon Press, 1994, p.250;Jules. L. Coleman, "Beyond Inclusive Legal Positivism", Ratio Juris., 2009, 9 Vol. 22 No.3 pp.359 – 394; W. J. Waluchow, Inclusive Legal Positivism, Oxford: Clarendon Press, 1994;Joseph Raz, The Authority of Law, Oxford:Clarendon Press, 1979, pp.37 – 53; S. J. Shapiro, "Plans, and Practical Reason", 2002, Legal Theory, Vol.8, pp.387 – 441.

　　② 例如,哈特关于实证主义与"纯粹法学"关系的澄清。H. L. A Hart, The Concept of Law, 2nd ed. P. Bulloch and J. Raz. Oxford:Clarendon Press, 1994, pp.292 – 294.

　　③ 关于凯尔森的"基础规范",参见 Hans Kelsen, Pure Theory of Law (revised edition), trans by Max Knight, Clark:The Lawbook Exchange, Ltd., 2008, pp.193 – 195.

者"或者"法律实用主义"者自居的法学家名下。① 这些学者往往对法律概念的
存在持一种或许是"极端"的"经验主义"态度,他们可能会倾向地认为:作为形
式的法律规则乃至法律条文,其本身不能够成为"法律"的组成部分,这些规则与
条文应当被视为一种法律的来源(sources of the law)。相反,法官的判决、官员
的行为乃至对以上行为和判决的预测才能够被称为"现实意义上"的"法律"。这
种"过于经验主义"的法律观冲击着法律实证主义所立足的哲学根基。试想,如
果那些以语言文字为载体,并"实然存在"的法律都要被排除在法理学的研究范
围之外的话,持实证主义的态度法学教授们恐怕会丢掉自己的饭碗——因为他
们根本就没有意识到:对于现实而言,"真正的法律"是什么。

　　法律现实主义的主张因此对司法裁判的合法性问题也产生了冲击:根据现
实主义的观点,由于判决先例和法律规则都不是"概念意义"上的法律,所以,法
官在裁判案件时都是在创设"新法",故而应当考虑各式各样的"法外"因素制定
出对未来社会发展最为有利的法律,使得法律裁判成为推动社会进步的"工具"。
不难想象,此种对司法裁判确定性的极端弱化将会怎样削弱合法性问题在政治
共同体中的地位,如果人们的权利只是法官对未来福祉的一种预测,如果强制力
的持有、保留和行使完全不被过去的"立法决定"所限制,如果立法者能够在原则
问题上采取实用主义的态度,进而在同一个共同体中采取灵活的立法策略推行
一种有利于明天的"不平等",那么,共同体成员服从法律的义务又从何而来呢?
实用主义式的法律现实主义者宣称:法官和立法者应当通过宣称人们拥有权利
来达到他们不可告人的目的。按照此种论调,共同体的合法性基础就是一个伪
命题,甚至是一种欺骗。②

---

　　① K. Llewellyn, *The Bramble Bush*, Oceana Publications Inc., 1960, p.9; O. W. Holmes, "The
Path of the Law", *Havard Law Review*, Vol. 110, No.5, Mar., 1997, pp.991-1009; J. Gray, *the
Nature and Sources of the Law*, ed. by D. Campell and P. Thomas, Aldershot: Ashgate & Darmouth,
1997, p.65.
　　② 我们在下文中将进一步探讨法律现实主义的概念延伸——也就是德沃金所谓的"实用主义"。无
独有偶,亦必须简要提及批判法学运动(the critical legal studies movement)对于法理学研究的冲击,这场
运动肇始于 1977 年在美国召开的一个研讨会。批判法学的拥护者在某种程度上正是在质疑法律概念与
自由主义政治传统基础之间的必然联系。以邓肯・肯尼迪(Duncan Kennedy)和罗伯托・昂格尔
(Roberto Unger)为代表,这个流派对传统学说发起的进攻大致可以分为四个层面:(1)法律的中立性。
批判法学不认为法律具有自由主义政治传统所声称的高度中立性,主张此种中立乃是一种对民众的迷
惑,而法律实际上是一种服务于政治的工具;(2)法律推理的成立。批判法学亦在某种程度上认为,中立
于政治的法律逻辑推理或许是不存在的。(3)法学教育。法学院关于法理学的探讨始终缺乏真正的人文
关怀,而当法学院的学生走入社会后,他们往往会发现那些抽象的价值概念往往是十分模糊的,(转下页)

上文已经简要回顾了学说历史中不同类型的法律概念。我们已经看到,以上三种学说均采取了一种语义学的方式回应"法律是什么"这个问题,而根据他们对这一问题的回答,法律和道德之关系以及疑难案件中的争议又呈现出不同形态:对于自然法理论者而言,"本质之法"要求人定法必须符合某种超验的价值或者理性的合意,所以,道德上邪恶的"法律"并不能在我们的语言规则内被冠以法律之名。对于法律实证主义者而言,自然法的荒谬之处正在于混淆了"法律是什么"和"法律应当是什么",而人类使用"法律"一词的方式并不必然地包含着道德的元素。所以,如果我们的语言规则事实上承认了"纳粹的法律就是法律",那么,"恶法非法"的命题也就不攻自破地论证了一种胡言乱语。法律现实主义者更是极端地否认"确定之法"的存在——根据他们的沉思,我们语言的共同规则并没有宣称判例和规则就是现实意义上的法律,所以,当法律人谈论法律的时候,他们实际上是在预测法官即将做出何种判决。这些概念将直接关系我们后文论述的重点,也就是被德沃金称之为"语义学之刺"的法律概念辨明方式。我们将在下一节探讨它对合法性问题产生了怎样的影响。

第二节　语义学之刺

"语义学之刺"是德沃金用概括法律实证主义以及部分自然法理论对"法律是什么"所作陈述的抽象概念。此种语义学理论在法理学研究中的应用造成了种种分歧和困惑。我们或许可以用以下陈述概括"语义学理论"对法律概念的基本看法:人类在日常生活和政治生活中对语词的使用形成了特定的共同规则(shared rules),那么,对法律概念的探究,就是要去发现法律人在使用"法律"一词时所遵循的共同标准的规则。德沃金指出:首先,如果我们将自然法理论和法律实证主义都视为一种语义学理论,其争论的焦点就是这套共同规则里是否有必要包含"道德"的概念;其次,如果我们将法律人关乎疑难案件的争论视为语

(接上页)而传统的法理学精神亦不赞同其采取激烈的方式实现社会变革。这种看法和类似的论述被德沃金视为对英美法律实践的"内在怀疑主义"。参见 D. Kennedy and K. E. Klare, "A Bibliography of Critical Legal Studies", *Yale Law Review*, Vol. 94, 1984, pp.461 – 490; R. Unger, *The Critical Legal Studies Movement*, 2nd ed., Cambridge: Harvard University Press, 1986, pp.5 – 15.

义学争论,那么,这些法律人要么就是没有明白对方所采取的语义学标准,进行着不明所以地争吵,要么就根本不是在争论"法律是什么",而是试图以自己对"法律应当是什么"的假想替代法律原本之所"是",故而他们的争论是装腔作势和别有用心的。

这与我们希望探讨的合法性问题又有什么联系呢?尽管这个问题将随着论述的深入而得到澄清,但是,笔者还是相信此处有必要作出一个交代:首先,就"恶法亦法"的争议而言,其与合法性问题的关联在于立法者或者法官是否必须将自身的实践诉诸某种特定的价值或者规范。法律实证主义之"分离立场"认为,法官应当忠实于法律文字的清晰意义,而不能在审判实践中代入个人或者是他所认为的共同体的道德传统。在实证主义者看来,立法层面上的合法性问题不是法理学应当关注的核心问题,而道德上邪恶的法律只要在其"谱系命题"与"因袭命题"中通过了校验,那么,它就应当被视为共同体的法律。① 因此,那些秉持"正当之法"追问的质疑者毫无疑问地犯了一个错误,因为他们没有成功地拥有某种语义学知识,即"法律"一词并不必然与合法性价值产生关联。所以,通过否认司法实践与道德价值间的必然联系,法律实证主义者的语义学学说实际上在"什么是法"与"何谓正当之法"间划下了一道不可逾越的鸿沟。② 而如果我们希望证明合法性问题是一个法理学问题,就必须通过消解语义学理论带来的影响填平这条沟壑,重新将"正当之法"的追问召回法理学王国。

其次,就疑难案件中的争议而言,语义学之刺也毫无疑问地消解了合法性问题存在的空间。在实证主义者看来,法律人关于"法律"的争议,要么是陷入了语言不可避免的模糊地带,要么就是一种别有用心的装腔作势。因此,假如一位法官与另外一位法官就"种族隔离"事项产生了分歧,他们争论的原因可能是在不同的意义

---

① 尽管法律实证主义认为立法层面的合法性问题不是一个法理学问题,但却应当为功利主义式的道德原则所支配。参见〔英〕边沁:《道德与立法原理导论》,时殷弘译,商务印书馆 2000 年版,第82—83页。

② 哈特本人否认了自己的学说与合法性问题有着任何关联,但似乎这与他早年的立场正好相反。早年他赞同功利主义者的立场,认为功利主义所要捍卫的,正是"'法治国'的要素"和诸如"言论出版自由、结社权利"等权利原则。但他在身前未出版的后记中指出:"德沃金所提出的各种形式的诠释性法律理论都依赖于这样的假设,即法律或法律实践的重点或目的在于证立国家强制力的行使。然而,我肯定不认为,也从来不认为法律有此重点或目的"。这个转向之巨大令人生疑,也难怪哈特教授迟迟没有将其"后记"中的观点公之于众。参见 H. L. A. Hart, "Positivism and the Separation of Law and Morals", *Harvard Law Review* Vol.71. No.4., 1958, pp.593 - 629; H. L. A. Hart, *The Concept of Law*, 2nd ed. P. Bulloch and J. Raz. Oxford: Clarendon Press, 1994, pp.248 - 250.

上使用了"种族隔离"一词,可能是以自己的政治观点和道德倾向代替法律之所"是",但绝不可能是一种在法律内部进行的"正当之法"探寻。因此,实证主义者就否认了以下命题:法律人关于疑难案件的争论有可能是关于如何正当地理解法律的争论。伴随着此种否认,合法性问题的探讨或许就很难在实践中赢得它的空间。然而,德沃金的裁判理论主张法官应当在审判疑难案件的过程中诉诸共同体的道德传统,也就是政治美德和法律原则。这就意味着,疑难案件中存在的争议可能不是一种关于"言语规则"语义学分歧。只有否认了实证主义此种观点,我们才能通过建构性诠释呈现案件争议的实情:发生在疑难案件中的争论,是法官们围绕着如何在正当地理解法律的争论。这本身就是笔者在开篇时提出的合法性问题之一。所以,下文的探讨将会是对合法性问题之探讨的必要准备,因为它将有助于引入我们希望探讨的重要概念,也就是"建构性诠释"的概念。

一、恶法亦法

法律实证主义所提倡的语义学理论集中地体现在前文已经介绍过的"分离命题"之中。这个命题通过相对成功地论述分离了法律的概念与道德的概念。虽然这是一个简单的区分,但却并不因其简单而变得毫无意义。根据此种区分,法理学的研究者必须去追问,在哈特版本的"怨毒者告密"(the problem of the grudge informer)①一案中,人们是否应当根据正义或者"自然法"判决那位告密女子有罪?

拉德布鲁赫(Gustav Radbruch)在沉痛反思德国法律人在纳粹体制下的所作所为后,把这笔账算在了法律实证主义者的头上。②作为法律实证主义在20世纪初的头号敌人,自然法理论阵营的复兴应当得益于纳粹德国统治下的种种"反人类"的暴行。拉德布鲁赫,这位曾经对实在法之效力秉持实证主义态度③的德国学者,也随着对"恶法亦法"进行批评的思潮投入到了自然法的阵营。传统的

---

① 哈特版本的"怨毒者告密",参见 H. L. A. Hart, "Positivism and the Separation of Law and Morals", *Harvard Law Review* Vol.71. No.4., 1958, pp.593-629.

② 这主要是拉德布鲁赫后期的观点。在他的名篇《法律的不法与超法律的法》(又译作《法律的不公正与超越法律的公正》)中,提出了著名的"不能忍受之公式",并对法律实证主义进行了尖锐的批判。参见〔德〕古斯塔夫·拉德布鲁赫:《法哲学》,王朴译,法律出版社2005年版,第227—236页。

③ "在转变信仰之前,拉德布鲁赫认为:对法律的抵抗是个人的良心问题,是个人提出的道德难题。法律的效力并不因下述两个理由而遭到否定:(1)法律的要求在道德上是恶的;(2)服从法律比不服从法律将会导致更恶的后果。"参见 H. L. A. Hart, "Positivism and the Separation of Law and Morals", *Harvard Law Review*, Vol.71, No.4, Feb.,1958, pp.593-629.

自然法观点认为：法律（狭义上的实在之法）的存在必然体现了一种更高层面"法"的特质——这种特质不外乎"善"或者"美德"，有时也应当带有某种规范主义的诉求，例如，对"道德规范""理性准则"以及"普世原则"的追求。拉德布鲁赫或许会倾向于认为，正是实证主义所提出的"恶法亦法"之分离命题，使得纳粹国家使用法律作为工具要求民众服从得以可能。换言之，正是因为法律实证主义承认了"邪恶的法律"也是法律，所以，纳粹通过颁布法律要求犹太人服从"种族灭绝"政策的行为才能得到正当性。总之，"人道主义道德的基本原则是法律或法制概念不可或缺的部分，任何违背道德基本原则的实证法令或成文法都将是无效的"①。否则，这样的灾难在未来仍将无法避免。

对此，哈特给出了客观中肯地反驳，他认为这里需要区分两类判断：第一类判断是纳粹德国的法律因为"过于邪恶"，所以，它根本就不是法律，故而人们也没有遵守它们的义务；第二类判断是纳粹的法律仍旧是法律，但是由于它过于邪恶，让人无法遵守。两类判断的关键区在于：是否应当运用抽象的道德标准去鉴别一部法律、一条规则，事实上是不是"法律"或"法律规则"。正如哈特反复重申的那样：法律之所以成为法律，并不是因为它必然具有人们所希冀的某类道德特质，而是因为人类使用这个概念所参照的共同的、客观的语言规则。不难理解，人们为何都期待法律代表公平与正义，甚至包含特定道德原则，但他们不能将此种期待作为判断法律是否存在的标准。

但这并非简单地在说法律与道德就是两个问题。在法律实证主义者看来，一方面，法律能够体现、包含某种特定的道德价值，但这并不能等同于法律的"概念"又与道德的"概念"有必然的联系。在回应自然法理论的抨击时，法律实证主义者指出：用主观、抽象的自然法标准去衡量法律的做法将会带来很多问题：因为标准的抽象和模糊，所以，在混淆了法律与道德界限的同时，又错误地描述了法律在历史中的真实形态。奥斯丁曾经尖锐地指出：自然法理论之所以混乱，是因为"上帝对人类设定的某些法，是朦胧不见的。这些法，自然不是通过人类语言媒介来传达的。我们也可以这样认为，它们根本就没有清楚地表达出来"②。哈特秉持了奥斯丁的"分离立场"，他认为将道德与法律画上等号的"狭义法律概

---

① See H. L. A. Hart, "Positivism and the Separation of Law and Morals", *Harvard Law Review*, Vol.71, No.4, Feb.,1958, pp.593 – 629.

② 〔英〕约翰·奥斯丁：《法理学范围之限定》（影印版），中国政法大学出版社 2003 年版，第 39 页。

念"将会把不符合特定道德规则的法律规则逐出法律体系,于是,法理学的研究者甚至无法依据此种定义确定研究对象究竟为何物,更别说试图从此种研究中得出任何有意义的结论了。[①] 这意味着以道德来判断法律的存在带来了一种危险。哈特断言:因为"法律"或"法体系"等词汇的共同用法已经决定了法律事实存在的基础,它没有因权威性的承认而获得效力(validity),以及没有被普遍地服从获得实效(efficacy)。[②] 这两个标准意味着,当人们谈论着法律与法律体系的存在时,他们不是在谈论什么虚假的东西,也不是在谈论形而上学和神明教诲,而是在核心意义上谈论他所谓的"规则"(rules)以及"作为初级规则与次级规则结合的法体系"(legal system as the union of primary and secondary rules)。[③] "恶法非法"的判断误解了人类语言的共同规则,因为它错误地将人们对道德词汇的使用方式与法律概念必然地结合起来,进而掩盖了"应然之法"(law as it ought to be)和"实然之法"(the law as it is)间不可逾越的鸿沟。

而掩盖不是没有代价的。哈特表示,很少有人会不为"纳粹屠杀"和"种族隔离"感到遗憾和震惊,但如果仅凭此种情感就去否认纳粹德国或南非法律体系的真实存在,那么,此种否认将不再只是个情感问题——它将是个错误。的确,大众可以理所当然地认为纳粹德国或南非的法律是邪恶的,因而基于一种道德上的原因加以拒绝,但这并不代表着人们拥有了否认它们作为事实上的法律而存在的理由。"是否应当遵守"和"法律是什么"是两个问题,混淆这两个问题往往会带来更加严重的后果。比如,有人会因为一项法律规则不符合他的个人利益就宣称该项法律失去了效力,进而将此种理由推而广之,造成社会的动荡;又如"违法"的评价并不总是意味着"违法者"在道德上存在过错,而混淆法律与道德的界限将会助长以"民众意愿"代替"法律判断"的"道德审判"。[④] 哈特认为,道德的问题总是更为复杂,也更为多样化。正是因为人类无法在事实上形成统一的道德判断,伦理学上的诸多难题才由此而诞生——"怨毒者告密"正是这样的

---

① H. L. A Hart, *The Concept of Law*, 2nd ed. P. Bulloch and J. Raz. Oxford: Clarendon Press, 1994, p.210.

② 关于哈特对作为法体系基础的"效力"与"实效"的论述,参见 H. L. A Hart, *The Concept of Law*, 2nd ed. P. Bulloch and J. Raz. Oxford: Clarendon Press, 1994, pp.100 - 111.

③ H. L. A Hart, *The Concept of Law*, 2nd ed. P. Bulloch and J. Raz. Oxford: Clarendon Press, 1994, p.99.

④ 以上两点,参见 H. L. A Hart, *The Concept of Law*, 2nd ed. P. Bulloch and J. Raz. Oxford: Clarendon Press, 1994, pp.210 - 212.

两难：第二次世界大战后的德国法院如果判决该女子无罪，那么，其邪恶行径就将逃离制裁；反之，"法不溯及既往"的原则（the principle of non-retroactivity of law）就将由此遭受重创，但这样的判决至少体现了某种程度上的坦率。哈特承认，这是一个两难，因为任何判决都将会为达到一种价值而牺牲另外一种价值，而解决它的关键正在于不要去掩盖这个难题，也不要去通过此种掩盖否认法律中可能存在着不道德的要素。① 所以，必须认识到此处事实是"两害相权取其轻"的抉择，而那种否认这种观点将付出代价——它会因为掩盖事情的真相而失去它所意图达到的道德说服力。对此，哈特提出了中肯的建议：对于纳粹法律，我们最为明智的态度就是秉持法律实证主义所一直倡导的语义学区分："这就是法律；但是它太过于不正义了，因此无法适用和服从。"②

二、疑难案件

"语义学"理论的第二个面向与疑难案件有关，也由此关乎于哈特所指出的法律语言的不完备特质。对于法律实证主义者而言，即使是类似"车辆"这样的简单词语，其含义也有可能是不确定的。日常生活中时常出现这样的场景：当我指着"公园里禁止车辆通行"，告诉你不能把你的小轿车开入公园时，你可能觉得我的指示没有任何问题；然而，如果你的座驾是自行车、脚踏车呢？ 如果公园发生火警或者有人在公园内心脏病发作，那消防车和救护车算不算该条规则所禁止通行的"车辆"？ 研究语言的法律实证主义者会说，根据我们使用语言的共同规则，小轿车属于"车辆"一词的"核心地带"（pivotal cases），而其他车辆（非机动车）则可能属于该词"边缘地带"或"阴影区域"（borderline cases or penumbra cases）。他们进一步指出：是人类语言的模糊性（vagueness）导致了模棱两可的产生，而法律语言作为人类语言的分支，尽管措辞严谨且遵循严格的"解释规则"（canons of interpretation），有时也难以摆脱如此困境。哈特将发生在法律语言中的不确定现象归咎为语言的"开放性结构"（open texture）。③

---

① See H. L. A. Hart, "Positivism and the Separation of Law and Morals," *Harvard Law Review* Vol.71. No.4, 1958, pp.593 - 629.

② H. L. A Hart, *The Concept of Law*, 2nd ed. P. Bulloch and J. Raz. Oxford: Clarendon Press, 1994, p.208.

③ 这些例子和观点均出自哈特的名著《法律的概念》与相关论文，参见 H. L. A Hart, *The Concept of Law*, 2nd ed. P. Bulloch and J. Raz. Oxford: Clarendon Press, 1994, pp.124 - 137; H. L. A. Hart, "Positivism and the Separation of Law and Morals," *Harvard Law Review* Vol.71. No.4, 1958, pp.593 - 629.

这是"语义学之刺"简单而又重要的例证。诚如哈特所言,通过完善法律语言,诸如"禁止车辆通行"之类的简单模糊的词语的确可以得到消除。我们可以通过将车辆解释为"机动车"或者"任何以电力或内燃机作为动力来源的地面载具"来解决这个问题。然而,"因为我们是人,而不是神"①。立法者无法在特殊情形发生之前就预料到社会生活的每一种可能状况,而他们解释法律的工具,仍旧是同样具有瑕疵的人类语言,所以,"模糊性"与"开放结构"不能通过完善立法和精确解释而完全消除。比如,"任何以电力或内燃机为动力来源的地面载具"中的"载具"可能又会带来新的模糊。那么,便不难想象"开放结构"对审判活动的影响:诸如"合理的注意义务""公平费率""正当防卫"等法律概念本身十分抽象,有时候法官们只能参照"判决先例"(precedent)来窥见这些词语在法律语言中的适当用法。然而,来自过往的判决亦不可能涵盖未来可能发生的一切,况且,这些由人类语言予以表述的范例应当怎样被理解本身就是一个问题。所以,面对法律语言不可避免的模糊性,法律实证主义者们断言:如果我们采取现实的态度,承认法律语言的开放结构,就不难看出英美法体系下的法官至少在某些疑难案件的审判中进行着"缝中立法"的实践。"立法"意味着法官需要在权衡各种利益后"创造法律",因为那时模糊的规则让他们"无法可依"。谁要是否认这点,就不大能理解人类身处的世界,进而错误地描述英美法体系下的法律实践。

这套说辞惹恼了法官们,也激怒了一般民众。哈特指出:"法院经常否认任何像这样的创造性功能",因为他们坚持"成文法之解释和判决先例之使用的适当任务分别在于寻找'立法者的意图'和已经存在的法律。"②民众们难以想象法官竟然有时在"创造法律",这种创造毫无疑问将使得他们的合法权利变得像他们的语言一样模糊。先前,他们期待法律明确与公正;现在,根据这套说辞,他们不能盼着法官忠于法律,因为"边缘地带"无法可依,他们所能做的,仅是祈祷法官会有好的"发明创造"。

怀着同样的不满,德沃金针对这套理论提出了质疑:如果在疑难案件中,法官其实"无法可依",并且需要"创造法律",那么,在法律共同体内就疑难案件的

---

① H. L. A Hart, *The Concept of Law*, 2nd ed. P. Bulloch and J. Raz. Oxford: Clarendon Press, 1994, p.128.

② H. L. A Hart, *The Concept of Law*, 2nd ed. P. Bulloch and J. Raz. Oxford: Clarendon Press, 1994, pp.135 - 136.

判决发生的诸多争议又如何成为可能？换句话说，如果在疑难案件中没有真正的法律，那么，法律人（法官、律师和法学家）又在争论什么呢？在不同的声音之间，指责的主题为何不是"没有好好造法"，而是对方"没有真正地理解现存的法律和立法者意图"？针对这些质疑，法律实证主义者们又迅速给出了两个回复：首先，存在与法律人间关于判决的争议只是一种"假装"（pretend）的争议——争议的诸方实际上都很明白此时"无法可依"，只是出于各自不同的动机希望能够通过自己的声音"解决社会问题"；或者，双方争论的根本不是"法律是什么"，而是"法律应当是什么"。① 其次，这些责难只适用于疑难案件，也就是说，在大部分案件中，法律人对于"什么是法律"或者"法律规定了什么"，或者"法官应当如何断案"都有基本的共识。那些发生在疑难案件中的争议，只是由于人类语言不可避免的模糊导致了法律人对上述问题的见解不一。换言之，他们争论的是模棱两可的语词。这就好像我说你"钓鱼是一种运动"，其实没有真正理解"运动"一词语言游戏规则，而持不同观点的你认为"钓鱼无论从哪个方面都符合'运动'一词的基本含义"，于是，我们当然会指责对方没有理解"运动"这个词。然而，真正的答案并不像我俩所说的那样言之凿凿，因为根据共同的语言规则，在这个时候"运动"一词没有正确、客观、精致的定义。这就是我们，同时也是法律人之间不能相互理解的原因。总之，这些争议仅仅关乎于"言辞"（verbal）。②

---

① 德沃金此处将矛头指向了哈特，所以，我们可以关注哈特如下的表述，"逻辑只是告诉你：在给定的前提下，如果你对某条款做出某种解释，那么，将会得到某种结论。至于如何对具体情形进行分类，逻辑则保持沉默。然而这正是司法裁决的核心。……规则一般允许条款有多种不同的解释，并且依据语言习惯，法官对此拥有自主的选择权。对该事实（即法官依据语言习惯对条款所具有的各种不同的解释可能的选择权），他要么看不到，要么假装看不到。……在阴影问题中，一个明智地判决不是机械地做出的，而必须依据目的、效果和政策，尽管其并不必然依据任何我们所谓的道德原则。……我们可以说，法律注定是不健全的，我们必须参照社会目标理性地解决阴影问题。"关于区分"法律是什么"和"法律应当是什么"，哈特给予了这样的论述："有时候，认为法律和道德有必然关系的主张，只不过是说，好的法律体系必须如前文提到那样符合正义或道德的要求。有些人会认为这不言自明；但这绝非是一种同语反复，事实上，在哪些标准可能适用或者需要符合哪些要点问题上，分歧总是会存在。"See H. L. A. Hart, "Positivism and the Separation of Law and Morals", *Harvard Law Review* Vol.71. No.4, 1958, pp.593 - 629; H. L. A Hart, *The Concept of Law*, 2nd ed. P. Bulloch and J. Raz. Oxford: Clarendon Press, 1994, p.205.

② 在哈特看来，上文提及的两个辩护是有关联的："公园中某种程度的平静，是否为孩子们使用这些电动玩具汽车的欢乐或好处有所牺牲，或者仍旧应该加以捍卫？当我们未能想到的个案真的发生时，我们将无可避免地面对这个问题。接着，我们就必须在各种利害间做出最能令我们满意的抉择，才能解决问题。如此一来，我们就进一步确定了最初的目标，同时也连带解决了在规则的目的下，该一般化语词的意义问题。"See H. L. A Hart, *The Concept of Law*, 2nd ed. P. Bulloch and J. Raz. Oxford: Clarendon Press, 1994, p.129. 另外，关于言辞问题，还可以参考 H. L. A. Hart, "Positivism and the Separation of Law and Morals," *Harvard Law Review* Vol.71. No.4, 1958, pp.593 - 629.

第三节　拔出语义学之刺

在这一部分将简要探讨德沃金就上述"恶法亦(非)法"与"疑难案件"问题所作出的回应。这些回应大都起着铺垫性质的作用,其目的在于引出后文希望着重论述的"建构性诠释"的概念,以便最终通过这个概念更好地理解德沃金回应合法性问题的态度。我们将要看到,德沃金对法律实证主义的说辞给出了两个层面的回应:① 法律实证主义用以辨识"法律是什么"的语义学方案以不必要的方式限制了法律语言的灵活性,误解了法律人对法律与道德的使用,进而它针对"恶法亦(非)法"问题给出的回应是失败的;② 在其语义学理论基础上,法律实证主义误解了疑难案件中各方争议的实质,而各方的争论实际上是一种关于"法律之寓意"的"理论性"争议,因此,法律实证主义就疑难案件之争议给出的论说也同样面临着失败的危险。

一、语言之灵活性

法律实证主义者坚持认为,不能因为某些法律或者法律体系存在着道德上的缺陷就否认它是实际的法律或法律体系。他们认为,根据共同的语言规则,鉴别法律或者法律体系的标准与人们判断道德问题的标准是如此的不同,故法理学的研究应当在这个问题上采取分离的态度。按照上述观点,纳粹德国的法律就是"法律",然而它过于邪恶以至于不能被人们遵守。自然法理论者持相反的观点,他们认为"法律"一词中必然地包含了人类的道德判断,因此,人们当然有理由运用这些道德判断去拒绝承认纳粹的法律就是"法律"。

法理学研究关于"恶法亦(非)法"的争论能够通过上文提供的思路获得崭新的启示吗？在德沃金看来,法律实证主义关于"分离命题"的论说是一种法律概念的"延伸",它意味着研究者必须站在经验的角度去审视"法律"以及和它相关的"概念"。现在的问题是,这样一种强调事实与价值相分离的理论是否能够更好地阐明它所关注的对象;或者,它是否能够有助于更好地描述人们对法律语言的运用。一旦问题发生转换,法律实证主义就面临着巨大的问题:因为它给出的结论带有抽象(abstract)的色彩,所以,它必须证明自己的理论不仅适用于英美法体系,还能够至少在最宽泛地层面说明其他法律体系的一般特征。而如果探研的目标是特定文化的法律实践,此种抽象性可能就会给出无所教益又略显独断的结论。抽象性一直提醒着人们要小心概念的混淆,但却无视人们可以在概念清晰的基础上认为“恶法非法”。换言之,为实证主义所忧惧的那种混淆可能是不存在的,而这种可能性恰好说明混淆是否存在与如何提问有着密切的关系。

为了说明这点,德沃金设想了一位美国法律人对纳粹法律持有的种种观点。[①] 他认为,这位美国法律人完全不必因为纳粹法律缺乏英美法的某些特质就否认它事实上就是法律。因为这位法律人使用“法律”一词的方式参照了某种抽象的标准,这些抽象的标准由人类共同实践的生活形式(a form of life)所确定,[②]因此,它在最一般的意义上具备辨明法律是否事实存在的功能。这位法律人会说,这些纳粹的法律就是法律,尽管它们很邪恶,也与美国的法律很不相同,但是按照抽象的标准,没有理由去否认它们的事实性存在。按照实证主义者的见解,这些抽象的标准包括法律是否具有来源于政治权威(political authority)授权的效力,还包括法律是否得到了其统摄对象的事实服从。于是,实证主义的见解就作为了一种提出问题的方式要求提问者在“语义学”意义上去回答问题。[③] 这就好像一个人提问:“《红楼梦》是不是一本书”那样,只要人们以大致的方式使用“书”这个语词,那么,他们就能够很容易地说出实证主义所期望得到的答案。

但其他陈述就是绝对混淆了概念吗？德沃金指出：法律实证主义的片面正在于以一种“全有或者全无”的方式否认其他观点的可能意义。这意味着,实证主义提出的判断法律是否成为法律的抽象标准只是诸多观点的一种,它所强调的法律与道德的分离只是人们根据特定问题看待法律的一种方式。而这种方式是否是一种最好的“方式”还有待引入其他见解进行比照,它并不能在理论交锋

---

① Ronald Dworkin, *Law's Empire*, Harvard University Press, 1986, p.103.

② 这个比喻来自维特根斯坦。关于维特根斯坦的原文和德沃金对它的引用,参见〔英〕路德维希·维特根斯坦：《哲学研究》,陈嘉映译,上海人民出版社 2005 年版,第 11 页,第 15 页,第 95 页。Ronald Dworkin, *Law's Empire*, Harvard University Press, 1986, p.63.

③ 这实际上就是德沃金所说的“前诠释阶段”。在下一章中,我们将集中探讨这个概念。不过,现在也不妨说明,“前诠释”意味着在诠释开始之前有些问题已经得到了“诠释”,而“语义学共识”正是在前诠释阶段形成的。关键诠释的“前诠释”阶段,参见 Ronald Dworkin, *Law's Empire*, Harvard University Press, 1986, pp.65 – 66; Ronald Dworkin, *Justice in Robes*, Harvard University Press, 2006, p.10.

中自然地占据无可争议的优势地位。假设上文中那位美国法律人认为"纳粹的法律不是法律",因为"它因为歧视犹太人,缺乏法律所必须具备的平等价值"。他的话果真就错了吗?此时,这位法律人回答的是完全不同的问题,他完全有可能在头脑清醒的状态下给出"恶法非法"的判断:一方面,在前诠释意义上,纳粹的法律就像绳中的一段纤维,它与美国的法律体系存在着某种相似性,所以,在这个意义上它是法律;另一方面,假设问题变成了"缺乏特定价值的法律是不是法律",那么,这位法律人将极有可能根据自己对法律的信念给出解答:"它不是法律,尽管它与美国的法律十分相似,但不应当将这种邪恶的法律称为法律"。① 德沃金认为,这种回答不应当理所当然地被视为谬误,而应当被视为另外一种法律的观点,而究竟是实证主义式抽象性方案好,还是后一种"带有价值偏向"的方案更好,取决于它们所试图理解的对象。

法律语言的灵活性(the flexibility of legal language)决定了法理学将站在不同的角度回答不同的问题。② 在这个意义上而言,德沃金认为法律实证主义强调法律人只能按照它所规定的方式去言说法律。一位法律实证主义者会说:按照那位美国法律人的信念,纳粹的法律将不再是法律,但这不是一个事实;因为纳粹的法律的特征符合"法律"一词的共同语言规则,所以,这位法律人犯了个错误。然而,这位法律人的陈述并不是一个语义学陈述,而是一种带有怀疑色彩(skeptical)的陈述。他给出了自己的判断,即判断法律是否成为法律的标准应当包含某种价值,所以,他的话语并非含混不清,而是有的放矢;他没有犯事实性的错误,因为他认为"法律与道德"在"语义学"意义上是两个不同的范畴。他没有必要去否认这点。但他确实可以在不否认显著"语义学"共识的前提下,有意义地凭借个人道德、政治信念去给出一种"建构性诠释",一种与法律实证主义不尽相同的"法律概念"。法律实证主义者恰好简化了这个问题,以过高的代价换取了语言的有条不紊——它要求人们必须在"广义"的前诠释与"狭义"的诠释间进行毫无必要的选择。③ 为什么非得这样呢?德沃金指出:在法律与道德的关系

---

① 这个维特根斯坦的绳索比喻被德沃金用以说明"法律概念"的家族相似情形(family resemblance)。Ronald Dworkin, *Law's Empire*, Harvard University Press, 1986, p.69, p.103. 关于维特根斯坦对这个比喻的论述,参见〔英〕路德维希·维特根斯坦:《哲学研究》,陈嘉映译,上海人民出版社2005年版,第38页。

② Ronald Dworkin, *Law's Empire*, Harvard University Press, 1986, p.104.

③ Ronald Dworkin, *Law's Empire*, Harvard University Press, 1986, p.104.

问题上,法理学没有必要作茧自缚地限制法律概念的可能与法律语言的灵活性。

二、争议之理论性

法律实证主义者认为,是法律语言的"开放性结构"造成了发生在"疑难案件"中的争议。因此,法律人所争议的,要么只是纯粹的语词之争,要么就是别有用心地试图以自己的喜好来填补法律之语焉不详。在德沃金看来,这些都是"稀奇古怪"并且终将失败的观点。他认为:这两套说辞之所以失败,是因为它们都错误地描述了法律的实践。针对第一套说辞,德沃金认为:那些对疑难案件中持有不同观点的法律人,并非是在"装模作样"地进行"心怀鬼胎"的争论。他指出:争论诸方实际上完全能够区分"法律是什么"和"法律应当是什么",他们不会认为美国宪法修正案与《爱弥儿》中的神秘道德规训是一回事,而任何否认这点的法官将会被驱除出司法系统。而他们争论的焦点正在于怎样理解这些事实上存在的法律。在美国,没有哪个法律人会认为美国宪法不是美国的法律,但尽管这是一种共识,他们还是存在针对宪法条款的不同理解。而这些不同的理解关系到另外一个重要的问题:根据这些可能的理解,法律要求法官如何判案。另外,将争论的原因描述成"假装"实在过于牵强,这种"装模作样"要在有着成熟法律实践的英美获得长期、稳定的成功,可能真的需要不止一点点的运气。①

那么,第二套"仅关言辞"的辩护呢? 德沃金认为:它混淆了双方争论的性质,因而同样站不住脚。在实证主义给出简单例证中,人们当然可以说"自行车是不是车辆"仅仅是文字之争,但如果问题并非如此这么简单呢? 为了说明法律争议可能有重要的区分,德沃金给出了"摄影"和"艺术"的例证:某些人可能会认为,摄影具有类似"绘画""雕塑"等其他艺术形式所具有的共同特征,但其独特之处又使得它落入了"艺术"一词的"边缘地带"。所以,他可能会说:根据我们使用"艺术"一词的共同语言规则,武断地将摄影归为艺术或者将其排除在外都不恰当,因为"摄影是否是'真正地'算得上是一门艺术",不是一个"真正的"问题,对于这个问题没有一个"客观"答案。现在来看另外一种情况:一位摄影家可能会认为,摄影就是一门艺术,因为根据他对"艺术"的理解和信念,摄影具备

---

① Ronald Dworkin, *Law's Empire*, Boston: Harvard University Press, 1986, pp.37 - 40, p.44. 德沃金将实证主义的第一种辩护形象地描述为"求好运"(finger-crossed)的说辞。因为在他看来,此种假装的长期成功的确需要极好的运气。这当然是一种反讽。

典型艺术形式的一切基本特征,并且任何与他持不同信念的人都"错了"。当然,他的言论可能会遭到画家们的反对,因为后者对"艺术"持完全相反的理解和态度。这样,我们就有了两类争论:一边是关于"艺术"一词的"语义学"争论,另一边则是关于"艺术信念"的"真正"争论。① 那么,发生在某些疑难案件中,存在于法律人之间的争议又是哪一种呢? 德沃金指出:

> 在我们所列举的案例中,律师和法官们并不认为他们是在为模棱两可的主张进行辩护。在立法和先例层面,他们之间存在着根本性(fundamental)分歧。②

这种根本性的分歧是什么? 让我们来看以下说明:我和你在探讨"钓鱼是不是一项运动"时,我俩可能真的同时落入了"运动"一词的"边缘地带";但假设我认为"任何形式的种族歧视都是错误的",而你却对此持相反的观点,我们争论的焦点将不再仅涉及言辞。很显然,我们都大致理解"种族歧视"的含义,并且认为"禁止有色人种参与特定的政治实践"是一种"种族歧视"。在我们的分歧并非以语词的含义为根据,而在于各自对"种族歧视"持有完全不同的政治、道德见解。如果你支持某项禁止有色人种参加大选投票的法律或者判决,而我却极力反对你的主张,那么,我们并不是在争论"这些法律和判决到底是什么意思"。我们之间的分歧不是靠咨询律师就能解决的问题——分歧之所以产生,是因为我们拥有不同的政治信念和法律信念,我们争论的范围将涉及所有有关种族歧视的立法、判决和裁判先例,这恰好说明实际上我们对法律本身有着不止于文义上的争论。如果有人说,你们之所以会争个不停,是因为"禁止有色人种参与特定的政治实践"的法律规则或者判决先例落入了"种族歧视"一词的边缘地带,那么,我会觉得他误解了我和我的论敌,因为我们的争议不仅仅是经验性的(empirical),而是一种关乎于不同信念的理论性(theoretical)争议。德沃金认为:法律实证主义正是在这个意义上错了:它将疑难案件中的争论描述为"仅关言辞"或者"装模作样",疑难案件中的法官要么说着"善意的谎言",要么就是迂

---

① Ronald Dworkin, *Law's Empire*, Boston: Harvard University Press, 1986, pp.41 - 42.

② Ronald Dworkin, *Law's Empire*, Boston: Harvard University Press, 1986, p.42.

腐的"语文学究"。① 这些结论就是错了，它们并非实情，而假使有人希望正确地描述法律实践，他就必须要拔掉这根"语义学之刺"。

至此，我们已经集中考察了"语义学之刺"的背景由来和主要观点，我们也粗略地了解到，语义学理论对存在于法律实践中的诸多争议进行了怎样的错误描述。在法律实证主义的论说中，法律人之所以会在疑难案件中持有不同的观点，其主要原因在于法律语言的不可避免的模糊性。我们已浅显地注意到，法律人在疑难案件中争论的或许并非只是词语的基本含义：如果有人认为"合理的注意义务"是法律规则，是法官判决的依据，而另外一人则认为这个词语代表着某种声音或者颜色，那么，发生在他们两人间的争论就毫无意义——他们争论的是完全不同的事物。

这个有点极端的例子只不过是为了说明，我们所考察的争论双方并非各说各话，而是有的放矢，首先，他们需要对争论的语词和事实有着起码的共识，而不是像实证主义者所主张的一样处于词语的"边缘地带"。其次，他们的确对这些词语和事实有着不同的看法和理解，而这种差异涉及各方不同的信念和主张。正如前文所论述的"恶法亦（非）法"之争议一样，法律实证主义并不能自恃正确与客观，进而限制法律语言的灵活性。而如果此种灵活性得到了正确的理解，那么，如何去解释这些在共同实践中产生的共识与差异，以及此种共识和差异将怎样影响我们希望探讨的合法性问题。这种共识和差异关系到，被以往立法者所确认的"正当之法"应当如何在当下的司法中得到理解。在下文中，法律实证主义、法律现实主义与德沃金的替代方案均对这个合法性问题给出了自己的回应。但是，在进入这些具体的合法性观点前，我们必须转向德沃金的理论工具，也就是"诠释性概念"。通过上文论述，我们已经大致了解到，法律实证主义的失败是一种哲学上的失败，故而其替代方案也必须能在哲学上回答它所不能回答的问题，正确地描述被语义学之刺歪曲的社会实践，进而正确地审视法律与道德的关

---

① 根据哈特自己的论述，英国法院经常否认法官的立法职能，但此种否认其实是个谎言。事实上，"法官可能总是先直观地或者以'直觉'（by hunches）达成决定，然后，再从法律规则的目录中，选择一项他们伪称与手上案件相符的规则；然后他们宣称，这就是要求他们做出决定的规则，虽然在他们的言行中并没有任何其他东西能显示，他们将之视为具有约束力的规则"。而德沃金将法院否认这种"伪称"的动机理解为"为了不使人们的幻想破灭或者不引起其无知的愤怒"。See H. L. A Hart, *The Concept of Law*, 2nd ed. P. Bulloch and J. Raz. Oxford: Clarendon Press, 1994, pp.140 - 141; Ronald Dworkin, *Law's Empire*, Boston: Harvard University Press, 1986, p.37.

系以及司法实践的真态。所以,按照德沃金的思路,下文对"诠释性概念"的解说恐怕要远离法律领域,而更多地关心哲学、美学,甚至是社会学的命题。我们最终的目标是通过正确地理解诠释性概念,来理解存在于法律实践中的争议,所以,此处的转向是必要的。

第三章

建 构 性 诠 释

第一节 与合法性问题的关联

在阐述建构性诠释之前,此处预先告知这个概念与合法性问题的大致关联。正如上文所述,"语义学之刺"将法律概念的探研视为找到人类使用"法律"一词共同规则的努力;此种努力终将面临失败,因为它以不必要的方式限制了法律语言的灵活性,亦误解了存在于疑难案件中的理论性争议。那么,为何德沃金希望引入"建构性诠释"这一概念呢? 它对于合法性问题的探讨又有何助益呢?

此处可以提前给出两个基本的说明。首先,建构性诠释的路数能够正确地理解法律与道德之间的关系。我们曾经提到,建构性诠释认为法律与道德是不同的概念,但是其内容取决于彼此。① 这个稍显"莫名其妙"的判断应当怎样被理解呢? 这涉及立法与裁判的合法性基础,德沃金指出:特定共同体的立法原则总是来源于这个共同体的普遍道德传统,并且裁判行为也应当在司法实践的展开中,通过对政治美德和法律原则的尊重,延续过去立法者所尊重的"合法性共识"。而法律实践毫无疑问也会对道德生活产生影响,假使一位无辜的公民被判决有罪,那么,他不仅遭受了来自法律本身的制裁与评价,而且还面临着特定的"道德伤害"(moral harm)。② 即使他的过错仅仅是"疏忽大意",其他公民将

---

① 德沃金自嘲这个命题有点"神秘兮兮"(cryptic),但他很快给出了解释。笔者在下文中的解说均是参照他的论证。Ronald Dworkin, *Law's Empire*, Boston: Harvard University Press, 1986, pp.96 - 97.

② Ronald Dworkin, *Law's Empire*, Boston: Harvard University Press, 1986, pp.1 - 2.

会因为他的"有罪",给予他道德上负面的评价。此外,在英美法律共同体中,不同公民拥有着不同的道德观念,这意味着他们将不可能完全赞同所有的立法行为和司法裁判,那么,为何德沃金还是认为他们都有义务服从法律呢?这是一个关键的问题。我们不能说,公民可以拒绝服从任何他们认为道德上有瑕疵的法律,但是我们却可以说,他们基于法律的某种道德特质大致拥有服从法律的义务。所以,法律与道德在特定共同体中的互动,势必为公民的守法义务带来了一个"共识平台",也就是守法义务的合法性基础,使得公民能够在对特定立法和裁判持有异议的同时,仍旧有先行的义务服从法律和裁判。如何理解此种现象?怎么理解此种"共识平台"的存在?这就是建构性诠释要处理的难题。因为,我们不能像自然法理论者一样,独断地认为道德与法律就是一回事,所以,推论出公民可以拒绝服从任何他们认为是不正义的法律;也不能像法律实证主义者那样,忽略道德对法律正当化作用,完全无视道德传统对法律实践的影响。

其次,在疑难案件中,法律人的争论大多不是"语义学"的经验问题。那么,这些理论性问题与我们希望探讨的合法性问题又有什么联系呢?这同样涉及法律应当被如何理解的问题。法律实证主义者认为,在法律规则模糊之处,法官应当进行"缝中立法"的实践,所以,法律人关于疑难案件的争论探讨并不是规则和裁判本身,而是一种指向"新法",在各种利益和政策之间进行权衡的"法外辩论"。[①] 总而言之,模糊地带不存在法律。德沃金认为,此种论调严重地戕害了共同体的合法性基础,因为公民服从法律的原因,在于他们相信法律正当地保护了由过去为政治决定所确定的权利,但是,在语义学的模糊地带中,此种权利随着法官不可避免地造法或许将陷入极大的不确定性中。如此一来,公民对正当之法的期待和服从法律的义务也将同样陷入混沌之中。德沃金指出:为了消解此种混沌,法律人应当将发生在疑难案件中的争议视为关乎"法律应当怎样被理解"的合法性问题,也应当将法官在疑难案件中的种种论证视为"正当化"其判决依据的合法性事业。这也意味着,法官们必须根据共同体的政治道德传统,肯定人们拥有原则意义上的抽象权利,进而在具体的个别案件中依据自身对法律原则和政治道德的理解思索该案的"最佳诠释"。那么,为何共同体的道德传统应

---

① Ronald Dworkin, *Taking Rights Seriously*, Boston: Harvard University Press, 1986, pp.82 - 85.

当对司法裁判实践产生影响？而寻求"最佳诠释"的过程又是什么？它如何成为可能？这些都是建构性诠释任务。

第二节　诠 释 性 概 念

为了回答这些问题，下文将首先介绍建构性诠释概念的各个方面，以作为进一步论证合法性问题的铺垫。在对"诠释性概念"的论述中，德沃金提供了一个贯穿其理论始终的"礼貌例证"。因此，对这个例证的理解就变得非常重要：一方面，我们能够通过这个例证初步了解"诠释性概念"的历史；另一方面，也能通过有效的类比，将"建构性诠释"应用到我们所关心的法律实践领域。对这个例证的探究将从"诠释性态度"（interpretive attitude）开始。

一、诠释性态度

德沃金设想了在一个假想的社会中，存在着一套"礼仪规则"。这套礼仪规则及其相关的范例（paradigms）告诉人们应当在何种特定情况下做出特定行为。例如，应当对社会地位更高的人行脱帽之礼。在这个社会中，人们都承认这些礼貌规范事实存在于他们所身处的社会中；反过来讲，如果有人不承认这点，那么，他很有可能不是这个社会的一员。随着时间的推移，社会成员们将会对事实存在的"礼仪性规则"持有一种"诠释性态度"。此种态度分为两个层面：首先，他们将会认为礼仪规则有它的寓意（points），它们的存在是为了特定的价值和原则服务。换言之，不应当拘泥于文字或者形式来看待这些礼仪要求。其次，这些礼仪规则的要求并非一成不变，它们极有可能受到"寓意"的影响，在实践中产生不同的"理解""应用""引申""修正""限制"和"规定"。也就是说，在那个社会中，如果有人认为"向女士脱帽致敬"不单单是一种存在的社会习俗，而且更表达了男性对女性的尊敬（respect），这就可以说他采取了"诠释性态度"的"寓意"；如果他还认为，这种尊敬的原则应当要求人们对得胜归来的士兵行脱帽礼，因为他认为士兵同样值得用礼仪来表示尊敬，这就是他在"引申"和"修正"这些礼仪规则。① 必须注

---

① Ronald Dworkin, *Law's Empire*, Boston: Harvard University Press, 1986, p.47.

意,两个不同的诠释性态度彼此独立,人们可以采取其中一种,忽略另一种。①

　　仅采取"寓意"的人们对于礼仪规则的态度只能是"遵从"或者"反叛"(conformity or rebellion)。然而,在历史的发展中,人们会对"尊敬要求怎样的实践"提出不同的看法:在特定的时期,人们可以提出异议,认为曾经的"礼仪规则"已经过时了,因为此种规则的实践并不能真正地在他所在的时代表示尊敬,所以,应当采取不同的方式来更为贴切地实践礼貌的"寓意"。此时,我们不能说与异议者是在"反叛",但可以说他是在通过引入新的行为方式进一步诠释"表达尊敬的礼貌"。于是,凭借此种对寓意的诠释,礼仪规则连同它的实践获得了发展。这意味着人们不必一味盲从古法,也意味着相同的寓意在不同的时代可以有不同的实践形式和具体范例。还必须注意,在一段特定的时期内,"礼貌表达尊敬"的寓意可能不发生变化,而变化的是实践和具体要求;而在另外一种情况中,寓意本身就发生了变化,人们也很可能意识到它已经与原来的寓意背道而驰了,所以,此时要么有新的寓意产生去维持人们对相关实践的"诠释性态度",要么这种实践就会随着诠释态度的"淡化"(languish),重新回到那种"静止与机械的状态中"(static and mechanical state)。②

二、诠释之类型

　　此种关乎社会习俗实践的诠释性态度并非是唯一的诠释类型。紧接着,德沃金便探讨了若干种不同的诠释类型。这些诠释类型若按照所关注的领域来划分,除了例子中提到的社会实践诠释(social practice interpretation)外,还有艺术性诠释(artistic interpretation)和科学性诠释(scientific interpretation)。另外,按照诠释与诠释者的意图(intention)的关系来划分,它又可以分为对话性诠释(conversational interpretation)、创造性诠释(creative interpretation)以及作为创造性诠释的建构性诠释。

---

　　①　我们很容易理解为何人们只采取"寓意"层面的诠释性态度。那么,在怎样的情况下,人们会只采取第二种引申、修改和完善的态度,而不采取第一种呢? 德沃金指出:我们对"游戏或者体育竞赛"(games or contests)的规则的态度正是如此:在大多数情况下,我们不会争论这些规则的寓意到底如何,但却常常会争论这些规则应当做出怎样的改变。所以,在这个意义上,游戏或体育竞赛中的规则诠释仅起到外在(external)的作用。See Ronald Dworkin, *Law's Empire*, Boston: Harvard University Press, 1986, pp.47 - 48.

　　②　Ronald Dworkin, *Law's Empire*, Boston: Harvard University Press, 1986, p.49.

在德沃金看来,日常生活中随处可见的诠释形式就是对话性诠释。在我们与谈话对象的交流中,作为诠释者的我们总是以特定的角度去理解蕴含在诠释对象言辞或行为中的"寓意"。我们总是不自觉地去问"他那么说是什么意思"?"你这样做代表着什么"? 诸如此类的问题,这意味着在对话性诠释中,理解者往往站在特定的角度去把握、理解或者领会他人(others)的说话意图和行为意图。结合上文的例证,在对社会实践和特定游戏的诠释中,对话性诠释者总是在解说言语和实践所蕴含的寓意:"他那么移动'王'是因为被将了一军""这个时候说'您'是为了表示尊敬"或者"中国人在除夕夜燃放爆竹是为了辞旧迎新",等等。相应地,在诠释对象为艺术作品的艺术性诠释中,对话性诠释者往往会想象"艺术作品在对自己说话",然而作品本身"缄默不语"。因此,诠释者通常会采取的方法,就是像去把握一位朋友说话寓意那样去领会作者(author)的原初意图。①那么,科学性诠释是不是一种"对话性诠释"呢? 按照德沃金的观点,如果我们说一切诠释都带有这种"对话性目的"(conversational purpose),它可能甚至不是一种真正的"诠释"。②

我们已经了解到,"对话性诠释"所指向的目标是去理解和领会诠释者(interpreter)之外的话语意义、行为意图和艺术价值。而创造性诠释不仅仅涉及被诠释对象的意图、动机和目的,它更关注诠释者本人的意图、动机和目的。这是一个关键的区分,它说明"创造性诠释"虽然与"对话性诠释"一样,与"意图"有着千丝万缕的联系,但前者主要关心的问题不是如何去重现说话者、行为者或者创作者的原始意图,而是如何根据诠释者本人的意图在特定的条件下赋予诠释对象以意义。所以,作为诠释对象的艺术作品和社会实践本身是由人们创造,而又在岁月流逝中有别于创造者本身,正因为如此,创造性诠释才有可能在不同的历史时期阐发诠释对象新的寓意。那么,诠释的方式就不能像仅仅去抓住"说话者"意图的对话性诠释那样,它必须代入诠释者的目的和意图,故必须是一种

---

① 这样的例子还有很多,红学家研究作者曹雪芹的人生变故和家族命运,力图在当时的历史背景下,通过揭示人物原型去把握《红楼梦》中各个角色的深长意味;电影评论家通过与导演和编剧的访谈,就电影中特定蒙太奇的使用给出导演本人的评论和意见,并试图把握模棱两可结局的"真实意义"。这些皆是"对话性诠释"在艺术领域的运用。

② 这里德沃金的意思并不是"科学诠释"无论如何都不是一种诠释。相反,他认为"对话性"诠释那种想象"被诠释对象"在"说话"的方式并不能适用于科学解释(explanation)的情境。我们理解一位朋友的话语和行为的方式与解释青蛙叫声的方式是不同的;如果我们说"数字和样本"在对科学家们说话,那么,实际上我们就错误地描述了科学实践的本来面貌。See Ronald Dworkin, *Law's Empire*, Boston: Harvard University Press, 1986, p.50.

建构性诠释。

　　大体而言,建构性诠释就是强行给予(impose)某个对象或者习惯一个目的,并以此在对象和习惯所处的形式和风格内,将它描述成它所可能成为的最好样例。①

　　在这种诠释中,"对象与目的是相互作用(interaction)的关系"。② 这表明建构性诠释并非随心所欲地诠释,而是一种受到限制的"创造性诠释"。它不能是一种"发明"(invention),更不能是胡编乱造。如果笔者把《物种起源》理解成为一部长篇小说,并接着主张达尔文是一位成功的作家。那么,也许笔者是在赋予这本书一个新的"目的",并且由此"创造性地"有所诠释,但这和《物种起源》的科学背景毫无关联,并且此种诠释错误地理解了该书被人们大致认可的"体裁"与"创作意图",也因为此种误解树立了错误的"非科学"评价标准,故而笔者的诠释或许就不那么重要了。再如,一位美国的营养学家对中国人端午节吃粽子的实践做出了科学诠释——他为这个习俗加上了一个科学的目的,比如,科学证明夏初食用糯米有助于防暑,于是,中国人就这么做,这有可能正确,但笔者认为这个诠释有所偏差。因为笔者认为他没有理解到这一习俗其实与历史典故相关,故尽管他的诠释具有科学价值,却并未揭示出习俗的真实寓意。以上的例子都是为了说明,诠释对象的"历史和形式"(history and shape)限制了诠释的范围,我们还将在后文继续论述这一点。③

　　另外,建构性诠释的概念也同样说明了为何各种诠释之间存在着相似性和差异性。我们已经提到,建构性诠释给予诠释对象以目的,力求完美地理解"诠释对象",故不同领域的诠释也拥有不同判断"完美理解"的标准,例如,将达尔文理解为文学家的诠释采纳了错误的评价标准。具体而言,如果我们将科学解释视为建构性诠释,那么,我们或许会认为科学研究的目的在于客观、正确地认识对象,于是,此种实践就树立了"简洁""精致""不矛盾""可证实"和"可重复性"等

---

① Ronald Dworkin, *Law's Empire*, Boston：Harvard University Press, 1986, p.52.
② Ronald Dworkin, *Law's Empire*, Boston：Harvard University Press, 1986, p.52.
③ 这关乎于我们在后文中即将谈到的前诠释阶段。See Ronald Dworkin, *Law's Empire*, Boston：Harvard University Press, 1986，p.52，p.60，pp.66-71.

标准,来使某种科学解释（explanation）优于其他的科学解释。而艺术诠释之所以与科学解释不同,"仅仅是因为我们用于判断艺术作品成功与否的标准,与判断物理现象的解释的标准有所不同",不同的艺术形式和体裁都采取了不同的判定成功的标准。① 同样,当我们在试图理解一位朋友的话语时,或者当我们试图去把握某项社会实践的寓意时,必然也会相应地受到共同实践所树立标准的约束,②所以,建构性诠释同样适用于对话、审美和社会实践的情形,而之所以与科学解释不同,是因为它们拥有不同的历史和实践形式,故采取了不同的成功标准。

至此,诠释的诸多类型已经摆在我们眼前。我们也看到,德沃金提出了"建设性诠释"的概念,认为它经过"详尽阐述"（elaborated）可能能够适用于艺术诠释和社会实践诠释,并且"在一切形式的诠释间存在着深刻的联系"。这种联系是一个更为野心勃勃的哲学议题,但这并非德沃金论述的重点,也并非下文要试图解说的问题。③ 我们还注意到,德沃金认为建构性诠释试图将诠释对象描述成"它所能够成为的最好样例"。这是什么意思? 这个最好的样例如何可能? 我们暂且不去深究。接下来的探究将回到前文提及的"礼貌共同体",我们将继续结合这个范例,并以艺术诠释作为类比,更详细地解说"建构性诠释"与诠释者意图的关系。

---

① See Ronald Dworkin, *Law's Empire*, Boston: Harvard University Press, 1986, p.53, pp.59 - 62.

② 德沃金列举了"善意原则"（principle of charity）作为诠释对象为谈话的建构性的标准。应用于社会实践诠释的标准更为复杂,依据不同特定实践可能会存在不同的判定标准。就法律诠释领域而言,德沃金在《法律帝国》提出了"立法原则"与"审判原则"的"整体性"作为判定法律诠释优劣的标准。See Ronald Dworkin, *Law's Empire*, Boston: Harvard University Press, 1986, p.53, p.176.

③ See Ronald Dworkin, *Law's Empire*, Boston: Harvard University Press, 1986, p.53. 各种诠释类型间有无必然的深刻内在联系关系诠释学（Hermeneutics）各个流派间存在的争议。一般而言,"诠释学"在现代学术语境下具备六种不同的定义:（1）圣经注释理论;（2）一般的语文学方法论;（3）所有的语言理解科学;（4）精神科学（Geisteswissenschaften）的方法论基础;（5）存在和存在论的理解之现象学;（6）既是恢复性,又是反偶像崇拜的诠释体系。德沃金在哪个意义上采纳了诠释学的方案是一个有趣的问题。在上述六种不同的路数中,主张一切诠释之间有着深刻而又必然的"存在论"联系的学者要数德国大哲学家海德格尔（Martin Heidegger）及其弟子伽达默尔（Hans-Georg Gadamer）。在海德格尔的理论中,他认为诠释学正是存在论意义上的"此在诠释学"（hermeneutic of Dasein）,因此,并非文本诠释的科学或者规则,也不是精神科学的方法论,而是"人类存在的基本方式"。他的弟子伽达默尔沿着该"存在论方案",就语言与存在的互动关系做了进一步说明——我们还将在后文中进一步提到伽达默尔的理论。不过,正如伽达默尔在与贝蒂（Emilio Betti）的论战中指出的那样,他所追寻的"意义","无论如何都不是提供一种普遍的诠释理论与不同的方法论学说",而是"探求所有理解方式的共同点"。在最一般的意义上,此种共同点或许可以被理解为存在与各种诠释类型间的必然而又深刻的联系。参见〔美〕理查德·帕尔默:《诠释学》,潘德荣译,商务印书馆 2012 年版,第 50—66,83 页;〔德〕马丁·海德格尔:《存在与时间》,陈嘉映、王庆节译,生活·读书·新知三联书店 2006 年版,第 44 页;〔德〕汉斯-格奥尔格·伽达默尔:《真理与方法——哲学诠释学的基本特征》（上卷）,洪汉鼎译,上海译文出版社 2004 年版,第 8 页。

第三节　诠释与意图

在德沃金看来,他所提出的"建构性诠释"必须要运用诠释者的意图。这与许多常见的观点相矛盾。不难想象,"对话性诠释"的支持者可能会持有以下两种反驳意见:第一点是关于艺术诠释。他们可能认为,艺术诠释的目的在于尽可能地还原作者本人的创作意图和心理状态,而不能把诠释者的意图强加在作品之上,因为这样不仅会导致曲解和误读,还会遮蔽作品"原本"的艺术价值;第二点则是针对社会实践诠释。他们会说,诠释社会习俗意味着站在不偏不倚的角度去观察社会成员的行为和与之相关的意图,这或许会涉及站在他们的角度去理解习俗的意义,但绝不是用诠释者自己的看法去替代他们的本意。[1] 简言之,正确的探研关系还原作品作者的意图和社会成员行为的意图,代入诠释者自己的意图只会扭曲事情的原貌,得出无法让人信服的诠释结论。[2]

德沃金认为,这种反对意见极其普遍,但同样片面。在后文的论述中,我们将注意到,这种"对话性诠释"的意见在某种程度上代表着语义学理论对法理学研究的基本看法。然而就目前的论述而言,我们首先应当关注建构性诠释的方案,以及它如何"招架"这些来自不同领域的"明枪暗箭"。

一、还原与给予

对艺术作品的完美诠释只与重现作者创作意图(intention)相关吗? 德沃金认为:如果将"意图"理解为作者创作当时的心理状态和大脑活动,那么,我们无疑就把"意图"看得过于简单了。创作意图要复杂得多,并且艺术作品的意义与价值也会在历史变迁中呈现出纷繁芜杂的样态。要诠释艺术作品的意义与价值当然不能脱离艺术作品本身,但诠释者应在多大程度上忠实于作者的原始意图,或者

---

[1]　或许可以认为,这正是哈特在《法律的概念》中提及的"内在观点"(internal view):"当一个社会群体有着某些行为规则时,这个事实让人们得以表达许多紧密相关,但却属于不同种类的说法;因为针对规则,人们可以站在观察者的角度,而本身并不接受规则,或者人们可以站在群体成员的角度,而接受并使用这些规则作为的指引。我们可以将两者分别称为'外在'(external)观点和'内在'观点。"See H. L. A Hart, *The Concept of Law*, 2nd ed. P. Bulloch and J. Raz. Oxford: Clarendon Press, 1994, p.89.

[2]　See Ronald Dworkin, *Law's Empire*, Boston: Harvard University Press, 1986, pp.53-56.

说,我们应在何种前提下正确理解作者的原始意图,则关系到作品能否在不同的历史环境下得到意义上的"重现"(retrieving)。而如果我们不希望生搬硬套地制造啼笑皆非的诠释,就必须运用我们自己的艺术信念(artistic convictions)去对作品进行重构(reconstruction)。于是,在艺术诠释领域,德沃金给出了两个关键的例证:第一个例子关于戏剧,它用于说明"对艺术作品的诠释必须运用诠释者的意图";第二个例子关于电影评论,它用于说明"作者或者作品也能从诠释者带有自己意图的诠释中有所收获"。

我们来简要回顾这两个例证。第一个例证直接来源于伽达默尔所提出的"视域融合"(fusion of horizons)思想。[①] 我们此处采用一个新近的例子,[②]在筹备影视作品的过程中,剧组的任务是要尽可能地使《福尔摩斯》这部名作在现代银幕上获得最大的成功。那么,剧组的任务是否如"对话性诠释"的支持者所言,是要尽可能地理解原作中柯南道尔对笔下每个角色以及剧情本身的原始想法呢?假设他们的做法真是如此,那么,身处现代的观众反而很可能会对作品原本的主题和意义产生误解。因为柯南道尔所生活时代与他们完全不同,生搬硬套剧本原文或者作者意图而生成的人物形象,可能与柯南道尔本来脑海中所构思的角色相距甚远。意义总是具有抽象性,所以,假使诠释者承认这部侦探小说的伟大之处在于它出色地表现了案件的"悬疑"和福尔摩斯的"智慧",那么,他就必须把柯南道尔的意图"引入不同的历史时期的不同文化中,并由此将两种'意识'阶段融合在一起"[③]。在这种理念的指引下,为了尽可能完美地诠释作品,改编

---

① 伽达默尔以下重要的论述将为我们理解下文例证提供帮助,这关系"有效的历史意识"和"效果历史理论":"这一点无疑在创造艺术中,首先在舞台艺术和音乐中表现得最明显。舞台艺术和音乐为了存在期待境遇,并且通过其所遇到的境遇才规定了自身";"历史意识本身只是类似于某种对某个持续发生作用的传统进行叠加的过程,因此,它把彼此相区别的东西同时又结合起来,以便在它如此取得历史视域的统一体中与自己本身再度统一";"我们首先可以从较古的时代以及从它们对自身和对起源的素朴态度中认识到这种融合的力量,这种融合始终是在传统的支配下进行的。在传统的支配下,这样一种融合过程是经常出现的,因为旧的东西和新的东西在这里总是不断地结合成某种更富有生气的有效的东西。"〔德〕汉斯·格奥尔格·伽达默尔:《真理与方法——哲学诠释学的基本特征》(上卷),洪汉鼎译,上海译文出版社 2004 年版,第 193、393—394、396 页。在《法律帝国》的原例中,德沃金认为伽达默尔的"视域融合"主张之所以重要,是因为它强调了"有效的历史意识"不是"旨在没有观点地看待历史",而是"要去理解我们自己的观点如何受到我们希望诠释的世界的影响"。在下文例证中,德沃金充分说明了我们无法不运用意图去看待《威尼斯商人》,而必须令我们的"艺术信念"与莎士比亚的艺术构思完成跨越时间的"融合"。See Ronald Dworkin, *Law's Empire*, Boston: Harvard University Press, 1986, pp.420-421.

② 德沃金原来的例子与莎士比亚与《威尼斯商人》有关。See Ronald Dworkin, *Law's Empire*, Boston: Harvard University Press, 1986, pp.55-57.

③ See Ronald Dworkin, *Law's Empire*, Boston: Harvard University Press, 1986, pp.55-56.

者脑海中的"夏洛克·福尔摩斯"形象可能与作者本人相去甚远;他也许会认为在新的文化和历史条件下,剧本的侧重点将会有所转移,而侦探的形象也将改变。比如,他可能会利用高科技与互联网来侦破比原作中更加棘手的案件。而这些可能都是原作者从未,也不可能考虑过的构思。假若他无视历史与文化的差异,仅仅专注于重现作者意图,那么,他的剧本所表达的意义就有可能会背离作者的"原意"。在这个过程中,我们假定了作品的"抽象意义"经历时间流逝仍然可以通过诠释而得以"重现",只不过此种重现并不是"表面上"重现作者的意图,而是依赖诠释者本人的艺术信念,更深入且有效地令古老的艺术作品所希望表达的意义与当代观众的审美视域产生融合。此种艺术信念既要能使诠释者领会蕴含在作品中的"抽象艺术意义",又要对诠释者本人所处的文化与环境有着深刻的理解。它是一种诠释者本人的艺术意图。

　　另外一个例子走得更远,它受益于哈贝马斯(Jürgen Habermas)极具启发性的说理,假设"作者或者作品能从诠释者那里有所收获"。[①]　我们亦不必重复德沃金所举的例子,而以另一场"虚构的对话"作为替代解说。[②]　假设一位加西亚·马尔克斯的读者与作者本人进行了交流:这位读者认为《霍乱时期的爱情》一书的主旨不仅仅是描述爱情的所有可能性,也不仅仅是为了歌颂弗洛伦蒂诺对菲尔明娜至死不渝的爱,而更在于在哲学上阐明爱情是我们作为人类与终结对抗的有效方式。我们可以设想马尔克斯的态度,他也许会说尽管这种解读他是第一次听到,但确实反映了他创作时的意图。他甚至会说,他从未想到这一点,但这样理解他的小说似乎更好一点。他当然也可能会表示反对:"不,我从未这样想过,我也不希望我的作品被这样理解"!按照德沃金所持的观点,这场"虚构的对话"并不是要去查明马尔克斯如何看待自己的作品,或者弄清他在写作时脑海中发生的事情,而在于揭示一种艺术诠释的可能性,这种可能性使得马尔克

---

　　① 德沃金指出:这个观点得益于尤尔根·哈贝马斯对伽达默尔的批判性继承。哈贝马斯指出:"但是,伽达默尔赋予其理解的解释模式只是一种片面的转型,因而看起来比较奇特。如果我们作为潜在的参与者持有一种完成行为式的立场,而且我们的出发点在于,从作者的表达中可以推断出其合理性,那么,我们就不仅承认了这样一种可能性,即解释的对象是我们可以学习的榜样;而且也提出了这样一种可能性,即作者也会向我们学习。伽达默尔还固守研究经典文献的语文学家的经验,而'所谓经典,就是经得住历史批评的一切'。"参见〔德〕尤尔根·哈贝马斯:《交往行为理论》(第一卷),曹卫东译,上海人民出版社 2004 年版,第 133—134 页;Ronald Dworkin, *Law's Empire*, Boston: Harvard University Press, 1986, pp.419 - 420.

　　② 德沃金提到了美国哲学家斯坦利·卡维尔(Stanley Cavell)与意大利导演费莱尼的"假想对话"。See Ronald Dworkin, *Law's Empire*, Boston: Harvard University Press, 1986, pp.56 - 58.

斯能从读者的诠释中有所收获,而这种诠释本身涉及的也是诠释者本人的艺术信念。这种艺术信念通过诠释延续、发展作品的意义,而不仅仅是还原与重现。德沃金指出:此种诠释将"评论者"(critic)与"作者"(author)两个不同的身份成功地融于"诠释者"(interpreter)一身,而此种"与作者进行假想对话"的建构性诠释同样也能以"自己与自己对话"的形式应用于社会实践领域。按照德沃金的看法,虽然社会实践中没有具体的"作者",但建构性诠释同样也能够以此种方式适用于对它的诠释,每个实践者同样既可以是"评论者",同时,又是实践的"作者",因为他们都按照自己的意图去理解自己的特定行为,进而就此种行为建构性地发表意见,并在此基础上提出新的实践要求。我们在下文中将着重讨论这个问题。

德沃金也承认,对艺术作品的诠释非常复杂:艺术作品根据体裁、流派和历史时期的不同,可能会被当代诠释者采取不同的诠释方式以获取它的最佳意义,[①]所以,上述例证的提出仅在于提出一种可能性。这是一种我们目前需要明确的可能性,它意味着对艺术作品的诠释不仅仅是一种重现作者意图的对话性诠释,这不是在说所有重现作者意图的观点都不可取。德沃金只是主张,对艺术作品的建构性诠释能够将对话性诠释作为一种同样希望赋予作品"最佳意义"的诠释方式纳入自身的体系中,从而站在更高的角度批判"肤浅地还原作者意图"的独断实践。另外,根据这种可能性在艺术领域成立的条件,对社会实践的诠释同样要受到具体情境和历史形式的约束,但这不仅仅意味着它受到历史的限制,还应当如伽达默尔所说的那样"挣脱历史之桎梏"。接下来,我们将在对社会实践的建构性诠释中更直接地感受此种张力。[②]

二、局内与局外

在上文中,我们已经提到,建构性诠释同样也可以运用于"社会实践"的领

---

① 德沃金引用了卡维尔的看法:在某一特定时期,因其体裁的独特性与创作实践的改变,对特定时代诗歌的诠释往往都不得不采用"还原作者意图"的诠释手法。See Ronald Dworkin, *Law's Empire*, Boston: Harvard University Press, 1986, p.60.

② 参考伽达默尔对此种诠释学张力的论述:"与传统相联系的意义,亦即在我们历史诠释学的行为中的传统因素,是通过共有基本的主要前见而得以实现的。诠释学必须从这种立场上出发,即试图去理解某物的人在与流传物种得以语言表达的东西是联系在一起的,并且与流传物得以讲述的传统具有或获得某种联系。另一方面,诠释学明白,它不可能以某种毫无疑问、理所当然地完全一致性的方式相联系,正如它不可能与某种不中断的、继续存在的传统相联系一样。实际上存在着一种熟悉性与陌生性的两极对立,而诠释学的任务就是建立在这种两极对立上。……诠释学的真正位置就存在于这中间地带内。"参见〔德〕汉斯-格奥尔格·伽达默尔:《真理与方法——哲学诠释学的基本特征》(上卷),洪汉鼎译,上海译文出版社2004年版,第381—382页。

域。上文也曾提及，有人会认为，因为社会实践是一个更加客观的领域，故带有诠释者意图的建构性诠释将难以在该领域获得成功。他们还会说，社会实践领域的真正"诠释"是一种不带个人看法的中立、客观、不偏不倚的报告，建构性诠释的方案无论如何都无法做到这点。为了回应这些质疑，现在就让我们回到德沃金所设想的"礼貌共同体"，来审视此种反对意见是否合理：根据前文提及的"诠释性态度"，在这个共同体中，公民们会对礼貌问题持有两种观点：首先，礼貌是有所寓意的，它与特定的价值、利益和原则相关联。在德沃金的假设中，共同体的大部分成员都认为礼貌关乎于尊敬。其次，因为礼貌具有这种寓意，人们会根据自己的理解去诠释"由礼貌表达的尊敬究竟要求人们如何行事"，或者他们会反驳"礼貌本来的寓意"，给出自己的新看法。第一个态度是基本的，因为人们可以认为"礼貌表示尊敬"而不试图去修正它的"寓意"或者它的实践要求。但是，上文也曾提到，正是诠释性态度导致了社会实践的演变。那么，现在我们的问题是，如果要正确地描述这种习俗的和它的演变，诠释者应当站在何种角度？

先来考察一种陈旧的反对意见，它认为我们应当不偏不倚地站在外部报告这个社会中有关礼貌的一切描述中。① 就好像要去重复别人的话语，描述者的目的就是一字不漏地将话语和行为进行拷贝，并且就外部环境对话语和行为的影响给出分析。比如，农民遇见贵族必须要鞠躬，并使用敬称，这个阶层之所以服从礼貌的要求，是因为他如果不这样做将遭受不利，或者是因为礼貌是权威所树立的传统，而他们与历史因袭之中服从此种权威。不难看出，此种观点的说服力是很有限的，因为他仅能说明外部因果关系对习俗的影响，从而可能错误地描述"寓意性质"的礼貌实践。在说"我吃饱了"的时候，持有这种观点的观察者会重复我的话语并认为我吃饱的原因是"我吃了早餐"。这当然没有什么问题。但如果我说："礼貌仅仅是个形式问题而无关尊敬"，那么，他就认为我谈的与客观存在于社会中的礼貌实践毫不相关，因为这只是我个人的看法，而不是客观实践

① 在这里，此种陈旧的观点的代表人物是英国法学家约翰·奥斯丁（John Austin）。作为法律实证主义的现代奠基人，他认为，社会成员遵守法律的原因是随着违法而到来的制裁，根据此种因果关系，他将社会成员遵守法律的样态描述为"劫匪情境"，并据此认为法律乃是一种"主权者的命令"。作为他理论的继承者，哈特对奥斯丁的看法进行了反思：他认为奥斯丁的模型虽然可以很好地解释诸如刑法之类的强制性法律，但却完全不能说明类似合同法、民法这样的授权性法律。因此，在他自己的理论中，哈特提出了"次级规则"（secondary rules）与"初级规则"（primary rules）的概念作为对奥斯丁学说的重要修正。参见〔英〕约翰·奥斯丁：《法理学范围之限定》（影印版），中国政法大学出版社 2003 年版，第 18—19 页；H. L. A Hart, *The Concept of Law*, 2nd ed. P. Bulloch and J. Raz. Oxford: Clarendon Press, 1994, pp.20-26, pp.91-100.

的一部分。按照哈特的观点，它甚至不能解释棋类游戏的实践，因为人们移动棋子并非只是个物理现象，而是在"有所看法"地实践。①

哈特提出了他的替代方案，这个方案更为全面，也更为深刻。他成功地通过象棋游戏的类比发展出"内在观点"的描述手法。他认为，前一种陈旧的观点之所以错误，是因为它没有看到身处于实践之中的实践者会对习俗或者规则采取"内在观点"。我们不能说，棋手正确地移动棋子是因为畏惧某种不利，或者电影爱好者每个星期去看电影是因为受到了政治权威的影响。哈特认为，只要我们站在一个社会的内部，以"参与者"（participant）的视角审视社会成员的看法，就会发现他们既会像陈旧观点所主张的那样对规则或习俗持"外在观点"，还会发现他们并不认为进教堂要脱帽是因为害怕受到神父的斥责。在后一种情况中，持有内在观点的脱帽者不仅会自己践行这种习俗，还会对越轨行为提出批评，并要求他们像自己一样行事。这就好像一位棋手对另一位棋手说："不，你不能那么移动'王'，你得像我这样。"②

在德沃金看来，哈特的方案尽管更为全面和深刻，然而还是仅注意到了诠释性态度的第一个层面，即习俗的参与者是在有所寓意地行事。哈特忽略了诠释性态度的第二个层面：在历史变迁中，习俗的变化并非单纯是一个事实，而是寓意、实践和规则三者相互作用的结果。更重要的是，哈特的"描述的社会学"（descriptive sociology）旨在以参与者的视角考察诸如习俗一类的社会实践，但其最终描述的却是以一个"局外人"（outsider）的姿态给出的不偏不倚的中立报告。③ 这位"参与者"是个站在局内的局外人，他误解了"参与"一词的意义：诚然，哈特的方案考虑到了蕴含在人们实践之中的意义，但他最后给出的结论，的

---

① H. L. A Hart, *The Concept of Law*, 2nd ed. P. Bulloch and J. Raz. Oxford: Clarendon Press, 1994, pp.56 - 58.

② H. L. A Hart, *The Concept of Law*, 2nd ed. P. Bulloch and J. Raz. Oxford: Clarendon Press, 1994, pp.56 - 58, pp.89 - 91.

③ 哈贝马斯对此种不偏不倚的"观察者"亦提出了自己的看法，他认为观察者也必须是到交往模式中潜在参与者，并且此种潜在参与者并非是完全没有"意图"地在进行观察："以上论述想要阐明的是，意义理解方法使得我们熟知的认识客观性成了问题，因为解释者即便没有自己的行为意图，也必须依靠对交往行为的参与，并且看到自己面对的是客观领域资深当中出现的有效性要求。他必须用合理的解释来处理把有效性要求当作指南的行为的内在合理结构。解释者想把这种解释中立化，就必须付出这样的代价，即把自己明确为一个客观的观察者；但是，从客观化的立场出发，根本无法进入意义的内在关系当中。"参见〔德〕尤尔根·哈贝马斯：《交往行为理论》（第一卷），曹卫东译，上海人民出版社2004年版，第116页；H. L. A Hart, *The Concept of Law*, 2nd ed. P. Bulloch and J. Raz. Oxford: Clarendon Press, 1994, pp.89 - 91.

确是在告诉我们"其他"社会成员如何行事以及其行事可能依据的理由。换言之，按照哈特的方式进行描述的观察者，尽管看到了"其他"社会成员的实践理由，却未对此种理由提出自己的看法。他虽以参与者的身份去"观察"，却未能实现真正的"参与"。让我进一步分析这种区分：如果成功描述社会习俗实践的目标是"就这个社会当中其他大部分人实践的模式进行概括"，那么，也许这位描述者的尝试就获得了成功；但假使我们的目标更为内在和具体地表现为"在这个社会中礼貌本身是什么"，那么，这位描述者就不能仅仅是看别人怎么做——他必须参与到礼貌的实践中，然后结合他人对礼貌的看法，提出赞成或反对的意见。当然，若这位描述者不肯放弃他原先的立场，辩称他其实已经完成了后面的任务，然后告诉我们，对于他而言，"礼貌是一种在这个社会中客观存在的事实"。据此，我们就结合其他参与者的观点，来看看他的诠释是否完美地诠释了礼貌本身。这时候其他的参与者可能会认为这位描述者过于片面，因为"礼貌不仅是一种事实，而且更关乎尊敬"，则后者就有可能给出了更好地诠释。[①]

　　以上论述旨在表明，对更具"客观性色彩"的社会实践所进行的诠释也必须运用诠释者本人的意图。结合前文论述，我们不难发现，此种将社会实践还原为客观事实的方法，与那种试图客观重现作者意图的手法如出一辙。因为社会习俗本身没有具体作者，所以，此种手法就试图从每一个别人身上找到习俗的共同之处。而建构性诠释的问题是"怎样运用意图去进行诠释能够更好地描述习俗本身"，那么，那个"貌似内在"的观点就不能理所当然地成为最终的胜者，它还必须与其他带有不同意图的诠释一争高下，去证明自己才是"更好的"主张。此外，假设有人认为，礼貌不仅是一种事实，更代表着尊敬，所以，我们应当对老人使用敬语来表达尊敬，那么，他就站在参与者的立场上展现了"诠释性态度"的两个层面——礼貌的寓意是什么和这种寓意要求我们怎么做。此时可能会存在争议：另一个人声称：虽然礼貌关乎于尊敬，但尊敬并不要求我们对年长的人使用敬语；或者他说：礼貌无关乎于尊敬，但礼貌确实能够避免很多麻烦，它是有助于人际交往的和谐与稳定，所以，我们也不是非得对所有老人都使用敬称，要视情况而定。这样，每一个参与者都凭借自己的信念、利益和原则诠释着"礼貌"，而"礼貌"这个概念也就随着讨论的深入得到了更好地"理解"。在这个过程中，我

---

　　① 以上观点请参考：Ronald Dworkin, *Law's Empire*, Harvard University Press，1986，pp.62 - 66.

们看到了"实践""意图"和"寓意"三者的相互作用:人们在实践中理解了寓意,又带着他们本人的不同意图诠释着"寓意";而此种被诠释的"寓意"经过深化又提出了新的实践要求,进而改变了诠释者的生存周遭;而此种变化反过来经时间流逝又会生成新的实践和它们不同的"寓意"。① 如此循环、深化和延展。结合礼貌的例证来看,这条脉络便是社会习俗诠释与意图的关系。

三、诠释的阶段

通过揭示这条诠释脉络,我们已经基本理解了习俗的实践如何在诠释与时间的作用下发生改变,但这只是一种"俯瞰式"的理解,建构性诠释的过程还需要进一步地细致考察。德沃金针对建构性诠释的过程划分了三个诠释阶段:前诠释阶段(preinterpretive stage)、诠释阶段(interpretive stage)与后诠释阶段(完善阶段)(postinterpretive stage)。(见图 3 - 1)

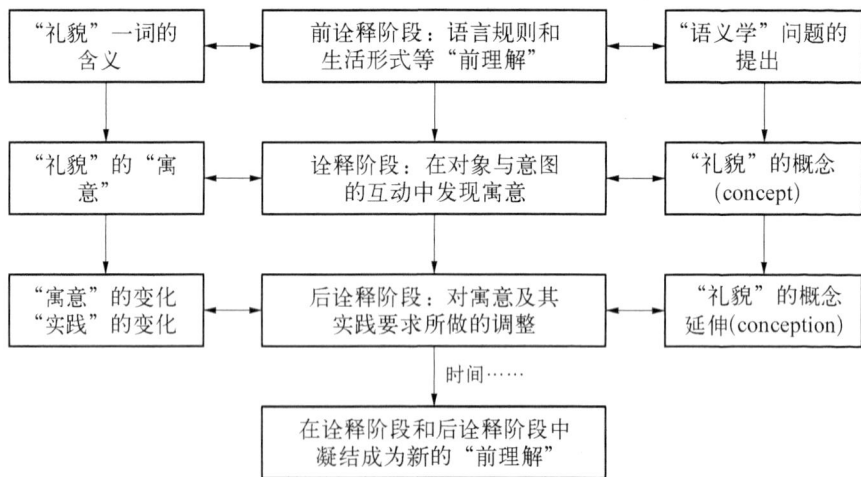

图 3 - 1   建构性诠释的三个阶段

德沃金认为,"实际诠释并不像上述分析性结构所设想的那样细致周到而又有明显结构",但我们需要注意"社会的内在观点在每个阶段有怎样的差异","这

① 哈贝马斯对这条脉络给出了相似的说明:"社会科学家进入生活世界的途径和外行没有什么本质的区别。他们自己必须在一定程度上属于他们试图描述其组成部分的生活世界。为了描述生活世界,他们必须理解生活世界;为了理解生活世界,他们必须全身心地投入到生活世界的创造过程当中;而全身心投入的前提是他必须属于生活世界。"我们此处也许可以将生活世界粗略地理解为下文即将提到的"生活形式"与"前诠释阶段"的限定。参见〔德〕尤尔根·哈贝马斯:《交往行为理论》(第一卷)曹卫东译,上海人民出版社 2004 年版,第 108 页。

就需要我们对诠释的三个阶段进行分析并加以区别",从而完善建构性诠释"成为同样也能够适用于法律研究的工具"。① 所以,此处在完善建构性诠释的同时,也有必要结合它的特性重提之前已经表述过的观点。我们将会在建构性诠释的各个阶段中进一步深化对社会实践诠释的认识。

按照德沃金的表述,"前诠释"阶段是"打上了引号的"。这表明在针对特定对象的诠释开始前,有一些观点已经通过之前的诠释达成了共识,而这种共识已经得到了诠释者的理解。前诠释就是一种对此种共识的相似理解。结合前文所述的诠释并非完全的创造或发明,我们不妨将整个诠释过程视为一棵大树或整个山脉,再将"前诠释"视为大树的树干(initial trunk of the tree)和高峰所屹立其上的高原(plateau)。② 于是便可以设想,在礼貌实践的发展中,必然有一些诠释已经得到了先行领会,并为进一步诠释提供着可能。例如,在诠释"礼貌"的寓意之前,共同体中的成员必须对"什么是礼貌的行为"有着相似的看法。因为他们不仅使用同一种语言,而且都相似地实践着礼貌行为,如此,他们才有可能根据彼此共同的认识和实践对礼貌的寓意提出各自的理解。除此之外,他们还必须通过这种认识和实践大致理解彼此的意图、信念和动机,这才使得他们之间的交流和争论有意义,但语言和实践的相似性并不要求他们观点完全一致,而只是要求他们能够把对方的话语视为有意义的语言,而不是噪音,并且能根据自己理解去正确领会对方的说话意图。这些"先行领会"便是维特根斯坦所说的"生活形式"(a form of life)。③ 那么,这些条件怎样影响进一步的诠释呢?德沃金指出:建构性诠释展开的可能在于"生活形式"为社会成员理解彼此的意图提供了相似的利益和信念,而此种相似性又必须"严密得足以容纳真正的不同意见,同时又不能过分严密,以致不同意见无法产生。"④

---

① Ronald Dworkin, *Law's Empire*, Boston: Harvard University Press, 1986, pp.66-67.
② 这两个比喻参见 Ronald Dworkin, *Law's Empire*, Boston: Harvard University Press, 1986, p.70.
③ "生活形式"(a form of life)、"家族相似"(family resemblance)以及"语言游戏"(language games)是维特根斯坦(Ludwig Wittgenstein)后期哲学的主要议题和核心观点,在其巨著《哲学研究》中,维特根斯坦批评了那种认为"语义"潜藏于语言本质中的观点,并极力主张哲学研究应当回到日常语言本身。"使用决定意义"可以说是维特根斯坦后期的中心议题,它意味着语言的含义并非是"'在那里'等待我们去发掘",而是被"生活形式"中人们的"语言游戏"实践所规定和限制——"想象一种语言就叫做想象一种生活形式"。参见〔英〕路德维希·维特根斯坦:《哲学研究》,陈嘉映译,上海人民出版社 2005 年版,第 11 页,第 15 页,第 95 页。
④ Ronald Dworkin, *Law's Empire*, Boston: Harvard University Press, 1986, p.64.

接下来便是"诠释"阶段。在这个阶段中,诠释者将针对特定的诠释对象(语言、艺术作品或者社会实践)阐发蕴含在其中的寓意。根据先前有关诠释与意图的讨论,他必须在这个阶段中表达他本人对此种寓意的看法,他还必须说明他为何持有这种观点——他必须为自己的观点辩护,并给出自己的论证。在这个阶段中,诠释者给出的诠释不必尽善尽美,因为他的诠释或许不能符合诠释对象的每一个方面,比如,主张"礼貌代表着尊敬"的诠释者在特定情境下能够很好地说明他对长者使用敬语的问题,但却并不代表着这个判断能够说明礼貌的其他一切情形,更不代表着会被其他所有社会成员接受。其他社会成员可能会对礼貌的寓意持有不同的看法,他们也许不会像这位诠释者一样将礼貌与特定的价值(尊敬)联系起来,而是会站在自己的角度认为礼貌与其他的价值、信念,甚至利益相关。但不管怎样,每一位诠释者都要站在自己的角度,说明诠释对象具有怎样的寓意以及为什么会有这种寓意。在诠释阶段,他起码得告诉其他人,我们之所以讲礼貌的原因是因为礼貌代表着尊敬,因为我们必须尊敬社会地位比我们高的人,而社会阶层的分化作为一种"前诠释"的历史条件已经得到了我们每个人的承认。他会说,尽管这只是他的看法,但这种看法或许最好地描述了"礼貌"这一习俗的实践。其他人或许不会同意,这意味着认为"礼貌代表着尊敬"的诠释者必须与其他竞争性观点一较高低,所以,他必须考察其他人有关礼貌寓意问题的意见,并进一步回应这些异议的主张,论证为何自己的观点比他们好。最后,这种诠释连同相关的论证必须受到"前诠释"的限制,他们应当是"诠释"而并非什么"创造发明"。假如礼貌在美国是一种"多数人决定的议事规则",那么,毫无疑问这种诠释就超越了"前诠释阶段"美国人对"礼貌"形成的基本共识,因为当我这么说的时候,他们想到的是"民主程序"而并非"礼貌"。这表明前诠释的限制要求我们在诠释中谈论的是同一个对象,而不是我们天马行空的想象。

最后,我们来看看"后诠释"阶段。在这一个阶段中,诠释者必须根据他之前所进行的寓意阐发,在实践层面上进一步完善他的诠释。具体而言,他应当说明他所给出的诠释将会要求人们如何行事。在德沃金给出的例子中,诠释者必须回答"什么是礼貌的真正要求":假设一位诠释者认为礼貌代表着尊敬,而在他的社会中向贵族鞠躬又代表着用礼貌来传达尊敬,那么,在"后诠释"阶段,他可能会认为,礼貌不仅要求人们应当尊敬贵族,也应当尊敬从战场凯旋的军人,所以,人们也必须向他们鞠躬致意;或者,他可能会认为礼貌的要求存在着例外的情况,所以,这些载誉而归的军人将不必向贵族鞠躬,以显示自己的荣誉与地位。通过这个例子,我们可以看到,新的诠释提出了新的实践要求,问题一下从"礼貌有什么寓意"变为"根据此种寓意我们应当如何行事"。此外,前诠释的限制同样适用于"后诠释"阶段,因为此种"实践要求"也同样不能随心所欲。假设有人认为"民主代表着人类理性在政治决策领域的运用",大部分人也许将认为这是一个"简单粗糙"却"有其依据"的诠释;而此时这人又说:根据这种理性的运用,民主确实要求社会成员共享财富,或者要求他们必须服从暴君的专断恣意。此时我们恐怕会认为,第一个要求和我们所理解的民主"毫无关联",而第二个则与它真正的要求"恰好相反"。这个例子说明了诠释提出的实践要求必须与诠释本身和前诠释的基础相互联系,不管是诠释,还是它的实践要求都不能走得太远。那么,究竟多远才算远? 德沃金认为"只有历史才能告诉我们"。① 这是个棘手的问题,在这里我们只需了解,诠释不必像"前诠释"阶段中的共识那样被大多数社会成员所认可,它和它的实践要求只是有可能成为新"河床"的一部分,而"河床"的每一部分也都曾是水中流沙,在被实践沉淀之前,它们也曾是不确定和争论本身。②

第四节 建构性诠释回应质疑

前文阐明了建构性诠释的概念。按照德沃金的建议,此种理解模式不仅适用于艺术对象,还同样适用于诠释诸如"礼貌"那样的社会习俗实践。我们将倾向于认为,两种类比对于德沃金的任务都非常重要,因为它能够为我们解释存在于疑难案件中的诸多争议提供启发。在疑难案件中,每位法律人都对法律持有一种诠释性态度,他们争议的焦点是"法律本身是什么"和"法官应当如何判案"。当然,不难预见,这种针对社会习俗或法律的诠释性解读必然会遭遇反对声音。

① Ronald Dworkin, *Law's Empire*, Boston: Harvard University Press, 1986, pp.66-68.
② 这个绝妙的比喻来自维特根斯坦最后的著作《论确定性》,原文表述如下:"……思想的河床可能流动。但是我却分辨出河床上的河流运动与河床本身的移动;虽然两者之间并没有什么明显的界限。……那条河流的岸边一部分是不发生变化或者变化小得令人察觉不到的坚硬岩石,一部分是随时随地地被水冲走或者淤积下来的泥沙。"参见〔英〕路德维希·维特根斯坦:《维特根斯坦全集》(第十卷),涂继亮、张金言译,河北教育出版社 2003 年版,第 208—209 页。

持有反对意见的人要么会认为"法律本身是什么"和"法官应当如何判案"是两个语义学问题,要么就会站在外在怀疑主义的立场上去主张"对于这些问题根本就没有更好的答案"。前一种观点正是在本书开篇之初所提及的"语义学之刺",而后一种观点虽然我们尚未予以考察,但并不代表它们无足轻重。所以,接下来的讨论将主要与这两种反对意见相关,我们将通过回顾德沃金的论证,说明其主要观点,并解释这些观点为何不能对"建构性诠释"形成威胁。

一、回应语义理论

在前文中,说明了为何建构性诠释的诠释者必须是一位特定实践的参与者;还抛弃了那种陈旧的观点,并对那个"站在局内的局外人"也提出了质疑。假定以"语义学"的观点来审视前文的礼貌问题,那么,探究的目标就会发生改变:礼貌的研究者将会试图去发现"礼貌"一词在特定社会中的共同使用规则,而不是像前文阐述自己的对礼貌的看法。那么,现在的问题是此种转变是否更为高明?我们将先从任务本身谈起。德沃金设想了一个研究礼貌的哲学家,他被要求去探寻特定社会中人们使用"礼貌"一词的共同规则,而不是就他个人的观点发表任何"主观"看法。他将陷入困境:由于社会实践的复杂性,"礼貌"一词并不像"车辆"那样能够通过简单指认来得出他所想要的答案。他也许可以说,对长者使用尊称是"礼貌的",但他同样会陷入模棱两可的境地——比如,亲自登门致谢肯定是礼貌的,留张便条可能就不那么礼貌了,但此种做法又比没有任何表示要强。另外,他也对"不能发表主观看法"表示困惑,因为他必须判定在这个社会中哪种情况属于礼貌,而哪种情况则不是,这种判定必然涉及他本人对"礼貌"的理解。德沃金指出:他就像"站在北极上,被人告知往哪儿走都成,就是不能往南走。"①

那如果任务变成了"发现潜藏于'礼貌'一词用法中的同一性"呢?因为"礼貌"确实是一种社会成员的共同实践,而实践本身又因不同的历史时期呈现出不同的样态。"一定有什么本质或者同一的东西潜藏在其中",发布任务的人对哲学家说:"你的任务就是去找出礼貌一词在历史变迁中不变的那个部分,而这个不变的部分肯定就是我们想要的客观描述。"②德沃金援引了维特根斯坦的"家族相似"命题,用以说明这个任务也误解了实践和语词意义的关系。"礼貌"一词

---

① Ronald Dworkin, *Law's Empire*, Boston: Harvard University Press, 1986, p.69.
② Ronald Dworkin, *Law's Empire*, Boston: Harvard University Press, 1986, p.69.

在不同时期的不同意义并非由什么"本质的语义"决定,而是由人们使用这个词的实践范例所决定。在一段时期里,向女士鞠躬致敬被认为是礼貌的表现,而在现在看来,这么做看上就很是古怪。这个词的意义,就好像"某种由许多细线所搓成的绳索那样","没有哪根能从头到尾、从左到右,无所不在。"①加上之前讨论的诠释性情境,我们不难发现在实践与寓意的相互作用中,礼貌的意义既在延续,又在改变,而这个时候我们要截取绳子的一段,声称其中有延续性存在,那么,延续性"为什么会存在"本身就是一个值得探讨的问题。这需要我们作为参与者去加入社会的礼貌实践,还必须了解人们在各个历史时期不同的礼貌实践及其转变,而不是以作壁上观的立场试图去发现潜藏其中"本质之物",所以,不论语义学对语词本质的分析与探讨是如何的细致和客观,它所能找到的仅仅是"本质的假象",它会陷入自己给自己划定的阴影地带,因为它提出了错误的问题。

德沃金认为,如果我们以建构性诠释的概念来理解"语词"意义及其发生的改变,那么,"语义学之刺"所面临的困境就将得到消解。在他的论述中,他区分了"概念"(concepts)和"概念延伸"(conceptions)②。在上文的例证中,"尊敬"代表着"礼貌"一词的"概念",而"尊敬具体要求人们如何行事"则代表着"礼貌"的"概念延伸"。如此一来,我们或许就能用更全面、深刻的方式描述有关礼貌的争议和共识:在一个社会中,人们基于"礼貌代表着尊敬"都持有相似的认同观点,而同时又对"尊敬要求我们如何行事"各持己见。根据建构性诠释的理解,此时人们并不是在争论语义的问题,而是在争论如何行事的问题。这和那种"多少根头发的男人才叫秃子"的情况完全不同,因为在那种语义学悖论中,人们无法通

---

① 这个例子仍旧来自维特根斯坦,他使用这个例子来说明语言实践中"家族相似"的现象:"我们延展数的概念,就像我们纺纱时把纤维和纤维拧在一起。线的强度不在于任何一根纤维贯穿了整根线,而在于很多纤维相互交缠。但若有人要说:'所以,这些构造就有某种共之处——即所有这些共同性的选言组合'——那么我将回答说:现在你只是在玩弄字眼。人们同样可以说:有某种东西贯穿着整根线——那就是这些纤维不间断的纠缠。"参见〔英〕路德维希·维特根斯坦:《哲学研究》,陈嘉映译,上海人民出版社 2005 年版,第 38 页。

② "conception"一词的翻译在大陆译本与我国台湾地区的译本中各有不同:李常青教授将其译为"概念的各种见解",而李冠宜教授则将其翻译为"概念观"。笔者在此将其译成"概念延伸"的理由如下:它是根据概念之寓意引申出来的对原概念的种种看法,因此,"概念的各种见解"与"概念观"均未表达出该词与原始"concept"之间的衍生关系。"概念观"一词虽巧妙简练地做到表达了"对概念的看法之意",却仍旧容易与"世界观"等词汇相混淆产生误解。〔美〕罗纳德·德沃金:《法律帝国》,李常青译,中国大百科全书出版社 1996 年版,第 64 页;〔美〕罗纳德·德沃金:《法律帝国》,李冠宜译,台北时英出版社 2002 年版,第 75 页;Ronald Dworkin, *Law's Empire*, Boston: Harvard University Press, 1986, p.70.

过定义"秃子"有效地说服对方；[①]而在尊敬要求人们如何行事的问题上，你完全可以提出比我更全面、更有说服力的见解——而即使对于"尊敬"如此抽象的词汇，我们的争论也必须建立在"前诠释"的共识基础上。此处，不妨再次引用维特根斯坦的妙喻：我们的日常语言所形成的共识就像历史悠久的老城，而根据共同生活形式对这些语言进行的延展就是这座老城扩建的"郊区"。在语言的老城区中，人们可以在抽象层面上找到语词意义的一致性，而概念的延伸又说明了各式各样的见解是怎样扩展了我们原有的理解，而此种扩展本身又必须加以辨别和处理，从而能在争论和辩驳中与老城区融为一体，最终成为新的争论与辩驳赖以产生的基石。[②]在这个意义上，语义学理论错了，它错在希望去按照自己的设想把城市描述得"整齐划一"，从而误解了日常语言的性质。这也意味着，"意义延伸"而不是"模棱两可"，相反，是争论和诠释的实践使语词的意义得以沉淀，而并非有一个不设条件的、非历史的"理想城市"在那里等着人们去发现。

二、回应怀疑主义

在对艺术作品和社会实践所做的所有建构性诠释中，是否有可能存在"更好甚至是最好的诠释"？德沃金的理论在此处面临着外在怀疑主义（external skepticism）和内在怀疑主义（internal skepticism）的挑战。[③]这两者虽然都以否认或者弱化特定诠释为己任，但在论证方面却存在着本质的不同，我们试以两则例子观之。作为卡夫卡《变形记》的读者，你提出了自己的诠释，认为这部小说的

---

①   此处是语义学经典的"秃子悖论"，这个悖论大致可以被表述如下：假设一个有 X 根头发的人被称为"秃子"，也假设有(X+1)根头发的人也叫做秃子。以此类推，无论一个人有多少根头发都可以被称为"秃子"。与此相似的还有"谷堆悖论"。维特根斯坦认为，正是对语言精确性的错误要求导致了这些悖论的产生，这样的悖论之所以产生在于它们提出了错误的问题，误解了日常语言的运行机制。他认为类似"你大概差不多站在那里"这样的"模糊"表达也是有意义的，并主张"愈细致地考察实际语言，它同我们的要求之间的冲突就愈发尖锐"，"秃子悖论"在"某种意义上条件是理想的"，但我们也因为"没有摩擦"无法前行。他呼吁我们应当回到日常语言"粗糙的地面上"。〔英〕路德维希·维特根斯坦：《哲学研究》，陈嘉映译，上海人民出版社 2005 年版，第 48 页，第 54 页。

②   这个例子与河床的例子非常类似："……把化学和微积分符号纳入我们的语言之前，我们的语言是否完备呢？因为这些新符号就像我们语言的郊区。……我们的语言可以被看作是一座老城，错综的小巷和广场，新旧房舍，以及在不同时期增建改建的房舍。这座老城四周是一个新城区，街道笔直规则，房舍整齐划一。"这个例子与德沃金自己所举的"树干"和"高原"也比较相似。参见〔英〕路德维希·维特根斯坦：《哲学研究》，陈嘉映译，上海人民出版社 2005 年版，第 10 页。

③   德沃金在他后期论文《客观性与真理：你最好相信它》中，详细论述并扩充了本小节提到的诸多论证。See Ronald Dworkin, "Objectivity and Truth: You'd Better Believe It", *Philosophy and Public affairs*, Vol. 25, No.2, Spring,1996, pp.87–139.

主旨与人类在现代社会中的"异化"有关,并且你认为这是对小说的最佳诠释
(the best interpretation)。此时,一位内在怀疑者会说:"我不同意你的看法,因
为卡夫卡这部小说情节荒谬,逻辑混乱,根本不可能有任何寓意,如果硬要说有,
那就是反映了作者的确是个疯子"。"我同意你的看法,这部小说中的有些情节
的确让我想到了'异化'这个词",一位外在怀疑主义者也许会首先赞同你的看
法,但他接下来会补充:"但这只是我们的看法。你不能认为你自己对小说的解
读是绝对客观的,因为你没办法找到一个'形而上学'的世界,而你说的那种'最
佳诠释'只能在这种你所无法企及的世界中窥见。"①

　　德沃金刻画了两位怀疑者的思想肖像。对于内在怀疑者而言,他反对特定
诠释的理由在于他能够提出与你相抗衡的诠释观点,并就这种观点给出自己的
论证和阐发;而对于外在怀疑者而言,他反对你的理由并非是你的诠释"不够
好",而是你不能去虚构一套说辞去证明自己的理论"客观上正确"(objectively
right),因为你没法去像证明物理或数学公式那样论证你的诠释——他同意你
的观点,但前提条件是你我的诠释并没有优劣之分,因为对艺术作品的"最佳理
解"只不过是我们的主观臆断、心理现象或者情绪波动的产物。然而,外在怀疑
者仍旧可以说:"我认为奴隶制是错的,但这只是我的看法,因为对于奴隶制对
错的问题不存在着形而上学式的答案。"大体而言,内在怀疑论与你的主张一
样,是一种关于艺术作品价值的"具体判断",而外在怀疑主义则是一种形而上
学理论(metaphysical theory),它主张美学判断或者道德判断无法成为它所认
为的"宇宙结构"的一部分,所以,这些观点充其量只不过是现实的投影,而并
非现实本身。②

　　德沃金认为,内在怀疑主义是特定道德、美学或者实践诠释的真正的论敌,
而外在怀疑主义根本称不上一种反对意见。③ 我们先来看看内在怀疑主义。如
果笔者认为发生在任何时间、地点的种族歧视都错了,那么,一位内在怀疑主义
者会从根本上反对这个观点,他会说种族歧视不是错的,或者说种族歧视因为特
定的原因,所以具备某种程度上的正确性,或者种族歧视在大部分情况下错了,

---

① Ronald Dworkin, *Law's Empire*, Boston: Harvard University Press, 1986, pp.78 - 79.
② Ronald Dworkin, *Law's Empire*, Boston: Harvard University Press, 1986, pp.78 - 79.
③ 关于内在怀疑主义,参见 Ronald Dworkin, *Law's Empire*, Boston: Harvard University Press, 1986, pp.266 - 271.

但在某些特定国家和历史时期可能是正确的。这些判断骇人听闻，但它们的确与笔者的观点采取了同样的论证结构，即首先肯定种族歧视这一问题关乎对错，又给出了能够直接反驳笔者的结论：种族歧视不是在任何时间、任何地点都是错的。在德沃金看来，内在怀疑主义与其对手都试图去通过建构性诠释成为论战的赢家，因此，他们必须都要给出具体的道德判断。那么，在《变形记》的例子中，笔者反驳对手的唯一方式就是证明"他错了"，因为《变形记》有其价值，并且"情节荒谬、逻辑混乱"不能成为诠释艺术作品的标准。相反，按照卡夫卡所属的后现代流派的标准来看，这部作品不仅十分成功，而且还蕴含着笔者所谓的"异化"主题。这样笔者就可以通过针锋相对的论证驳倒他的诠释，以证明笔者的诠释比他"更好"。不难发现，这针锋相对的两种观点都认为存在非此即彼的"最佳诠释"，故此种论战能够依其观点的深入程度为建构性诠释提供可能。

　　那么，外在怀疑主义呢？德沃金指出：外在怀疑主义否认我们不能"客观地"主张诠释意见的"优劣"，这实际上是误解了日常语言的机制，试图用形而上学的假设来歪曲我们对自己观点的补充。他想象了一个人关于奴隶制的自白：当一个人说"奴隶制客观上错了"，他停顿了一下，接着说："我的意思是，不管何时何地，甚至连我自己都不认为它错了，它还是错了"。德沃金指出：在日常语言中，人们做出道德判断并不需要借助形而上学的行话，他说奴隶制客观上错了的意思就是"它的错误性不依赖于我们的看法"，所以，他没有也不会想到自己的看法需要"形而上学"的支持才能成立；他说这句话时候的肯定性不亚于我确信自己的双手存在，而我们都不认为自己必须通过什么"超验标准"才能达到这种确信。① 这是一个具体的道德陈述，能够击垮它的只有另一个具体的道德陈述。这就好像有人说："这水客观上挺烫的"，而外在怀疑主义说"对，也不对，其实烫和不烫只是相对的，你无法认识那个本质的'烫'"。我们都会觉得他没有好好说话，并且他的话根本没有反对我的看法。这同样意味着，如果有人说奴隶制错了，那么，真正的反对意见将会是"奴隶制没有错误"或者"它在特定情况下没有错误"。而这是内在怀疑主义的道德判断，于是，它可以被纳入建构性诠释的框架，以便我们准备好相关论证与其一决雌雄。

　　有一种精心伪装成外在怀疑主义的内在怀疑主义，它表现为反对任何大写

---

① Ronald Dworkin, *Law's Empire*, Boston: Harvard University Press, 1986, pp.81 – 83.

真理,并以实用主义的价值中立姿态出现在道德论战中。① 它的论证是,美国人认为奴隶制"客观上"错了,是因为他们在受教育的过程中读过《政府论》或者《论自由》,他们之所以持有这样的观点,是因为他们接受自由主义的教育,而他们一旦了解了自己道德有可能是偶然的产物,那么,他们或许就会怀疑他们那种傲慢的普适情结。这套论证乍一听很有道理,因为它仿佛"中肯"而又"中立",但事实并非如此。德沃金一针见血地指出:这套理论通常预设了诸如此类的前提:"道德判断只在特定文化背景中才会有其效力",或者"如果道德判断不被某类文化所接收则没有效力"。而这种前提本身就是关于"道德如何获得效力"的道德判断,换言之,它本身就必须作为道德诠释参与到争论之中,而不会因其自称的"中立""中肯"摆脱敌对意见的纠缠。它们的前提是典型的内在怀疑主义论点,因为这些前提对"道德效力如何可能"问题做出了回答,也因为它们的前提直接反对"奴隶制无论如何都错了"。这样一来,他们也必须在建构性诠释的论争中为自己摇旗呐喊,但他将在这场论战中处于不利地位,要么,他放弃原来的道德主张——"由于文化的相对性,道德判断是否正确也是相对的",从而失去自己理论的独特性和说服力;要么,他就必须承认,根据自己的道德理论,没有什么道德判断绝对错误,也没有什么道德判断绝对正确,而这些道德判断必须包括他自己的任何主张,包括它整套理论的前提,那个阿基米德支点(Archimedean point)。②

第五节 正义作为诠释性概念

在结束本章论述之前,现在让我们重新回到熟悉的法理学、政治哲学领域,来看看"建构性诠释"是否能够被运用于后文专门探讨的那些概念。和德沃金一样,笔者在这里希望探讨的是类似"正义"(Justice)这样的法理学或者政治哲学

---

① 我们可以注意到德沃金在《法律帝国》以及后期的论文中都将这种伪装的"内在怀疑主义者"归于某些实用主义者(pragmatist)名下。特别是在他后期的论文中,他分析并批评了美国哲学家理查德·罗蒂(Richard Rorty)的实用主义道德观。关于罗蒂的观点,关于"偶然性"的观点,具体见〔美〕理查德·罗蒂:《偶然、反讽与团结》,徐文瑞译,商务印书馆2003年版,第88—89页,第96页。

② 以上论述,参见 Ronald Dworkin, *Law's Empire*, Boston: Harvard University Press, 1986, pp.83-85."阿基米德支点"一般用来指某一理论的重要预设或前提。一般而言,驳倒这些预设和前提就意味着该理论失去原有的论证力量。See Ronald Dworkin, "Objectivity and Truth: You'd Better Believe It", *Philosophy and Public affairs*, Vol. 25, No.2, Spring,1996, pp.87-139.

概念是否能够被置于前文所论述的框架之下。很显然,德沃金对这样的运用是赞同的,并且他也认为此种运用能够直接与"何谓正当之法"的追问产生联系。[①]

德沃金指出:"正义"的概念最早肇始于人类关于债务、犯罪以及分配事宜的解决,随着后世学说的发展,正义的概念和概念延伸又呈现出不同的样态。[②] 当代研究"正义观"的巨擘约翰·罗尔斯指出:正义的主题可以随着不同时代的不同理论具有不同的特质。"虽然正义可能像休谟评论的是一种谨慎的、嫉妒的德性,我们还是可以追问一个完全正义的社会是什么情形……这种处理方法初看起来可能不合传统,但我相信实际上并不如此。亚里士多德给予'正义'的一种较为专门的意义是避免贪婪,亦即避免通过攫取属于另一个人的东西……而为自己谋利。从它又衍生出了许多我们所熟悉的提法"。[③]

那么,"正义"的概念是不是一种"语义学"概念呢?显然不完全是。德沃金指出:对于"正义"这样高度抽象、历史久远的政治哲学概念,我们很难发现对于它会存在着严格意义上的共同使用规则。[④] 今天的人们大都认为奴隶制是非正义的,而这种正义观念在古罗马时期似乎并不普及;即使在特定时期的特定政治共同体中,针对正义问题也会出现各式各样的争论——内战时期美国南北双方对黑奴制的态度正是一例;同样地,如果我们接受一种区分"正当"(legitimate)与"善"(good)的正义学说,那么,功利主义对最大善的追求则显得与传统合法性理论有所差异;[⑤]某些关于正义的理论,例如,尼采(Friedrich Nietzsche)和德里达(Jacques Derrida)的理论,在传统政治哲学看来则是一种严重的怀疑主义——它们或许根本就不是关于"正义"的理论。[⑥]

于是,如何理解这些差异和共识就成了一个问题。此处,德沃金建议我们不妨使用现有的"建构性诠释"概念来理解正义概念在历史中的发展和演变。他指出:"正义"的概念或许同"礼貌"的概念一样是诠释性概念。在前诠释阶段,基于共同的生活形式和实践背景,人们对"正义"一词的用法共享着大致相同的语言

① 我们将在立法原则一节中探讨这个问题。

② Ronald Dworkin, *Law's Empire*, Boston: Harvard University Press, 1986, pp.73 – 74.

③ 〔美〕约翰·罗尔斯:《正义论》,何怀宏、何包钢、廖申白译,中国社会科学出版社 2009 年版,第 7—9 页。

④ Ronald Dworkin, *Law's Empire*, Boston: Harvard University Press, 1986, pp.73 – 74.

⑤ 关于功利主义的立法正义观,参见〔英〕边沁:《道德与立法原理导论》,时殷弘译,商务印书馆 2000 年版,第 79 页。

⑥ 德里达的"解构即正义",参见 J. Derrida, "Force of Law: the 'Mystical Foundation of Authority'", *Acts of Religion*, London and New York, Routledge, 2002, p.243.

规则。比如,在某个特定的共同体内,人们都会认为"各得其所"表达了"正义"的要求,而"一幅油画是否正义"这个追问根本与"正义"的主题毫无关联。在诠释阶段中,正义的概念得到了一进步表达:如果正义表达了分配方面的各得其所,那么,怎样具体的分配方案才能够在特定的政治共同体中将"正义"的"概念"予以实现呢? 或者,如果诠释者采取一种怀疑主义的路数,认为"各得其所"并不能表达正义的要求,而是要根据血缘、权威或者宗教领袖的判断来进行分配——即使此种未经反思的分配模式将恣意地使得社会精英阶层从大多数人的牺牲中获利,那么,实际上他就对"各得其所"这个正义的"概念"提出了怀疑性的主张。在后诠释阶段,诠释者根据自己在诠释阶段对正义进行的理解,将会修正、补强自己的"正义"概念。例如,在不同场合下如何具体分配不同的资源就是一个典型的"后诠释阶段"问题;或者他们会根据自己所理解的"正义",调整自己的实践行为或者制度结构,使得正义的"概念延伸"("正义观")[①]能够进一步地影响现实社会和共同体的运行。

我们已经看到,"正义"与"礼貌"一样,其"寓意"在前诠释语义学共识的基础上有着尚待进一步阐发、延伸和修正的可能。所以,探讨"正义"的问题在一定程度上就涉及特定的历史时期、特定的政治共同体以及特定的正义学说发展的脉络。在后文的论述中,这个要点还将被反复提起。现在我们的论述将重返"法律概念"。在下一章中,笔者将着重探讨四个问题:第一,法律的概念能否被视为一种"诠释性"概念? 第二,如果它是一种诠释性概念,那么,它对本书希望讨论的合法性问题有何助益? 第三,如果通过建构性诠释的方案,如何理解其他的(法律实证主义、法律现实主义)法律概念学说? 第四,在建构性诠释的框架下,德沃金提出的"作为整体性的法"(law as integrity)与这些学说有何不同? 它为何能在诠释的竞赛中胜出?

---

① "Conception of Justice"是罗尔斯在正义论中就人们对正义概念(concept of justice)所做的延伸、补充和怀疑给出的概念。国内一般译法为"正义观",笔者在这里为了与"概念延伸"对应,使用了正义之"概念延伸"的提法。参见〔美〕约翰·罗尔斯:《正义论》,何怀宏、何包钢、廖申白译,中国社会科学出版社 2009 年版,第 5、8 页。

第四章

建构性诠释与法律的概念

在前两章的探讨中,我们通过回顾法律概念的学说历史引入了"语义学"理论,又借助对"建构性诠释"理论的初步介绍,阐明了如何拔掉这根"语义学之刺"。正如笔者所指出的那样,上一章的论述已经远离了法律领域,使用了哲学、社会学,甚至是美学的例证来帮助我们了解"建构性诠释"的意蕴。那么,在本章中,我们将重返法理学领域,来审视德沃金所论述的"建构性诠释"将怎样帮助我们更好地理解法律的概念,更好地回应政治共同体的合法性问题。不可否认,这一论证任务将是异常艰巨的,因为我们必须将哲学的例证扩大应用至法理学领域。所以,本章之论述将首先阐明法律概念是如何在建构性诠释的各个阶段中得以发展,再借由此种演进的脉络和诠释的限定条件,引入并介绍德沃金针对英美法律实践提出的与合法性问题紧密相关"法律概念";在基本明确该概念的意义后,我们将结合德沃金对"法律之基础"与"法律之约束力"的论述,结合建构性诠释之意图与对象的互动关系,重新理解"什么是法律"与"何谓正当之法"之间的关系;最后,我们需要结合德沃金所提出的法律概念,简要审视"因袭主义""实用主义"以及"作为整体性的法"三种对英美法律实践作出的概念延伸,为下一章对"正当之法"的探讨提供铺垫。

第一节　概念之演进

我们是否能像研究"礼貌"那样,以建构性诠释的方案研究法律的概念? 至少,德沃金进行了这样的尝试。在上一章的论述中,我们提及了作为社会习俗的

"礼貌"不仅仅为人们的共同语言规则所局限,它还会随着人们对其持有的诠释性态度而发生意义或实践的变化。那么,"法律的概念"作为法理学关心的对象是否也具有这样的特质呢? 它是不是如前文所列举的种种学说一样,只是我们语言探求事物之本质的一种呈现呢? 人们就法律概念所展开的种种争论是否有高低胜负之分? 如果有,那么,评价这些相互竞争的理论的标准是什么? 这些问题,都将在下文联系法律概念与建构性诠释的努力中得到回应。

一、前诠释阶段:共识之平台

在上文中我们曾提到,人们对"礼貌"展开进一步诠释的可能,在于他们所生活的共同体必须具备某种前诠释意义上的大致共识。此种大致共识包括他们必须能够在语言上达成基本的相互理解,并且共享一套实践的"生活形式"。在特定的共同体内,关乎礼貌寓意展开可能的条件是人们都大致了解"礼貌"大概指的是什么:一位认为"礼貌就是一种食物"的外来者根本不可能与一位认为"礼貌要求人们尊重长者"的本地居民展开任何有意义的对话和争论。我们也曾提到,为了进一步展开诠释,这种来自前诠释阶段的共识有纵向和横向的两种特性。就其横向特性而言,这种语义学共识的程度不能太紧密,以至于人们被严丝合缝的语言规则所束缚,不可能进一步通过分歧意见的辩驳在共识基础上对对象进行诠释;它也不能太松散,以至于人们无论争论什么都可以以一种"私人语言"①的方式自证其身,使得诠释得以展开的共识平台荡然无存。就其纵向特性而言,前诠释阶段所形成的共识曾经也是争议的主题,它们是随着历史的发展,被诠释实践所沉淀下来的语义学"共识",而不是某种超越时间的形而上学基础。这也表明在前诠释阶段得以确定的共识也有可能随着历史的推进重新得到诠释。

"法律的概念"也能够在前诠释阶段的纵向意义和横向意义上得到理解。首先来看看它的横向层面。② 假设在特定的共同体中,法律人都知道《刑法》是国

---

① 这是另外一个维特根斯坦的经典比喻,他将那种只有使用者自己知道其用法和意义的语言称之为"私人语言"或者"私有语言"。他认为,此种语言根本谈不上是一种语言,因为根据他的看法,语言一旦离开了规定意义的共同使用方式,那么,其意义就如同"一个人用左手把钱交给右手一样"滑稽可笑。因此,语言的意义离不开我们所身处的生活形式和共同实践。此处,笔者引用维特根斯坦的例证也是要指出:法律概念在前诠释意义上的共识不能过于松散,必须具有一定的共同实践基础,否则,人们在争论法律概念时都将使用这种"私人语言"进行毫无意义地争论。关于"私人语言",参见〔英〕路德维希·维特根斯坦:《哲学研究》,陈嘉映译,上海人民出版社 2005 年版,第 108—110 页。

② 关于横向层面,参见德沃金的论述。Ronald Dworkin, *Law's Empire*, Boston: Harvard University Press, 1986, pp.86 - 88.

家的部门法之一。它就是法律,并且任何怀疑这点的人不仅仅是犯了一个错误,还对共同体的法律体系一无所知。任何持有这种观念的法律人,也许会被立即逐出法律系统;任何指出"缔约过失责任"不是法律责任的学者,或许会被学界视为犯了一个常识性的错误。在这一点上,法学教育和法律解释共同体起着关键的作用。诚如法律实证主义者所言,法律人的群体共享着一套对于法律概念的"承认规则",此种"承认规则"以明确或默示的形式宣告着哪些规则属于法律的范畴,而哪些一家之言并不具备法律的形式要件和实质要件。① 这里便是前诠释意义上的"大致共识",此种共识被德沃金称之为由法学教育和法律解释共同体带来的"趋同力"。

有两类学说对此种"趋同力"持有极端的观点。其中一方认为,这些大致存在的共识根本是一种想象,或者大多数法律人认为的法律根本不是法律本身,而法律仅仅是我们对未来法官所将要做出判决的预测。这类前文提及的法律现实主义天马行空地夸大了在法律人间存在的"离心力"。我们无法合理地想象,法学家之间、检察官和律师之间所进行的争论都不是关于"法律"的争论——如果法律现实主义者硬要说他们在装腔作势,我们也许会说现实主义者们只是在玩弄概念。② 另一种极端的观点也就是法律实证主义的学说,夸大了趋同力的作用。他们认为法律就是而且仅仅是前诠释意义上的共识,并且任何关于法律概念的争议都是由于人类语言不可避免的模糊所造成的。我们已经在前文的论述中反驳了这一点,即关于法律的争论绝不仅仅是"经验性"的词语之争,而是怀揣不同法理学信念的各方在进行"理论性"地争辩。反过来,法律共同体当然可以把那些否认交通规则就是法律的律师视为异类,但假如一位法官认为"出现故障的 ATM 机"不是刑法意义上的"金融机构",而另一位学者则采取不同的法理意图反对他的看法,我们的共同体恐怕很难将任意一方斥之为缺乏法律常识。这是因为他们可能都明白对方在语义学上想要表达什么,只是出于不同的理解产

---

① 承认规则(rule of recognition)、裁判规则(rule of adjudication)与改变规则(rule of change)一起组成了哈特"法律规则"学说中的次级规则(secondary rules)。H. L. A Hart, *The Concept of Law*, 2nd ed. P. Bulloch and J. Raz. Oxford: Clarendon Press, 1994, pp.91 - 98.

② 哈特将法律现实主义的极端看法视为一种"规则怀疑论"。其否认规则的事实存在,认为法律只不过是"对法官将要做出判决的预测"。我们在前文中已经简要介绍了此种法律现实主义的主张,在下文中,我们还将预见法律现实主义的建构性诠释版本,也就是实用主义。关于哈特对法律现实主义的批评,参见 H. L. A Hart, *The Concept of Law*, 2nd ed. P. Bulloch and J. Raz. Oxford: Clarendon Press, 1994, pp.136 - 142.

生了分歧，而此种"趋同力"之鞭长莫及恰好则是法律通过进一步诠释而获得进步的契机。

"法律概念"在前诠释意义上的"纵向意义"则是一个更为宏大的话题。^① 因为它牵涉一个法律共同体的演变历史，所以，此处仅简而论之。在我们假想的法律共同体中，不同的问题可能在不同的历史阶段成为"前诠释"意义上的共识。假设这个共同体在某个历史时期通过立法拟定了"流氓罪"的罪名，而当时的法律人根据当时的社会环境和时代特点，将"男女共处一室"作为此种罪名的一种罪状，那么，这种在我们现在看来荒谬的刑法规定在当时就是一种"前诠释"意义上的共识。然而，随着时代和社会的演变，这个罪名连同它的罪状会被新的立法所替代，而法律人进行进一步诠释的"共识平台"也随之转移，于是，这个刑法上的"法律概念"也就仅具备法律史上的"研究"意义了。同样，在司法领域，假定法律共同体在某一特定历史时期要求法官解释法律的方法是"严格依据法律法规的字面意义"，那么，"尊重立法者意图"这一理解法律的方法就将成为旁枝末节。同样，新的追问总会产生：一味按照"字面意义"去理解法律是否更好？是否这样做就更能体现法律所代表的公平和正义？更能适应时代和社会的演变和发展？随着时间的推移，我们可能将会看到，那些所有在先前"不成问题"的法律概念突然之间成为争议的焦点，那些从来不被挑战的法律学说突然之间变得岌岌可危。于是，经由理论争议所带来的法律发展使得原先在共同体中凝结的共识变得可以商榷，而那些我们可能从未考虑过的建议和学说开始映入眼帘。这样一来，经由争议的诠释性发展，原先的"前诠释"共识也许将会被打破，而新的共识即将凝结为法律人展开未来争论的高原。

不难看到，"法律概念"的"前诠释阶段"起着一种共识平台的作用。值得再次提醒的是：此种共识并不是一种严丝合缝的"僵化意义"，它必须为诠释阶段留下足够的空间，以便不同的"诠释"能从中产生。^② 我们将要看到，这些不同的

---

① 关于纵向层面参见 Ronald Dworkin, *Law's Empire*, Boston：Harvard University Press, 1986, pp.89‐90, pp.136‐137. 这个雄心勃勃和异常困难的话题当然与诠释的历史有关。笔者注意到，德沃金在《法律帝国》中提到"诠释与历史"的关系不可谓不多，但是可能由于主题或者篇幅的限制，他都只采用了类比说明的方式进行了简要地澄清。但这并不代表着该话题应当终结于德沃金最后的思考。值得一提的是，类似的思考除了前文提到的伽达默尔诠释学外（美学诠释和历史），还必须注意到托马斯·库恩另外一部重要的著作。这部作品从科学"范式"的演变探讨了历史和科学"诠释"（尽管库恩本人没有使用这个词语）之间存在的关系。参见〔美〕托马斯·库恩：《科学革命的结构》，金吾伦、胡新和译，北京大学出版社 2003 年版，第 10—12 页。

② Ronald Dworkin, *Law's Empire*, Boston：Harvard University Press, 1986, pp.63‐64.

"诠释"绝非如法律实证主义者所言,仅仅是一种"语义学"上的争论。相反,就像礼貌共同体中人们对礼貌的不同看法那样,它们是一种旨在更好地诠释法律"寓意"的"理论性"争议。

二、诠释之阶段:法律之寓意

现在,让我们来到法律概念的诠释阶段。上文已经提到,在假想的"礼貌共同体"中,共同体成员会对"礼貌"的"概念"持有两个层面的"诠释性态度":首先,随着实践的发展,他们认为"礼貌"并不仅仅是一种机械的,"前诠释"意义上的社会规则,而是有蕴含"寓意"的实践要求——比如,他们会认为礼貌的"概念"代表了"尊敬",或者他们会对礼貌的概念持一种怀疑主义的态度,认为礼貌"只是一个形式问题";其次,随着诠释的展开,他们根据自己的信念、判断和理解,在诠释"礼貌"的过程中对其寓意以及寓意的实践要求进行修正、引申和发展。①之前也提到了,此种诠释性态度的展开的前提条件是他们必须共享前诠释意义上的共识,而这种共识既不能太紧密,亦不能太松散。

------

① 这里或许可以简要地进行"意义"或"寓意"问题的哲学史梳理:在古希腊哲学时代,"本质主义"者或者"逻各斯中心主义者"认为"意义"存在于我们言说行为对本质之物的揭示过程中。在这个传统下,柏拉图采取了一种"客观理念"式的本体论,即认为"意义"是人类借助运用理性从而展现事物之真实存在的表现。在后世的哲学思想中,圣·奥古斯丁和圣·托马斯·阿奎那继承了柏拉图的划分方式,或多或少地认为"意义"的展现存在于人类理性揭示上帝意志的过程中。当然,休谟对于问题持有不同的看法,他驳斥那种认为"本质之物"存在于"另一个世界"的虚幻论调,并且强调人类所有的知识都来自我们的经验所得。较之休谟,法国人笛卡尔采取了完全不同的论证模式,他认为有意义的知识或者言说必定建立在怀疑的基础上,而意义的源头必定是那不可怀疑的事物——"我思故我在"。结合休谟和笛卡尔的论证,哲学巨擘康德在事物之"意义"问题的划界工作上迈出了巨大的一步:对于"真"的意义而言,它存在于人类先验知性范畴对外在"现象界"立法的过程之中;对于"善"的意义而言,它存在于人类实践理性在自我批判后所共有的"绝对命令"之中;对于"美"的意义而言,它存在于人类审美判断力反思外在世界后而获得的"美感"和"崇高感"之中。总而言之,人类的知性、理性和判断力"自我给予"了外在世界的意义存在。黑格尔批判康德意义观念是静态和僵化的,并进一步发展了柏拉图那里的客观唯心主义,将意义视为"绝对精神"在人类世界各个层面运动的远征。后世的现象学研究与本书探讨的诠释学"意义"关联紧密:胡塞尔认为意义存在于对现象世界的本质直观中;而马丁·海德格尔则以现象学的立场进行了康德式的反思:是否我们对意义的追问也是一种实践?而此种实践展开的方式也同时规定了意义获取的答案?而在谈论意义的时候,我们是否已经先行陷入了时间的洪流以及"前理解"的规制之中。海德格尔无非是在提醒我们,如果说意义的存在伴随着言说而展开,那么,言说的方式(或者语言实践的方式)就已经先行规定了意义自我显现的方式,而这正是诠释学哲学所强调的意义之"存在论"转向或者"实践"转向。参照〔法〕笛卡尔:《谈谈方法》,王太庆译,商务印书馆2000年版,第26页;〔德〕康德:《纯粹理性批判》,李秋零译,中国人民大学出版社2004年版,第64页;〔德〕康德:《实践理性批判》,韩水法译,商务印书馆1999年版,第133—143页;〔德〕康德:《判断力批判》,邓晓芒译,人民出版社2004年版,第137页;〔德〕黑格尔:《小逻辑》,贺麟译,商务印书馆1997年版,第275页;〔德〕黑格尔:《精神现象学》,贺麟、王玖兴译,商务印书馆1979年版,第36页;〔德〕埃德蒙·胡塞尔:《现象学的观念》,载倪梁康选编:《胡塞尔选集》(上),上海三联书店1997年版,第67页;〔德〕海德格尔:《存在与时间》,陈嘉映、王庆节译,生活·读书·新知三联书店2006年版,第68、98、110页。

德沃金认为,法律人对法律概念所产生的争论,以及在疑难案件中产生的分歧,正是此种诠释阶段的展开。我们以前几章介绍的"自然法理论"与"法律实证主义"的争论为例,来重新审视存在于法理学发展过程中的诠释阶段:一种语义学的观点认为,自然法和法律实证主义所争论的焦点在于,为人类日常语言之共同规则所支配的"法律的概念"是否必然包含道德元素。我们已经简要地驳斥了此种语义学主张,因为他们间的争论并不是如争议"《红楼梦》是否是一本书"那样是一种纯粹的词语之争。如果他们彼此脑海中的"法律概念"不存在着任何前诠释意义上的重叠,那么,他们间的争论就将毫无意义。

但是,法理学争论的确有其意义,应该如何正确地理解此种关于法律概念的分歧呢?以"建构性诠释"的角度视之,我们可能会说,他们之间的争论也许并不关乎"法律"一词的准确含义,而是与如何通过引入恰当的意图和信念有关,使得"法律概念"之寓意在特定的社会实践范围内得到最好的理解。也就是说,自然法理论者并非是在简单地否认纳粹的法律"就是法律",他们只是主张,如果我们不把在道德上极端邪恶的"人定法"视为法律,那么,"法律的概念"连同"法律是什么"这个问题就能得到更好地理解和回答——就好像主张"礼貌代表着尊敬"的诠释者反对"怀疑主义者"那样;而法律实证主义也并非是在幼稚地否认纳粹法律的邪恶性,他们所给出的诠释代表了一种相反的见解:只有区分"法律是什么"和"法律应当是什么",法律的概念才能得到澄清和说明,因此,我们也能够更好地理解它们。于是,争论的双方就像礼貌共同体中的成员那样,运用着各自的意图和信念试图更好地说明他们希望理解的对象。因此,他们之间的理论争议可以被视为是一种"诠释的竞赛",而究竟哪一种观点更好地诠释了对象,也取决于对象本身和他们所身处的社会环境和法律实践。然而,法律人不可能用像阐明礼貌的寓意那样简单地去诠释"法律的寓意"。同一个社会共同体中的成员很可能不经争议就会对"礼貌代表着尊敬"持相似的赞成态度,但像"法律代表着什么"或者"法律是什么"本身就是等待诠释的重要问题。这个待解决的问题,就是法理学本身。①

————————

① 这里牵涉法理学的基本问题与法律实践的关联。以传统的视角而言,法理学的基本问题可归结为"什么是法律"以及"法律应当符合怎样的标准"。第一个问题是法理学的"本体论"问题,它旨在发现法律的"客观本质";第二个问题是法理学的"认识论"问题,它旨在发掘法律的"正当性"规范。现在,既然"本体"(主观)与"认识"(客观)间的界限似乎是某种"人为"的割裂,此种"二元模式"也就显得愈发可疑。而在经典的法理学理论中,"正当法律"的规范性往往来源于:(1)实在论——法律的规范性是(转下页)

再来结合司法实践来看看"疑难案件"中所存在的"诠释阶段"。德沃金指出：不同的法官，根据他所信仰的不同法律理论，可能会采取不同的方式来理解法律；又依据此种不同的理解，他们在实践中可能给出不同的裁决。另外，即使是对同一条法规或先例的理解相似，不同的法官可能也会给出不同的裁决方式，因为他们也许都信仰某种正义理论，但抽象的正义理论需要通过法官的进一步诠释才能判定是否应当剥夺埃尔默的继承权。

> 法律的一般理论肯定是抽象的，因为它们旨在诠释法律实践的主要特点和基本结构，而不是法律实践的某一具体方面或具体部分。[1]

这意味着，"法律概念"或"政治哲学概念"本身就是一个等待诠释的问题，而通过语义学的方式将"法体系""正义"或者"权利"的诸多特征进行限定和说明，只不过是在以同样的方式扩散语义学所带来的麻烦。[2] 类似"法体系""正义"以及"权利"等抽象的概念必须通过诠释阶段和后诠释阶段中所提及的"概念延伸"来得到进一步理解。以"正义"为例，如果我们倾向于认为，在疑难案件中，法官应当根据自己对"正义"的信念去理解法律原则，那么，"正义代表着什么"这样的抽象追问就必须通过建构性诠释而得到进一步理解。这将比社会习俗诠释更为复杂，也更为深入。关于"正义"要求法官如何理解法律原则，法律人可能会有不同的看法，这些不同的看法都是理论性的，而不是像实证主义所主张的那样仅关"经验"。"正义"根据不同的学说观点呈现出不同的原则和价值，而此种不同又将进一步地影响我们的法律实践：在埃尔默案中，一位持实用主义正义观的法

（接上页）"客观存在"的，并形而上学地能为人的理性所企及，它是一种逻各斯中心主义的变体，表现为"自然法"理论；（2）唯意志论——法律的规范性来自立法权威的意志，"上帝的训诫"或"主权者的命令"都是此种意志的表现形式，个体的人基于宗教信仰或"合理的必然"对此意志之立法必须完全服从；（3）经验论——在经验论的视角下，法律"本身"是一种"事实""经验"，其规范性来源于"对过往事实的追溯"或"对未来判决的预测"，经验论之实证主义转向认为"法律是否存在"和"其是否符合某种特定的标准"是两个不同的问题，而现实主义转向则断定"法律的生命在于经验而非逻辑"；（4）理性主义——理性主义为规范性的普遍有效提供了可能，无论是"反思的理性"或是"交往的理性"，似乎都有可能为共同体提供一种普遍有效的正当法则。而站在诠释学立场上的"建构性诠释"则希望将以上每一种理论都视为"对法律实践的最佳描述"。它还认为，这些见解都表达了"法律的概念"，并且能够通过"概念延伸"的提出对法律实践产生具体和现实的影响。这意味着，上述观念本身是等待进一步诠释的，而进一步的诠释又必须符合诠释学所设立的标准，也就是后文将要提到的"符合"与"尽善尽美"。

① Ronald Dworkin, *Law's Empire*, Boston: Harvard University Press, 1986, p.90.
② Ronald Dworkin, *Law's Empire*, Boston: Harvard University Press, 1986, p.91.

官对法律原则的理解就与其他法官非常不同——他有可能认为不存在什么抽象的"正义",而法官应当让更有生意头脑的埃尔默继承遗产,因为这样更能够通过有效地配置资源实现社会繁荣。这样的判决可能十分荒谬。① 然而,如果我们反过来仔细考察他的论证,并将这种论证与其他法律人对"正义"与"法律"的理解进行比较,那么,我们就不仅有可能深化我们对"正义"本身的概念性认识,也有可能依据我们所身处的法律实践的历史与特质,来判断哪一种见解"更好地"诠释了法律与正义的关系。通过此种诠释,我们能够进一步说明法律所昭示的"正义"要求法官如何判案。② 于是,正因为对实践提出了新的问题,此种法律诠释才是建构性的。于是,它要求作为诠释者的法官运用自己的信念和对法律的理解,同时回应"法律应当被如何解读"以及"如何断案"的问题;此种诠释同时也是争议性的,因为持有不同信念的法官将会从理论层面批判他的判决,即使是那些和他持有同样信念的法官,也有可能倾向于认为他没能通过判决"更好地"表达他们共同持有的法律信念。这就好像我可能和你一样都认为"礼貌代表了尊敬",但我们却有可能在"应当如何理解尊敬"以及"尊敬要求人们如何行事"的问题上产生分歧,同时,我也有可能根本不同意"礼貌代表着尊敬"。根据"建构性诠释"的概念,这两个层次的争议既促进了法律理论的发展,又完善着不断推进的法律实践。

目前,法律概念研究和疑难案件审判中的"诠释阶段"已经得到了概括性澄明。现在,我们的探究必须进入到后诠释阶段,这也涉及德沃金所提出的"法律的概念"和"法律的概念延伸"。在这之前,我必须首先说明,尽管本书采用了此种分析性的说明结构,但在诠释阶段和后诠释阶段间并不存在着泾渭分明的界限。③ 按照德沃金的看法,有关法律概念和疑难案件的争议都建立在一种"前诠释共识"之上,理解"法律"的"寓意"代表着诠释阶段中争论各方提出的"法律的概念",而对"法律寓意"本身及其实践要求的引申、修正、深化,甚至怀疑代表着"后诠释阶段"的"概念延伸"。德沃金指出:对法律概念的诠释和后诠释通常在法律实践中表现为一个互动性的整体过程,此处的划分乃是因为论证清晰的必要,所以,对"后诠释阶段"的论述势必也要牵涉"诠释阶段"。

① Ronald Dworkin, *Law's Empire*, Boston: Harvard University Press, 1986, pp.155 - 156.
② 关于德沃金对"正义""司法"与"立法"关系的分析参见 Ronald Dworkin, *Law's Empire*, Boston: Harvard University Press, 1986, pp.73 - 77. 另外可以参见前文对"正义作为一种诠释性概念"的预备性探讨。
③ Ronald Dworkin, *Law's Empire*, Boston: Harvard University Press, 1986, pp.66 - 67.

三、后诠释阶段：寓意之延伸

法律概念的"后诠释阶段"充满了对法律"寓意"及其"实践要求"的引申、修正、深化，甚至怀疑。让我们继续通过"礼貌之例证"来获得对后诠释阶段的直观印象：在礼貌的共同体中，假设某位成员认为"尊敬"代表了"礼貌"的概念，那么，这一诠释所面临的情形可能是复杂的。首先，他必须对自己的观点给出进一步说明，指出"尊敬"究竟意味着什么，或者根据社会阶层的划分和传统习俗的规制说明对哪一些社会成员应当采取"尊敬"的态度；在这之后，他也许会修正、深化自己的看法——如果该共同体中传统的习俗要求人们"尊敬"社会地位比自己高的人，那么，此种"尊敬"的原则也应当适用于得胜归来的军人。然后，他也许会根据自己对礼貌概念的理解提出新的实践要求。比如，市民应当像对贵族鞠躬那样，以同样的礼节对战争英雄行礼。当然，他的观点也会遭到持有不同意图、信念的其他诠释者的怀疑。我们将此种对先前诠释及其实践要求的引申、修正、深化和怀疑称之为"礼貌概念"在后诠释阶段中的"概念延伸"。

后诠释阶段也存在于法律概念的探究过程中，它意味着对法律概念引申、修正、深化，甚至怀疑。于是，我们就可以这样来理解自然法理论与法律实证主义在"概念延伸"层面上所存在的分歧：假设一位自然法理论者认为，法律的概念必须要结合某种超验道德准则才能得到更好的理解，那么，如果他进一步思考，这个自然法式的法律概念就延伸出以下的命题，即纳粹的法律由于不符合此种超验的道德标准，因此，从根本意义上来说不是法律；立法者在考虑立法时应当遵守自然法理论所拥护的道德原则；法官在进行判案时同样必须将这种道德因素考虑在内，从而给出符合公平正义的判决。法律实证主义的学说对于以上命题是一种怀疑性质的概念延伸。首先，他们将怀疑自然法将法律与道德予以紧密联系的企图是否合理、客观，并且根据此种对于自然法理论而言带有怀疑主义色彩的概念延伸，一一提出自己对前者概念延伸的反驳与修正。他们可能会说，正是因为法律就是法律，与道德是完全不同的范畴，我们不应当因为一部法律在道德上的邪恶而否认它事实上就是由权威机构制定、颁布的有效法律；而立法者在立法时应当考虑的问题和法律是否应当符合超验道德标准的问题也是两个不同的问题，因此，法理学不能逾越自己"中立"的界限，混淆主观的意图和客观的对象。对于法官应当如何断案的问题，法律实证主义者或许会认为，法官应当按照法律文字之明确、清晰的表面含义进行裁判，而在规则明晰之处过多地参入道德情感则将有可能对法律的确定性带来灾难性后果。在语言的模糊地带，法官应当权衡各种社会利益与政策要求进行"缝中立法"，但这一过程也不必然牵扯自然法概念延伸所提及的超验道德。于是，根据对法律概念的不同理解，法律实证主义与自然法理论各自发展出了两套概念延伸，它们对彼此来说都是一种带有怀疑主义色彩的"诠释"。①

---

①　实际上德沃金还通过另一个类比对"怀疑主义"诠释的相对性进行了说明。这个类比的主角就是希格弗里德法官。德沃金假设，希格弗里德法官虽身处于纳粹的暴政之下，但却深深地怀疑纳粹政权及其立法原则的合法性基础。又假定现在我们必须尝试设身处地思考，希格弗里德应当如何断案。也就是说，他的"法理学"将如何指导他进行裁判的"实践"。不难想象，他的处境也许有点尴尬，因为他或许会发现那种"法律为强制提供正名"的法理学前提连同它的概念延伸在它的国家完全不能适用——他或许倾向于认为纳粹政权完全不关心正当性问题，它统治的依据就是强权和暴力。那么，根据这些假定，赞同德沃金式"法律概念"的他也许会认为他们国家的法律根本不是法律，所以，最好的办法就是无视这些纳粹的法律，然后尽他所能地运用道德信念，去纠正发生在这个邪恶国家中的一切不正义的现象。

反过来，假如希格弗里德法官认为，纳粹法律因为符合了某种正当性标准，故就是法律，那么，实际上这种标准同样来自他本人的道德信念——虽然这种道德信念是我们不赞同的。而他将运用基于此种道德信念所形成的各种"概念延伸"来决定他如何断案。然而，如果事实并非如此简单呢？假定希格弗里德法官依然赞同我们的标准，但他的看法却没有这么绝对。他问了自己两个问题：首先，纳粹的法律尽管是那么邪恶，但它是否能够提供一种基础，能在最低意义上保障个人的权利？或者，它们是不是那么邪恶，以至于它完全无法给予个人任何形式、任何程度的权利保障？德沃金认为，这关系一个重要的区分：在前一种情况中，希格弗里德必须无视某些法律以实现他的目的，而在后一种情况中，按照他对法律的信念根本没有"真正"的法律可以让他无视。这不仅是个语言问题，因为不管是哪一种情况，他都要运用自己对法律的信念去决定自己应当如何"断案"。现在，假设他认为，尽管纳粹的法律是邪恶而又缺乏正当依据的，但其中的某些立法可以确保个人享有一定程度上的权利，而他正面临着一个合同法案件：原告向被告主张的权利在希格弗里德法官看来正当而确有依据，并且此种权利与暴政、歧视和激进的意识形态并无关联。那么，希格弗里德法官应当支持原告的主张，以依法判决为手段维护原告的权利，因为根据他的信念，他不应当因为纳粹法律实践的整体邪恶性而拒绝适用这些能够保护个人权利的合同法。

但这只是一种简单的情形，而法律实践的样态总是更为复杂：假设在这个案件中被告是个犹太人，而身为雅利安人的原告又援引了歧视犹太人的立法来主张否认犹太人在此案中的辩护，希格弗里德法官现在应当如何做才好？德沃金认为，尽管此时原告援引了"邪恶"的法律来支持自己的主张，希格弗里德法官还是可以根据合同法来判定原告有"微弱"(weak)的胜诉权。为了维护他所坚持的"道德信念"，他应当尽最大的可能不去考虑原告基于"歧视性法律"所提出的法律主张。根据他的信念，他必须想方设法地拒绝适用"歧视性法律"。这个例子还可以变得更复杂。假设这个合同法案件是个疑难案件，此时，希格弗里德法官与他的同事们面临着难题，他们就怎样理解合同法与"歧视性法律"产生了分歧。于是，"建构性诠释"在这里面临着重要的难题：因为在德沃金所处的英美法世界中，"建构性诠释"概念要求法官从作为"整体性"(integrity)的过往司法实践历史中找到对法律的最佳诠释；但在希格弗里德的境遇中，这样做是不可能的，因为希格弗里德法官认为他所身处的法律制度过于邪恶了，以至于这样的最佳诠释根本不可能产生。他该如何是好？德沃金认为，他此时必须求助于一种特殊的信念，那就是"即使在纳粹德国这样邪恶的地方，人们的权利也应当尽可能地依靠法律来予以保护"，并且此种信念应当优先于他原先所认为的"整体而言纳粹德国根本没有法律"的观点。为了理解这种特殊的诠释，德沃金进行了巧妙的类比：于是，由于坚信个人权利应当在任何时候得到保护，希格弗里德法官就必须放下原有的意见，进而将他所身处的法律体系"视为"一种法律成熟且繁荣的样例，再结合歧视性法律与合同法的相关内容，运用他个人关于权利的信念去重新诠释他所身处的法律实践。这种诠释可能不是一种"最佳诠释"，甚至不是一种建构性诠释。在那些和他持有同样信念的美国法律人看来，它可能只算得上是一个"最不坏(in least bad light)"的"怀疑主义"诠释。See Ronald Dworkin, *Law's Empire*, Boston: Harvard University Press, 1986, pp.104 - 108.

由此不难看出,法理学出现争议之处,正是后诠释阶段展开不同概念延伸的场所。德沃金指出:后诠释阶段中的每一个"概念延伸"大多具有这样的特质:由于它是对抽象法理学概念的引申、修正、深化,或者怀疑,试图更好理解对象的各个诠释都没有必要一次性地符合对象的所有层面。也就是说,概念延伸的特质在于它试图从某一个角度深入地、具体地诠释"诠释阶段"所得出的法律之"寓意",因而必然特定的概念延伸无法完全地契合宏大法律实践的每一个部分。我们这里采用一个例证来理解概念延伸的特点:

> 假定你要在纸上描绘一个正方体的图像,而你每一次的绘画只能通过一个侧面来展现这个正方体,那么,你所能做的就是在详尽观察的前提下,尽可能地运用绘画技法,从你所在的角度使得正方体之形象栩栩如生地还原于纸上。①

这个例证揭示了后诠释阶段的另一个特征。假如前面的自然法理论家交出了两幅关于"法律概念"的作品:他首先认为,因为法律的概念必须要结合道德要素才能得到更好的理解,所以,法官必须在审判时考虑特定共同体的道德传统;紧接着,他又指出,在法律规则意义清晰、明确时,不管这条规则对于该道德传统是多么的邪恶和不人道,这个法官仍然有义务依据这条规则进行裁判。那么,在他的两个概念延伸之间就存在着"前后不一"。这无非是在说明,某一个特定的法理学学说和他的概念延伸体系必须在内在逻辑上"一以贯之"。"概念延

---

① 这个例子的灵感来源于现象学(phenomenology)的启示。笔者无意在此处详尽阐述德沃金理论与现象学之间的关联,但希望在此通过说明现象学的基本理论,以为我们打开此种可能的联系提供便利。"正方体"的例子来源于埃德蒙·胡塞尔在《纯粹现象学通论》中对"本质直观"的说明。目前,我们只需要理解,在作为本体论哲学的现象学看来,意图与对象的互动关系实际上就是一种"主体与客体"之间的交互过程,而打通这二元分离的关键恰好在于我们的特定实践。"简而言之",我们带有何种"意图"去看,便能看到先行为我们意图所规定的"事物之'范畴'"(在科学中表现为空间、度量、模态以及时间),所以,范畴的意向性特征反过来又进一步对实践给出了限定和规制。对于立方体而言,我们"观看"的"角度"就是我们的意图,所以,我们不能说每一次看到的是不同的客观存在,也不能说我们主观失败没能准确地看到立方体的每一个方面。胡塞尔认为,每一次看都让"立方体"的"本质"展现了自身的存在,而"本质"既不存在与我们的意识中,也不存在于客观世界内,而是存在于我们意识与对象的互动当中。因此,可以将其理解为"意向性的实践规定了事物的本质,而此种被看到的本质又反过来进一步地规定着实践"。这可能是德沃金为何如此强调"意图""信念",乃至"实践"的原因。无独有偶,另一位思想巨擘尼可拉斯·卢曼的"二阶观察"理论则直接受益于胡塞尔的现象学。关于"现象学"的"本质直观",参见〔德〕埃德蒙·胡塞尔:《纯粹现象学通论》,李幼蒸译,商务印书馆2002年版,第42—57页。关于卢曼的"二阶观察",参见宾凯:《社会系统论对法律论证的二阶观察》,《华东政法大学学报》2011年第6期。

伸"体系具有说服力的前提在于,每个诠释之间具备一种整体性质上的内在连贯性。他必须将他对法律概念之寓意所作的诠释,以一种信条或者原则的形式贯穿于这个诠释的所有子命题,而尽管子命题并不非得要覆盖整个宏大的法律实践传统——就好像我们永远不可能通过二维的绘画完整地展现三维的世界,但至少他所持的理论信念和态度能在概念延伸的体系中得到协调、一致的展现。否则,他交给我们的作品集所展现的就会是一个扭曲变形的立方体。

对于司法裁判领域而言,疑难案件也正是"后诠释阶段"中各种诠释交锋的舞台。在疑难案件的审判过程中,不同的法官将会根据自己的信念和态度,在后诠释阶段回答以下问题:在特定的法律传统之下,法官在法律规则和判决先例语焉不详的情形下应当如何断案?究竟是立法者立法的原本意图更为重要,还是法律语言的明确、清晰字面的意义更为关键?此处的字面意义应当作何理解?而"原本意图"中的"原本"和"意图"又应当怎样在今天得到还原?假如立法者是以民主投票的形式进行立法,那么,这种"意图"又应当如何界定?给予适当的条件,我们能否在适当的时机判断立法者在过往历史时期做了何种暗示?假定过往立法者将利用银行职员失职窃取存款的行为视为犯罪,那么,发生故障的 ATM 取款机是否也应当属于此条罪状中的"金融机构"?这些都要通过以上"作为整体"的信念体系来回答。在下文对"裁判原则"的论述中,我们将回到这个问题。

上述问题都极具争议色彩,而法律人应当如何回答,必然要牵涉特定法律传统中的法学理论。正如上文在"前诠释阶段"一节中所指出的那样,是法律实践的发展带来了法律理论的演变,而法律理论在后诠释阶段中所展开的种种争议和分歧,又为新的"前诠释平台"形成提供了契机。这也同样说明,因为法官们在判案的过程中采取了诠释性态度的两个层面,而法律的建构性诠释就是被诠释的法律与诠释实践的相互作用,也就是说,诠释实践深化了我们对法律的认识,而此种认识又反过来进一步影响了我们未来的法律实践。它们之间的互动是一个整体,因为:

> 任何法官的意见本身就是法哲学的一个片段……法理学是判决的一般组成部分,也就是任何依法判决的无声开场白。[1]

---

[1]　Ronald Dworkin, *Law's Empire*, Boston: Harvard University Press, 1986, pp.89 - 92, pp.97 - 99.

至此,我们已经通过介绍法律概念探究与疑难案件争议中所存在的三个诠释阶段,揭示了法律人通过运用意图和信念进行建构性诠释的脉络。也可以认为,此种诠释的脉络便是法律实践与法律理论的互动轨迹。当然,不可否认,上文的论述难免显得过于抽象。所以,在下文中,笔者将回到德沃金对英美法律传统的具体观点。笔者希望强调的重点将是德沃金所提出的"法律的概念",以及此种概念的三种可能"概念延伸"(因袭主义、法律实用主义以及作为"整体性的法")。但是,如何理解这种法律概念是一个重要的问题。因为通过引入"法律与合法强制""过去政治决定与当下法律的合法性""法律与政治道德"等元素,德沃金的"法律概念"实际上既不同于强调法律与道德分离的法律实证主义,也不能简单地等同于认可此种联系的自然法理论。他为何提出这样的"法律概念"?这个问题必须首先予以回答。所以,在正式进入对其"法律概念"的介绍前,有必要先以前文之论证为铺垫,厘清德沃金所探讨问题之关键所在。而这同样将会牵涉建构性诠释的种种特性。

第二节   法 律 之 寓 意

笔者在前文中提到,德沃金为何提出如此不同于传统学说的法律概念尚未得到回应。因此,在进入核心论证之前,我们有必要再次结合建构性诠释的特点与法理学对法律概念研究的路数进行论证背景的铺陈。由是,我们必须首先探讨两个问题:① 此种法理学的建构性诠释方案的限定条件和适用范围是什么?以及此种研究为何会不同于语义学方案,要作茧自缚地将研究的对象局限于"特定法律共同体内的法律实践"吗?② 在上文中提到了诠释阶段和后诠释阶段中可能存在的"诠释竞赛",也提到了在各种诠释之间可能存在着高下之分,那么,应当如何判断哪一个诠释更好?此种"诠释竞赛"的规则是什么?

一、界限与规则

法律的"寓意"通常被视为一个高度抽象的问题。就法理学的传统研究而言,其理论目的或许正在于找出繁杂之法律现象背后所隐藏的"共同之物"。例如,法律实证主义者认为法律乃是一种符号、命令或者规则的集合,而自然法理论者则认为在这事实性的表面现象背后，在法律的概念中必定还隐藏着那本质的"道德元素"。德沃金如此总结了法律实证主义者与自然法理论的冲突实质：他将法律实证主义对法律概念的研究视为一种"语义学学说"，并认为该种学说的要旨就是寻找"人类使用特定语词的共同规则"，进而"凭借此种共同规则去判别、澄清和辨识人们对特定语词的使用"。① 具体而言，法律与道德之所以有所区别，首先，是因为人类使用这两个词语的规则是不同的，所以，法律实证主义主张"法律的概念"并不必然地与"道德的概念"具有联系。② 其次，德沃金认为，这种语义学学说意图为"法律的概念"提供一种包含了共同规则的抽象描述，因此，采用了一种过于简化的方式去探究人类语言的复杂实践。事实上，法律语言的实践就像"由不同纤维缠绕的绳子"，"没有一根纤维能够贯穿始终"。③ 也就是说，如果实证主义者试图从中去发现任何"同一而连续的东西"——共同的语言规则，那么，他们就必须说明为什么同一性（identity）、连续性（continuity）会存在。这个问题的答案恰好蕴含在语言的历史和复杂的实践形式之中。④

德沃金认为，这种寻求同一性和连续性的尝试终将失败，那么，何种立场才是审视"法律概念"的正确角度呢？这里需要引入一些前提论证。我们已经知道，对特定社会实践的探究可以在两个层面展开：第一个层面是此种社会实践的概念；第二个层面是此种社会实践的概念延伸。基于共同的历史和生活形式，同一共同体下的社会成员往往会对社会实践持有一种"诠释性态度"，而这种态度使得人们不仅会有所寓意地看待社会实践，并且能通过自己不同的信念实现对此种寓意的引申、修正和完善。我们已经知道，"尊敬"作为一种寓意表达着礼貌的"概念"，而"怎样行事"才能表达尊敬则代表着礼貌的"概念延伸"，这个对概念进行诠释的"概念延伸"是一种"建构性诠释"。它旨在以特定的意图在特定的历史、文化背景下更好地理解特定的对象。上文所述的"礼貌诠释"便是这个概念在社会实践领域的运用。同样地，此种"建构性诠释"模式亦能应用于法理学对法律概念的研讨，但这是一个复杂得多的问题，因为探讨法律的概念将会涉及其他同样尚待诠释的概念——例如权利、权力、正义以及道德。如何看待这些联

① Ronald Dworkin, *Law's Empire*, Harvard University Press, 1986, pp. 33 - 35, pp. 43 - 46, pp. 68 - 70.
② Ronald Dworkin, *Law's Empire*, Harvard University Press, 1986, p.98.
③ 参见〔英〕路德维希·维特根斯坦：《哲学研究》，陈嘉映译，上海人民出版社2005年版，第38页。
④ Ronald Dworkin, *Law's Empire*, Harvard University Press, 1986, p.69.

系成为德沃金与实证主义者，甚至是自然法理论者之间存在的重大分歧。与前两者不同，德沃金拒斥那种"似乎存在"的共同语言规则，他认为实践和历史的特殊性决定了概念诠释只有结合特定背景与诠释者本人对实践的看法才能得出有意义的结论。

那什么又是诠释者特定的背景与诠释者本人对实践的看法呢？我们可以通过一个例证来澄清这个问题。假设一位法理学的研究者要对某一特定的法律实践共同体进行研究，之后，根据他的研究提出关于法律概念的一般性看法。他可能会按照"语义学"理论那样，试图去找出该法律共同体中成员使用"法律"一词的一般规则；他可能会得出结论，认为该共同体的成员都倾向于认为法律是一种主权者颁布的命令或者规则体系；他认为自己的结论没有掺杂任何主观的判断，因此，客观中立地描述了该共同体法律实践的一般景象。那么，在他的探究中，此种客观性和中立性的意义是什么呢？我们必须看到，这位研究者其实同样也运用了自己"主观"的意图去"建构"他所希望达到结论。这种"意图"就是希望"客观地"给出关于"法律是什么"的中立报告。[①] 在前文中，我们已经指出，如果这位研究者将他的报告视为一种关于法律概念普遍的、抽象的结论，那么，基于特定法律共同体的观察而得出的论断，能否适用于不同历史时期的不同法律共同体本身就是一个需要他先行说明的问题。如果他将自己的期望放得低一些，认为自己报告的有效性仅局限于该法律共同体，那么，他的理论就不会必然地因为对"前诠释"意义上的共识给出了客观描述而自然地变得比其他理论更加有说服力。这是因为，假设我们将他的理论视为建构性诠释的产物，而不是一种语义学理论，那么，他的理论不再会因为自恃"客观中立"而获得无可辩驳的合理性。这是因为，他的立论目标将会发生变化。之前，他希望不运用自己的任何主观意图（然而，按照德沃金的观点，他不可能避免运用自己的意图）去理解法律的概念；现在，他必须承认自己有这样的意图，并且他所做的理论尝试的目标变成了建构性诠释所要求的"尽善尽美"地理解对象。

什么又是"更好地"理解对象呢？让我们来进一步深化这个例证。假设这位研究法律概念的哲学家得出的诠释性结论是：在这个特定的共同体中，如果我们将法律的概念与道德的概念分而视之，那么，这个共同体的法律实践就能得到

---

① Ronald Dworkin, *Law's Empire*, Harvard University Press, 1986, pp.68-70.

更好地理解。假设有其他理论家提出了不同的见解,比如,"法律的概念与道德的概念在该共同体中是不同的,但立法原则和裁判原则毫无疑问会受到该共同体普遍道德观念的影响"。针对该法律共同体的实践的一个侧面——"法律与道德的关系"——他们两人就给出了不同的诠释。现在,在诠释竞赛中,他俩都必须说明为什么各自的理论更为"符合"他所希望理解的对象,并且为什么各自的理论比另一方的理论更为"尽善尽美"地理解了该共同体的法律实践,即"诠释竞赛"的两个标准:首先,建构性诠释必须符合对象——如果诠释者希望理解的对象是特定共同体的法律实践,那么,他们的理解就必须符合该共同体的法律实践的某一个方面(而不是所有方面);其次,是意图层面,诠释者所运用的意图应当"尽善尽美"地理解它所试图描述的对象:假设你认为对于特定共同体而言,法律仅仅是一种规则体系;在你的基础上,我认为它不仅是一种规则体系,还是一系列深受我们道德传统支配的政治决定谱系,并且此种谱系为政治道德的原则所规制和限定。假设我的观点更为深入地对我们的法律实践进行了反思,而不是像你那样独断地认为"法律就是法律",那么,针对这个特定的共同体而言,我的诠释显然就要比你的诠释更为"尽善尽美"地理解了法律实践。

然而,建构性诠释视野下的法律概念探究并不会随着此种"尽善尽美"而停止,因为此种对概念的探究将会是一种伴随意图与对象互动过程而不断展开的反思性历程。[①] 也许我的论断在"法律与道德"主题上优于你的观点,但这并不能保证我能在所有的实践层面获得优势性地位。伴随着法律实践的发展和概念探究的深入,作为诠释者的我必须适时地调整意图以使得对象始终能够在两个层面上得到"更好的"诠释;而我的诠释作为一种阐发寓意性质的理解,又将凭借我从反思中获得的说服力,改变他人对法律实践看法,进而重新建构我原本试图理解的对象。因为建构性诠释假定了作为对象的法律实践能够从法律人的思考

---

　　① 这种反思性的思考方式令人想起了约翰·罗尔斯著名的"反思的均衡"(reflective equilibrium)。这两位思想巨匠之间是否存在着哲学方法上的一致呢? 德沃金在纪念罗尔斯的文章中对此种推测进行了肯定。他指出:"罗尔斯认为研究正义的哲学家应致力于诠释性的事业,他称它为反思的均衡。我们尝试创造其范围在一定程度上具有一般性的原则,并通过调整我们对一般性原则或具体判断的看法,或同时调整两者,直到达成诠释的前后一致,以使这些一般性的原则与我们由此出发的对何为正义、何为不正义的具体判断相匹配……然后我们可以建构诠释性平衡的另一个极点,因为我们共享着抽象的观念,它在法律哲学中扮演的角色与正义概念在罗尔斯哲学中扮演的角色相同。这就是法律的概念……我们以另外一种方式把它称为合法性概念,或法治的概念。"关于罗尔斯的观点,参见〔美〕约翰·罗尔斯:《正义论》,何怀宏、何包钢、廖申白译,中国社会科学出版社 2009 年版,第 38—39 页;Ronald Dworkin, *Justice in Robes*, Harvard University Press, 2006, pp.246 - 247.

和理解中获得进步。于是,我们便可以看到"意图与对象"之诠释互动关系为诠释竞赛设定的条件与规则:这个对象越是具体,诠释者就越能根据他的历史延伸和实践发展,运用更为深入和契合对象的意图去给出"符合"对象和"尽善尽美"的诠释。换言之,只有当对象及其寓意得到限定时,"最佳诠释"才是可能的。因此,他即将考虑的便是英美法法律实践背景下,如何给出这样的诠释。

二、合法性寓意

现在,我们终于来到了德沃金提出"法律的概念"。以英美法律实践为对象,德沃金的"法律概念"给出了如下的定义:

> 我认为,我们对法律的探讨大致预设了法律实践最为抽象和根本的寓意就是按照如下方式引导和限制政府的权力。法律所坚持的是,只有当强制力来源于过去政治决定——这些政治决定关乎于集体性强制力何时能被认为正当——个人权利和责任许可或需要时,它才可以被实施和保留;除此之外,不论强制力看上去对实现特定目的是多么有效,不论这些目的是多么有益和高尚,它都不能被持有和保留。①

他进一步强调,这个抽象的法律概念是对"法治"(rule of law)理念的重申,也能够为进一步的讨论提供可能。这是一个建构性诠释概念,它并不独断地认为自己的描述找到了语言的"共同规则",故获得了不容置疑的正确性。② 相反,它提供了争议和共识展开的"概念延伸"的基础,使得法律人能够就特定的英美法实践对它所蕴含的寓意展开进一步追问:第一,这个概念提出的"强制与法律"(coercion and law)的联系是否有任何正当的理由? 换言之,法律的概念要求强制力只能根据来源于过去政治决定权利和责任才能被实施和保留,这种要求有没有任何"寓意"? 第二,如果这样的要求具有"寓意",那么,它是什么? 第三,

---

① Ronald Dworkin, *Law's Empire*, Harvard University Press, 1986, p.93.
② 必须注意,法律的诠释性"概念"与"概念延伸"不同于法律实证主义式的语义学概念。本书下文中提及的德沃金的法律概念均是诠释性概念。这里我们可以简单总结两者的不同,语义学概念的目标在于找到人们使用某一词语的共同规则,而诠释性概念的目标则是通过各种进一步诠释的"概念延伸"深化概念本身,从而在特定领域给出对特定对象的"最佳诠释"。See Ronald Dworkin, *Law's Empire*, Harvard University Press, 1986, pp.45-46, pp.51-53.

应当怎样理解"来源于过去政治决定"所代表的"一致性",才能使得寓意得到最好的理解?这三个问题的不同答案就是法律诠释性概念的"概念延伸"。① 在这些概念延伸中,不同的法理学学说可能会在给出答案的过程中产生共识或者分歧。他主要考察了三种可能的概念延伸:实用主义、因袭主义和"作为整体性的法"。

大体而言,法律实用主义学说否认个人权利为强制力提供合法性证明(justification),因此,它站在一种内在怀疑主义的角度试图全面质疑上文所述与权利相关联的诠释性"法律概念"。它对第一个问题持有的态度是否定性质的,实用主义者认为,在司法审判过程中,那种要求法官的判决必须与过去政治决定所确立的个人权利相一致的观点并不能确保法律共同体获得任何真实的利益,它进而对法律共同体本身作出了完全不同于一般观点的诠释,即法官在审判过程中实际上作出的判决,也必须从共同体未来的最大利益的角度进行考虑。这是因为,实用主义学说的根基乃是否认"法律规则是法律渊源"的极端怀疑主义,也就是我们在上文中提到的法律现实主义。从这个意义上来讲,由于每一位法官的判决都是"创设新法",法律实用主义要求司法判决始终采取一种"向前看"的策略,并且从实质上否认过去的政治决定和立法行为为诉讼当事人带来了任何权利,那么,公众看到"依照法律权利"给出的判决又该如何解释呢?法律实证主义者认为,这只是法官们为了创设更有利于共同体之新法采取的策略——他们的所作所为必须表现得当事人好像有权利(as if right)那般。

法律实证主义在这个诠释的框架下被称为"因袭主义",它将会对第一个问题持肯定态度,承认法律所保障的个人权利约束权力之行使;然而,对于后两个问题,它将持有不同观点,认为法律对强制力的约束仅限于"程序公平"(procedural fairness)和法律的"可预期性"(predictability)层面,并且认为只有当权利和责任明确地或者能够以明确的方式体现在过去的政治决定中,它们才能被称为"来源于过去政治决定的权利和责任"。② 这意味着,因袭主义者仍然采取了对极端狭义的视角来理解所谓的"一致性"。他们认为,来源于过去政治决定中的"个人权利"应当且仅在以下两种情形中才能够被视为合法权利:① 这种权利以明确、清晰的方式表现于沿袭至今日的政治决定的文字中;② 这种权利能够被法律共同体所一直采纳的技术手段视为得到了明确和清晰地表达。除此之外,因袭主义

---

① Ronald Dworkin, *Law's Empire*, Harvard University Press, 1986, pp.93-94.
② Ronald Dworkin, *Law's Empire*, Harvard University Press, 1986, pp.94-96.

否认任何"夸大""篡改"过去政治决定之意义的做法，从而否认了法律语焉不详处可能存在的原则性政治道德。

现在我们来看看作为"作为整体性的法"。有别于实用主义，"作为整体性的法"毫不怀疑法律与权利的真实存在，同因袭主义一起对第一个问题持赞同立场。然而，它却采取了完全不同的方式来理解第二个问题：它不认为法律对强制力的约束被"程序公平"和"可预期性"所局限，亦不赞同实用主义的提法，即法律对强制力的约束仅仅起到一种推动社会进步式的工具性作用。它提出了自己的主张，即法律对强制力的约束确保了公民之间的平等，并且此种保障能够真实且有效地从道德层面回应政治共同体的合法性问题，正当化政治共同体对权力的行使。在回答"一致性"如何得到理解的问题中，"作为整体性的法"也给出了与实用主义和因袭主义不尽相同的答案，它认为，被视为那些来源于过去的法律权利与法律责任是真实存在的，并且它们也不应当局限于"语言文字的明显、清晰表达"；这些权利和责任来源于被共同体道德传统所决定的政治原则或者法律原则，而如何得出、引申和适用这些原则，则必须回过头来重新审视共同体合法性问题的证立方式。

现在，三种概念延伸已经得到了初步的阐明。以上只是基本的框架性说明，而它们三者的具体内容将在后文呈现。结合前文介绍的"竞赛规则"，我们已经了解到，决定这三种概念延伸"孰优孰劣"的标准和界限取决于它们试图诠释的对象，取决于它们是否符合英美法律共同体的法律实践，也取决于它们是否运用了恰当的意图和信念，尽善尽美地理解了法律实践。不过，就目前的论述而言，尚有一个疑问未得到阐明。也许有人会说，德沃金的法律的概念混淆了法理学式的"法律概念"以及政治哲学上的"合法性问题"，这种做法为后来的诠释竞赛提供了不公正、稍显独断，甚至是混乱的理论舞台。反对者会继续提出以下质疑："某个规则是否是法律"的法理学问题与"人们是否有义务遵守这些法律"的合法性问题是两个完全不同的问题；官员们通过所谓的宪法、"立法法"和不成文的政治惯例识别法律的判断，和他们认为自己是否有道德责任拥护这些法律和惯例的信念，也无法在德沃金的"法律概念"名下变得可以同日而语。不得不承认，此种提法貌似有它的依据，并且符合学术传统对各个学科进行的分工。但是，我们可以发现此种观点采取了严格分离法理学与政治哲学的"分离立场"，也从另外一个角度提醒了"什么是法律"和"何谓正当之法"间存在的巨大鸿沟。

三、分离的消解

此种反对意见又可被视为法律实证主义"分离命题"在法理学研究中的扩大化版本。一般而言,在英美法法学传统中,法理学研究对法律概念的研究常常被视为对"法律是什么"的探索。此种探索的任务,旨在发现某种法理学基础,澄清、厘定法律人对法律概念的使用方式。在此种反对意见看来,"何谓正当之法"或许不是一个法理学问题,而是一个政治哲学问题。在立法层面上,"何谓正当之法"的问题关心的是法律应当具有怎样的合法性特质,以至于自身能够获取使得公民服从的合法性依据;在司法层面上,它关注的问题应当是法官应当如何理解过去和现在的法律,从而给出正当的判决,以证成判决身后的强制力使用。反对者会说:德沃金的"法律概念"可能是一种政治哲学意义上的合法性追问,但却因其混淆了此种必定存在的界限,因而丧失了法理学意义上的说服力。现在,只有扫除这种偏见,后文结合德沃金法律概念对合法性问题的探讨才能够自圆其说。我们已经看到,德沃金式法律概念的确将"合法强制"与"法律的寓意"进行了链接。所以,目前的第一个问题是:这样的寓意连接是否混淆了概念?

针对这种反对的声音,德沃金从两个层面给出了对法律概念的辩护。[①] 辩护的第一个层面是关于前文所提到的法律理论与法律实践的共识平台。我们已经知道,法律争论得以展开的条件之一,便是在特定共同体中,共同体成员对待诠释对象拥有"前诠释意义"上的共识。德沃金认为,倘若人们希望合理地审视法学理论与法学实践的互动关系,就必须在两个意义上理解此种共识的存在。首先,在德沃金所希望考察的英美法律共同体中,法律人对于"什么是法律"有着基本一致的语义学判断。在这种前提下,任何否认美国宪法就是法律或者否认英国上议院就是立法机关的人都会被视为犯了一个常识性的错误。其次,前诠释意义上的共识不仅仅局限于"语义学"层面,它还直接关乎于法律与强制力之间的联系。也许有人会说,英美立法机关在堕胎和种族歧视方面所制定的法律通常都面临着各种批判,而在"埃尔默案"或者"布朗案"这样极富争议性的案例中,法官应当作出怎样的判决也的确是一个关乎于政治共同体合法性基础的问题,但无论在立法层面还是司法层面,针对法律与强制的关系,共同体的成员都

---

① Ronald Dworkin, *Law's Empire*, Harvard University Press, 1986, pp.108 – 113.

必须共享一套大致相同的看法，即在上述特殊情况之外，立法者与法官在原则上都有义务正当化自己的行为，也就是说，他们必须大体上使得自己的行为符合政治共同体合法性原则，而普通公民也因为合法性原则对强制力的行使，在大多数情况下拥有遵守法律的义务。总之，德沃金认为，不管是官员还是民众，在英美法律共同体内所共享的不仅是前诠释的语义共识，而且实际上还共享着诠释阶段的大致寓意共识（对"法律与强制"之联系问题大致相同的、普遍存在的看法）。任何否认这一点的人，实际上，就提出了一种针对共同体法律实践的内在怀疑主义。

而怀疑主义必须被破除，因为它不是对于英美法律实践的正确描述。[①] 德沃金进一步指出：假设怀疑主义的主张真实成立，即共同体成员必须接受"法律并不正当化强制力行使"的危险论调，那么，任何针对法律概念或者法律实践的命题也都将变得具有怀疑主义的色彩。这就好像在礼貌的共同体中，假设人们对于礼貌的"寓意"莫衷一是，则他们提出的任何主张都是针对其他主张的深刻批判，而不能在有意义的基础上就原先获得的共识进行有所建构的阐发。这恰好也表明了，"社会实践"之寓意得到建构性诠释的前提，在于共同体成员必须在语义学和"生活形式"层面的"大致寓意"层面获得基本的共识。这种共识不必精确地规定实践的每一个层面，因为它必须为"寓意"在特殊情形中得到进一步诠释留出空间；然而，它同样必须免于深刻怀疑之威胁，因为进一步诠释的前提条件在于，某些东西已经预先得到了共同的理解，[②]就好像研究礼貌的社会学家不

---

① 德沃金在其另外一篇重要论文《客观性与真理：你最好相信它》中探讨了形而上学、实用主义、功能主义以及语义学式的怀疑主义，并对它们所共有的"阿基米德"立场进行了批判。在该文的最后，德沃金就怀疑主义与法律实践的关系做了总结，并对法理学研究的明天进行了展望。在他所设想的"明天"，怀疑主义对于合法性命题的侵蚀作用将基本被人类的信念所消除："我们想要活得不失尊严，且有其价值，在追忆此生时，我们希望能满怀骄傲，且无所愧疚。我们想要社会彰显着平等与幸福，我们想要法律昭示着智慧与正义。之所以这些目标难以企及，部分而言，是因为此类濒于险境之议题令人感到费解和疑惑。当我们被告知，无论我们为之而上下求索的是何种信念，它们都不可避免地变得非真即假、不再客观或者难以为我们所知晓，它们只是语言游戏中的象棋招式、只是我们情感机器所散发的诡云迷雾、只是旨在研究人类如何过活且我们应予测量的实验计划、只是为增加乐趣或减少烦忧之故而替代以往沉思的臆想创新，我们就必须予以回应：这些诋毁全部所言非实，充其量，它们只不过是拙劣的哲理。然而，这些话语只是意旨匮乏、无所教益且令人困倦的暂时打断，那么，我们就必须期冀，滋生了此类话语，密布于我们时代上空之沉重阴云将迅速散去。"See Ronald Dworkin, "Objectivity and Truth: You'd Better Believe It", *Philosophy and Public affairs*, Vol. 25, No.2, Spring, 1996, pp.87 – 139.

② 此种"预先理解"被伽达默尔称为"历史地思维"："如果我们试图用过去的概念进行思维，我们就必须进行那种在过去概念身上所发生过的转化……让自己的前概念发生作用，从而使文本的意思真正为我们表述出来。"参见〔德〕伽达默尔：《真理与方法（下卷）》，洪汉鼎译，上海译文出版社2004年版，第513页。

能认为礼貌不是一种社会习俗那样,法理学的研究同样也无法回避政治共同体的合法性问题。任何否认此种理解的人,要么就是提出了一种内在怀疑主义,而此种怀疑主义必须与其他的诠释一决高下,方能获得说服力;要么就是犯了一个常识性的错误,故并不值得我们采纳。在这个基础上,德沃金认为,如果官员和民众希望将自己所身处的法律共同体视为一个整体,那么,作为实践参与者的他们就必须拒斥怀疑主义,认可法律正当化强制力行使和持有的基本共同判断。

辩护的第二个层面与学术传统的分工联系紧密。德沃金指出:分离式的命题区别了法理学和政治哲学对"法律之基础"与"法律之约束力"所进行的两种研究。[①] 在一般意义上,"法律之基础"是指使得法律概念或者法律命题真实、有效的环境与条件;"法律之约束力"是指基于以上环境和条件,使任何真实法律命题在不同情形下正当化强制力行使的相关能力。德沃金认为,在任何成熟的政治法律理论中,法律概念的"基础"和"约束力"相互支撑着对方,在回答类似"法律于何种程度上有效""公民何时可以不或者不应当遵守法律"这样的问题时,法学理论必须将法律对强制力的正当化证成纳入自己考虑的范围内,也因此必须同样在"法律的基础"层面考察此种正当化证成与法律之概念的联系究竟如何。在这个意义上,"法律概念"与"法律的正当化命题"应当在任何成熟的法学理论中被同时考虑。即使像哈特那样持有分离立场的法学家,也曾在其重要的作品中给出过论述,说明为何"法律的概念"与"公民与官员的应然守法义务"是两个不同的问题。[②]

然而,在法学研究中,法律人往往出于不同的信念和目的,不得不采取前文所提到的分离态度。德沃金认为,造成此种现象的原因,乃是研究分工的专业化:研究法律概念的法理学学者,往往将注意力集中在"法律的基础"命题之上,于是或多或少地忽略了与正当化理论相关的"法律之约束力"命题;而研究政治哲学的学者,则出于完全不同的动机和信念,大致将目光投向"法治"之基本命题,亦即法律为何能够为强制力提供正当化证明。一个巧妙的类比可以用于说明分工的产生:法律理论和法律实践的进步,乃是基于法律人在不同性质问题

---

① Ronald Dworkin, *Law's Empire*, Harvard University Press, 1986, p.110. 在李常青教授的译版中,他将这两个概念(grounds of law and forces of law)翻译成"法律的基础"和"法律的约束力";在李冠宜教授的译版中,他将其翻译成"法律的根据"和"法律的拘束力"。笔者在此采用了前者的译法。

② 关于哈特所做的区分,参见 H. L. A Hart, *The Concept of Law*, 2nd ed. P. Bulloch and J. Raz. Oxford: Clarendon Press, 1994, pp.180-184.

上所作出的不同程度的努力——就好比在大海上修补船只,他们只能一块一块地将构成整体的"木板"拆下予以检查和补强——①就像前文例证中从不同角度描绘一个正方体一样。"法律基础"与"法律约束力"的分化,或者更直白地说:"什么是法律"与"何谓正当之法"的分化也就产生于这个过程中。然而即便如此,法理学研究必须谨记的是,此种分化的产生,并不是因为这两个问题"本质上"或者"语义上"并无任何关联,或者能够在任何深刻的法理学理论中被分开讨论。

德沃金恰好是在提醒我们,任何希望以建构性诠释方案正确、更好地理解法律实践的法理学理论,都必须将"法律的基础"与"法律的约束力"联系起来,以一以贯之的内在逻辑,使两个问题能够在自己的方案中得到同时回答。否则,这种法理学理论就无法完成建构性诠释所规定的任务,它不可能合理、正确地给出特定法律实践的"概念延伸",也终将沦落为一种僵化、陈旧的"经院哲学"——它只适合用于测试学生记忆力的日常的随堂考试。同样,政治哲学的探讨也必须关注"法律之基础"。因为,假设政治哲学家希望探讨法治形式对政治权力的约束,那么,政治哲学的研究共同体就必须首先对"什么是法律"这一问题有着基本的共识。② 以政治哲学家们热衷的"公民不服从"理论为例,假设一些哲学家对"不服从"的行为和理由展开了热烈、深刻地讨论,但是却始终没能明白公民究竟在不服从"什么",那么,我们很难认为这样的研究有任何实质性意义。③

以上讨论表明了一个深刻的洞见:德沃金所提出的法律概念预设了"法律正当化强制力"的寓意,这个寓意必须被视为对法律之基础(也就是"法律是什么"的"概念性命题")和法律之约束力(也就是"何谓正当之法"的合法性命题)的同时回应。我们或许有理由将此种努力视为法理学融合"是"与"应当"的第三条道路,因为它强调任何希望正确理解法律实践的法理学理论,都不能厚此薄彼地忽略其中任何一个层面。分离命题的采纳,要么是出于学术分工的不可避免,要么则是来源于一种肤浅的独断。从独断意义上采纳分离命题的学者,恰好正如

---

① 这个例子直接来源于德沃金的原文。Ronald Dworkin, *Law's Empire*, Harvard University Press, 1986, p.111.

② Ronald Dworkin, *Law's Empire*, Harvard University Press, 1986, p.113.

③ 例如,罗尔斯在论及"法治"概念与公民权利关系时时对朗·富勒以及哈特等人的提及,参见〔美〕约翰·罗尔斯:《正义论》,何怀宏、何包钢、廖申白译,中国社会科学出版社 2009 年版,第 184—189 页。

盲人摸象一般。如果法理学试图将法律实践作为"一个整体"来看待,那么,它就有必要摒弃这种态度,采纳建构性诠释的方案,完整地"诠释"它所希望审视的对象。那么,建构性诠释视野下的法理学就应当在说明法律是什么以及"何谓正当之法"的同时,以概念延伸的方案将对两个问题的回答予以连接。德沃金认为,我们不能仅仅将法律实证主义、法律实用主义与作为整体性的法视为一种教条主义的法律概念学说,还必须将它们视为一种植根于自身概念学说的基础,进而对合法性问题作出回应,才能判断究竟哪一个方案对英美法法律实践给出了最好的诠释。

第三节　因袭主义、实用主义和作为整体性的法

在下文中,我们将简要探讨因袭主义、实用主义以及作为"整体性的法律"如何回答了德沃金式"法律概念"所提出的三个问题：法律是否为强制力的持有、使用和保留提供了正当化理由？ 如果法律提供了这种理由,这种理由应是什么？ 如果此种理由必须与来源于过去的政治决定保持一致,应当如何理解此处的"一致"。结合概念诠释间的竞赛规则,对以上问题的种种回应亦必须在下述两个条件的规制下决出高低胜负：首先,回答这些问题的概念延伸必须正确地理解它所试图理解的法律实践,其次,它必须是一种尽可能好的诠释——它必须说明自己为什么比其他的方案更好,更值得人们采纳。

一、因袭主义

当法律实证主义的观点脱下语义学外衣,并以给出对法律实践的"最佳诠释"为目标出现在我们面前之时,它便成为一种与合法性问题密切相关的"因袭主义"。在上文中,我们已经简要介绍了因袭主义的相关论点。它承认法律权利的存在,也承认此种来源于过去的法律权利为强制力的行使、持有和保留提供了正当性证明；然而,它认为只有此种权利直接以明确的方式或者通过技术性处理能够以明确的方式体现在法律规则之中时,那预设的正当性证明才能够成立,所以,法律对于合法性问题的回应仅取决于它的"程序公平"和"被保护

的合理期待"。

上述命题绝不仅仅是"法律就是法律"这句耳熟能详口号的重申。我们已经看到,法律实证主义将法律人对疑难案件与法律概念的争论,视为一种没能发现语词之共同规则的失败,而将法律视为一种诠释性概念的因袭主义则显然要拒绝这种看法。它将会认为,上述争论并非是"语词之争",也并不是一种"装腔作势",它们是关于"法律是什么"以及"法官应当如何判案"的诠释性争论。因此,为了解决这些争议,因袭主义于两个层面上给出了它的"诠释判断"和"后诠释判断"。① 第一个判断乃是肯定性的:因袭主义认为,"法律"就是经习俗和传统所确立,并在历史的传承中为人们所普遍接受的制度性事实。根据此种对"法律是什么"的诠释,包括法官在内的法律人应当将此种存在的制度性事实视为法律,并且按照它的规定和要求从事法律实践——其中包括了遵循先例的传统。显而易见,这是提出了实践性要求的"后诠释判断"。第二个判断乃是否定性的:因袭主义认为,如果法律的规定和要求,没能够以明确或者无法通过明确的方式体现在法律语言当中,那么,在此种类似"模糊地带"的情形下就不存在着"法律"。这个否定的诠释性意见带来的"后诠释结果"就是"缝中立法":在不存在法律的地方,不存在着任何合法的权利,所以,法官在疑难案件中应当创制新法,并且有义务迫使自己站在立法者的位置上,尽可能地考虑社会生活的种种因素和相关利益冲突,从而通过判决制定出最有利于未来的新法。

因袭主义从而区分了法律规则中存在的"明确范围"(explicit extension)和"隐含区间"(implicit extension)。② 我们首先结合例证来审视此种区分。假定一条法律规则规定:"在法庭上,控辩双方享有平等的机会表达自己的观点和主张",那么,几乎每一个法律人都会同意这意味着"双方应当都有机会表达自己的观点,并且此种平等的机会不得被剥夺和削弱"。此即规则的"明确范围"。但是,这是否意味着控辩双方必须在陈述观点时被给予恰好相等的时间呢?假如一方的观点和论证更为复杂,它是否应当被允许给予比另一方多得多的发言时间呢?此即规则的"隐含区间"。德沃金认为,对"隐含区间"所做的不同理解代表了法律人根据不同的信念和态度对法律规则所做的诠释,而如何看待隐含区

---

① Ronald Dworkin, *Law's Empire*, Harvard University Press, 1986, pp.116 - 117.
② Ronald Dworkin, *Law's Empire*, Harvard University Press, 1986, p.123; H. L. A Hart, *The Concept of Law*, 2nd ed. P. Bulloch and J. Raz. Oxford: Clarendon Press, 1994, pp.127 - 128.

间在司法裁量中的地位,则使得因袭主义的阵营产生了分裂。[①]

因袭主义第一个派别被称为"严格的因袭主义"(strict conventionalism),它认为共同体的法律仅限于法律规则的"明确区间",而在"隐含区间"中是没有法律存在的,所以,法官必须进行上文所提到的"缝中立法";第二个派别被称为"柔性的因袭主义",它认为共同体的法律应当包含法律人在"隐含区间"内对法律所做理解的所有可能性。德沃金一针见血地指出:"严格因袭主义"的观点是荒谬的,因为不管立法者的意图是多么明确,也不管法律共同体所采取的解释方法是多么完备,将法律语言的意义进行限制的做法终将是要失败的。因为立法者本身不可能预见未来生活的种种情形,又因为如此一来严格因袭主义的适用势必导致"缝中立法"的情形广泛存在,所以,追求严格确定性的因袭主义版本势必将会为法律规则带来越来越多的"模糊",从而使得因袭主义抱着不放的传统和习俗陷入了更大的不确定性之中。与之相对,"柔性的因袭主义"(soft conventionalism)观点似乎更为可取,但是,其对法律规则所持的"开放态度"又令它的论证失去了力量——如果对所有对规则的诠释都有可能是法律的一部分,那么,不同人就有可能对传统和习俗给出不同的诠释,故所有人都可以合理地理解"传统究竟是什么",并且凭借此种理解给出令人信服的理由重新诠释传统和习俗。那么,"柔性因袭主义"只不过是给"建构性诠释"安上了一个更为陈腐的名称罢了。它们之间并无本质的区别。

那么,因袭主义符合英美法律共同体的实践吗?从横向个案的层面上来看,它并不符合。[②]根据它的后诠释主张,一位持有因袭主义观点的法官在判案前首先将回顾所有相关的判例,然后试图从中发现其中大多数法官所赞同的对法律的"传统理解"。但是,在疑难案件中,他将会面临两个困难:首先,即使这些法官在某种程度上达成了一致判断,那么,他应当如何通过自己的理解来延续此

---

① 此处的两种因袭主义实际上对应着法律实证主义阵营的分裂,也就是包容性实证主义和排他性实证主义。关于严格因袭主义,参见 Joseph Raz, *Ethics in Public Domain: Essays in the Morality of Law and Politics*, Oxford: Clarendon Press, 1994, pp.199 - 201. Joseph Raz, *Practical Reason and Norms*, Oxford: Oxford University Press, 1999, pp.162 - 170. Joseph Raz, *the Concept of a Legal System*, Oxford: Clarendon Press, 1980, pp.120 - 121. Joseph Raz, *the Authority of Law*, Oxford: Clarendon Press, 1979, pp.1 - 4.关于柔性因袭主义,参见 Jules Coleman, the Practice of Principle: In Defense of a Pragmatist approach to Legal Theory, Oxford: Oxford University Press, 2001, p.99, pp.157 - 158. Jules. L. Coleman, "Beyond Inclusive Legal Positivism", 2009, 9 Ratio Juris. Vol. 22 No.3, pp.359 - 394.

② Ronald Dworkin, *Law's Empire*, Harvard University Press, 1986, pp.132 - 133.

种"一致性"呢？他应当机械地复述过去的意见，还是根据过去判决所体现的抽象精神来尊重历史呢？其次，假设不同法官在疑难案件中的判断并不一致，这位法官在其中找不到他所需要的传统理解，按照严格的因袭主义，他必须进行"缝中立法"。那么，他应当怎样正当地证明，他确实站在了立法者的角度，并且在考虑了社会因素和利益冲突的前提下，制定了最有利于未来发展的法律呢？因袭主义并未对此种立法行为的合法性给出令人信服的说明。

　　从纵向历史的层面上来看，至少严格的因袭主义也不符合英美法的法律实践。[①] 因袭主义认为，共同体的传统事实性的延伸导致了法律人"对什么是法律"这一问题有着大致相同的看法，但德沃金提醒我们必须要注意两个层面上的共识：两位棋手可能对"象走田字"这一规则事实有着共同看法，并且他们可能都认为这是一种象棋游戏的传统。但也存在着另一种共识，比如，人们大都相信种族屠杀是不正义的，而独裁政治是不公平的。后一种信念上的共识虽然并不为任何事实所证立，但它们的确广泛地存在于共同体生活中，而且曾经影响过法律共同体的发展。我们在前文中提到过这一点：随着诠释性态度在法律共同体中的展开，信念共识所起的作用使得原先不被采纳的法律意见变成了法学界认可的主流观点，而过往被视为毫无疑问的权威学说，也有可能随着社会之变迁和不同意见的提出逐渐式微。对于因袭主义而言，法律是一种"象棋游戏"式的规则集合，而任何造成法律制度与力量变迁的信念共识都不足以决定法律实践本身。[②] 也许，这的确是一种偏见。

　　最后，因袭主义是否是一种对于法律实践的更好理解？德沃金认为，它不是一种尽善尽美的理解，因为它对合法性问题的交代过于片面。[③] 因袭主义之所以不是一种针对合法性问题的怀疑主义，乃是由于它提出个人的权利应当为"程序公平"和"被保护之期待"所坚守。然而，假如严格因袭主义一直明确地将"明确地带"与"隐含区间"分而视之，那么，此种"程序公平"和"被保护的期待"也将随之化为泡影：法律的确为公民生活提供了一种确定性，然而，此种确定性如果

---

　　① Ronald Dworkin, *Law's Empire*, Harvard University Press, 1986, pp.136 - 138.

　　② 这里实际上指的是哈特的"象棋游戏"比喻说。在《法律的概念》中，哈特指出："每一个游戏者不仅自己以特定的方式移动皇后，并且对于所有以那种方式移动皇后之适当性'有所看法'。这些看法可以从以下的情形中表现出来：当偏离行为发生或有发生之虞时，他们会去批判别人和要求他人遵从，并且当受到这样的批评和要求时，承认其正当性。"H. L. A Hart, *The Concept of Law*, 2nd ed. P. Bulloch and J. Raz. Oxford: Clarendon Press, 1994, p.57.

　　③ Ronald Dworkin, *Law's Empire*, Harvard University Press, 1986, pp.140 - 147.

不时地能够被法官进行"自由裁量",那么,这种确定性可能根本就是一种极大的不确定性。由于严格的因袭主义否认对语焉不详的法律条文有着"正确的理解",那么,如何在"模糊地带"理解人们能够期待的合法权利便成了因袭主义的"阿喀琉斯之踵"。假如它不能合理地说明,对法官应当在"隐含区间"做出怎样判决,使得此种判决能够维系法律对强制力的证明,那么,因袭主义就自相矛盾地摧毁了公民的正当期待,最终背离了它希望恪守和尊重习俗与传统,从而使得强制力的行使、持有和保留变得尤为可疑。它能够给出此种合理地说明吗?除了"法律就是法律"的机械教条,以及"我们是人,而不是神"①那无奈的辩护之外,公民似乎没能获得他们想要的答案。所以,因袭主义没能成功地通过对合法性问题的回应,成为一种对共同体法律实践的更好诠释。

二、实用主义

实用主义给出的概念延伸又如何呢? 在上文中,我们考察因袭主义的法律概念延伸,并将它的失败归因于错误地描述了英美法律实践,并且没能够为法律对强制力的正当化作用提供更好地诠释。现在,我们将要来考察实用主义的观点。上文曾经指出过实用主义是一种内在怀疑主义式的观点,因为它否认作为过去政治决定产物的法律能够起到正当化强制力之作用。现在,我们必须进一步检视实用主义的立场,来看看它是否正确地,甚至是更好地描述了法律实践。

实用主义是那种激进式法律现实主义在法律实践领域的延伸。② 前文已经指出,法律现实主义怀疑法律本身的存在,认为"法律"只不过是对法官将要做出的判决的预测和对法官性格特征与情绪波动的推理分析。③ 作为建构性诠释的产物,实用主义在"法律是什么"的问题上持有较为温和的怀疑主义立场,因为它关心的并非是那恼人不休的语义学问题,而是力图阐明司法判决和立法行为是否以及如何能够对社会产生未来的影响。与一味强调"过去"的因袭主义不同,实用主义者运用自己天马行空的想象力给出了惊世骇俗的结论:在过去的政治

---

① H. L. A Hart, *The Concept of Law*, 2nd ed. P. Bulloch and J. Raz. Oxford: Clarendon Press, 1994, p.128.

② Ronald Dworkin, *Law's Empire*, Harvard University Press, 1986, p.153.

③ See Jerome Frank, "Are Judges Human?", *University of Pennsylvania Law Review*, Vol.80, 1931, pp.233－267; W. Fisher III, M. Horwitz, T. Reed (editors), *American Legal Realism*, New York: Oxford University Press, 1993, p.14.

决定中,立法者所制定的法律根本没有赋予人们任何权利,所以,假想的法律正当化强制力的命题乃是子虚乌有。① 那么,司法裁量的核心又是什么呢? 实用主义继续在这个问题上挑战着人们的认知:在案件裁量中,法官应当着眼于共同体的最大利益,而不必理会任何陈规旧俗,尽可能地运用自己的意图制定他所认为的、对于未来最为有利的新法。而在这个过程中,法官必须采取策略,隐藏自己"改良社会"的真实意图,在公众面前通过判决的形式假装他们似乎拥有那被政治、法律传统肯定的权利,但这仅仅是一种策略,因为任何真正的实用主义者都会认为这是一个"高尚的谎言"——他们打着那并不存在的权利旗帜,默默地构筑着一个有着更好明天的政治共同体。②

　　实用主义的策略是灵活的,所以,它能够不拘泥于教条地吸收各种对自己有利的策略性主张。③ 一位实用主义者是否可能给出因袭主义者将会给出的判决呢? 取决于哪种做法能够在维系"高贵谎言"的同时,更为有效地实现他用心良苦的目的:假设在埃尔默案中,一位实用主义者打心里认为对于纽约州的《遗嘱法》并不存在正确地解读,但他又必须考虑以下两个"实用"的理由:比如,埃尔默接受遗产后能够将遗产用于投资,而其他继承人则有可能将其挥霍殆尽,又比如他矛盾地认为判决埃尔默胜诉将鼓励未来的继承者铤而走险。于是,结合这些情形,他将运用他的智慧判决埃尔默胜诉,因此,在经济方面增进共同体的最大利益,但同时在判决中宣称"未来杀害立嘱人的继承人将失去继承权"。④ 假如这是一个不同的时代,比如,共同体正处于政治动荡之中,而社会的最大利益在于稳定和恪守传统,那么,他将采取因袭主义者会采取的策略,进行揣摩立法者原初立法意图的"缝中立法",以迎合公众对司法稳定性和确定性的期待。在立法层面,实用主义者也将采取更为灵活的"棋盘式立法"区别对待的策略,更为灵活地解决社会问题,而对此我们将在下一章中着重予以讨论。

　　我们不难注意到,实用主义者对"一致性"的理解是诡异的。至少在司法裁量中,实用主义给出的"后诠释方案"所追求的是"策略上"或"目的上"的一致,而

① Ronald Dworkin, *Law's Empire*, Harvard University Press, 1986, pp.152 - 153.
② Ronald Dworkin, *Law's Empire*, Harvard University Press, 1986, pp.154 - 155.
③ 德沃金指出:这些不同时代的"灵活策略",参见〔美〕G. 卡拉布雷西:《制定法时代的普通法》,周林刚、翟志勇、张世泰译,北京大学出版社 2006 年版。关于此种灵活策略的经济分析模式,参见 Richard A. Posner, "Values and Consequences", in Eric A Posner, *Chicago Lectures in Law and Economics*, Foundation 2000, pp.189 - 191.
④ Ronald Dworkin, *Law's Empire*, Harvard University Press, 1986, p.156.

非"规范式"或"正当化"的"整体性"。实用主义者辩解道：这种诡异的"共同目的"和"高贵谎言"是被法律传统所默认的，并且如果策略采取得当，那么，公众将在沉醉于他们似乎拥有的权利的同时，享受实用主义式立法和司法带来的社会进步和共同繁荣。他们会继续辩解：既然法律人对来源于过去政治决定的权利争论不休，为什么不直接否认它的真实存在，并将双眼投向未来去追求那更为可欲的利益最大化呢？为什么不使得立法和司法成为社会前进的工具，而一定要拘泥于那早已作古之人脑海中的规范性叙事呢？为什么不将共同体的传统视为以"法律推进社会进步的历史"，而拒斥那种僵化、机械、教条主义式的因袭主义呢？

诚然，这些问题并不能得到轻而易举地回答。因为实用主义进行了内在式的怀疑，也因为它认为法律本身或许并不具备正当化强制力的意义。那么，实用主义是否正确地描述了英美法的实践呢？德沃金指出：英美法的法律传统都没有同意，甚至默许法官能够如此"恣意造法"，而实用主义假设的"法官们只是一群动机高尚的骗子"，在大多数英美法律人看来显得荒诞不经。大多数法律人都倾向于认为，厄尔法官和格雷法官都是在忠于法律的前提下争论对"遗嘱法"的正确理解方式是什么，而不是像实用主义所言进行着"装模作样"却"别有用心"地争吵。并且，如果这一欺骗的传统是真实可信的，那么，在英美法发展的数百年传统中，公众是否愚昧无知到了如此程度，能够被那些披着法袍的社会改良家欺骗如此之久？

但这并不是对实用主义的核心回应。因为实用主义提出的法律诠释直接与合法性问题相关。某些人或许会说，实用主义确实比因袭主义给出了更为符合法律实践的概念延伸，因为它能够成功地使得因袭主义的种种命题为自己所用。但德沃金希望提醒我们，万万不能忘记实用主义恰好回避了合法性问题。也许实用主义式的立法者能够通过棋盘式立法有效地解决社会问题，也许实用主义式的法官能够通过判决埃尔默胜诉增进社会的最大福利，但凭什么他们能够这样做？凭什么人们应当接受棋盘式立法的不平等？凭什么贡纳里尔和里根必须为了社会整体的进步，牺牲个人的利益？实用主义者会再次抛出那个骇人听闻的结论：因为法律本身并不保障平等，而贡纳里尔和里根在判决之前实际并不拥有任何"合法权利"。实证主义者是正确的吗？这是对于英美法律实践的"最佳诠释"吗？

在"建构性诠释"一章中,我们已经提到了内在怀疑主义的致命作用。现在我们看到,实用主义怀疑的对象正是法律的"寓意"本身。由于它直接或间接地否认在共同体中存在有合法性问题本身,德沃金的回应就势必将战场带到政治哲学领域。德沃金指出:一个对于实用主义深刻而又全面的回应,必将在正视合法性问题的基础上,论证、探讨并且深化法律正当化强制力的"寓意"。这个回应必须指出为何合法性问题必须存在,又将怎样在特定共同体中得到解决。①就像一位文学评论家认为《约翰·克里斯多夫》的寓意无关对自由、真理和美的追求,而另一位文学评论家则恰好赞同他所反对的,那么,后者就必须给出全面的论证,以说明为何这部小说只有按照他的方式才能得到正确,甚至是更好地解读。德沃金为回击实用主义而给出的解读就是"作为整体性的法"。他相信,通过对这一概念延伸的阐述,法律人能够在确立它的正确性的同时,理所当然地拒斥实用主义那光怪陆离的"高贵谎言"。

三、作为整体性的法

上文已经考察了因袭主义、实用主义的"概念延伸",并简要地阐述了为什么它们没有正确地,甚至是更好地理解英美法律共同体的法律实践。在探讨实用主义时,我们遭遇到了一种内在怀疑主义:此种内在怀疑主义否认法律所代表的正当化强制力寓意,由此否认法律概念与合法性命题间的内在联系。为了回应此种激进的质疑,德沃金必须提出一种更为符合实践的、更好的替代理论,用以回应实用主义的诘难。这个替代理论就是"作为整体性的法"。由于它是针对德沃金法律概念所做出的概念延伸,所以,对它的理解亦必须结合法律概念本身予以展开。

德沃金式的法律概念提出了三个问题:第一,在英美法律共同体内,法律是否具有一种正当化强制力之使用、持有与保留的寓意?这种寓意是否以明确共识或默而不语的方式存在于英美法法律实践当中?第二,如果此种寓意的确以某种形式存在着,它应当得到怎样的理解?第三,怎样理解立法行为与司法判决必须与来源于过去政治决定的权利与责任保持一致?究竟怎样的实践才能被视为和过往的实践"相符"?根据这些问题,"作为整体性的法"倡导两套根本的原

---

① Ronald Dworkin, *Law's Empire*, Harvard University Press, 1986, p.163.

则：为立法原则；为裁判原则。立法原则的主旨是要求立法者所立之法必须在道德维度上保持一以贯之的立场，而此种立法又必须在裁判原则的规制下，在司法裁判中根据此种道德维度得到同样一以贯之地理解。

那么，将这两组观点结合起来，我们就能有效地梳理"作为整体性的法"在回应合法性问题上的各个层次。笔者在此处首先提供一些抽象的说明。"整体性"作为一种政治美德要求立法者必须承担起正当化强制力的责任——此种责任要求共同体过去的政治命令和立法实践必须以原则上一以贯之的方式体现在当下的立法当中，而只有当立法者采取了恰当的方式在当下立法中体现了过往政治决定的原则性方案，并以"恰当的方式"将这种公平、正义原则性方案平等地规制共同体的所有成员，那么，立法行为的合法性问题才能够得到解决。简言之，即立法者必须在过去与未来、分歧与合意间发现"正当之法"。

另一方面，裁判原则要求被立法者发现的"正当之法"应当在司法过程中得到"正确的理解"。既不同于因袭主义的"固守过去"，亦不同于实用主义的"仅看未来"，法律中的"整体性"要求法官们将自己视为"章回小说"的续写者，在历史文本和当下案件的互动中找到对法律条文的"最佳诠释"，并通过不断的论证和商榷，反思性地证成此种"最佳诠释"在法律实践中的"尽善尽美"。一个"最佳诠释"必须历经两个维度的检验：首先，这个诠释必须符合它所试图理解的立法、司法实践，它必须与此种实践共同体所倡导的政治美德的延续保持"一致性"；其次，这个诠释不必墨守成规地束缚法律实践的发展，也不能异想天开地任意创新，它应当尽可能地使此种政治美德的延续在更好的意义上得到发展，使得"法律正当化强制力"的"寓意"能够在司法实践的争议和反思中不断地得到诠释。这就是在司法实践的历史和未来、分歧与合意间发现并且理解"正当之法"的过程。

因此，下文论证将分为"立法原则"和"裁判原则"。我们将看到，不管是立法原则还是裁判原则，其主旨都在于回应德沃金式"法律概念"所提出的三个问题：法律能否正当化强制力？法律如何正当化强制力？法律如何通过与过去的联系来正当化强制力？但也必须指出，立法原则的侧重点在于回应前两个问题，即立法者的立法必须符合什么标准，才能够使得公民拥有遵守法律的义务，进而解决政治共同体的合法性问题；而裁判原则的侧重点则在于最后一个问题，亦即假定立法者所立之法符合了前两个问题所追问的正当性标准，那么，它应当在法律实践的发展中如何与过去的法律与裁判保持"一致"，进而给出对立法和司法实践的"最佳诠释",使得合法性问题持续、不断地伴随司法实践的展开得到持续地回应和证成。① "法律概念"三个追问之间的相关性,进而也说明了对"裁判原则"的领会必须建立在正确理解"立法原则"的基础上。那么,对"作为整体性之法律"的理解,同时是对"何谓正当之法"的发问,必须从探讨政治共同体的合法性问题开始。

---

① 笔者在此处回应了本书开篇时提及的问题,也就是"第一,法律应当以怎样的方式被制定? 它的内容又应当符合怎样的价值,以至于能在共同体成员中产生服从法律的义务? 这涉及一个政治共同体中的立法原则(legislative principle);第二,那些已经制定和颁布的法律在司法活动中应当怎样正确地被理解,以此维系共同体合法性基础在司法实践中的延续? 这涉及这个共同体的裁判原则(adjudicative principle)。"

第五章

何谓正当之法

　　"如果国家没有了正义,而只是做大了的盗匪组织,那么它们还是个国家吗?"①奥古斯丁(St. Augustine)的追问可谓切中了合法性问题的要害。的确,公民是否有义务服从法律本身的正当性,也关系司法判决应当如何昭示公平与正义,以确保"正当之法"的实现。在本书开篇之初,笔者曾经提到德沃金希望提供一套回答合法性的替代方案,去解决在传统政治哲学和法理学中存在的种种问题。"整体性"就是德沃金引入的替代方案,它将自己的探索建立在耳熟能详的法理学或政治哲学难题之上:在英美世界法律实践中,拥有各种不同价值观的人们又为何总是认为自己有遵守法律的义务?难道他们不应当因为这些分歧的存在而否认与自己意见向左法律的合法性吗?支持堕胎的激进分子难道不应当无视禁止堕胎的法律吗?他们怎么能够同意禁止堕胎的法律是在现实政治中自己与论敌签订的社会契约呢?法官应当怎样在法律语焉不详之处获得"正当之法"?那所谓的"模糊地带"与"开放结构"应当得到怎样的理解,才能使共同体对强制力的运用正当化?法官在断案的过程中是否能够给出对疑难案件的"最佳判决"?如果可以,那么,法官应当遵循怎样的思路和原则?显然,在这里,法理学需要不同的思路,这正是"整体性"在立法层面和司法层面的任务。在下文中,我们将主要论述整体性的"立法原则"和"裁判原则",以此展开对"正当之法"的探寻。

---

　　① "what are states without justice but robber-bands enlarged?"See St. Augustine, *Confessions*, iv. 转引自: H. L. A Hart, *The Concept of Law*, 2nd ed. P. Bulloch and J. Raz. Oxford: Clarendon Press, 1994, p.156.

第一节　立法原则

一、合意之问题

合法性问题的解决总是要为人们为何遵守或服从法律给出理由。在这个前提下,法律是否应当被人们遵守总是与"正义"(justice)、"公平"(fairness)等抽象价值相关。而一旦合法性论证进入抽象层面,麻烦的问题总会产生:什么是公平? 而怎样的法律才可以被冠以"正义"之名? 我们能否说,只要立法者像哲学之王那样把握到了"法"的本质,人们就必须得服从那些对他们个人而言不认为是"良法"的法律呢?[1] 对"正义""公平"所做的种种理解,是否非得依据某种形而上学的假设才能够得到证成呢? 说法治就是"良法"和"普遍服从"不是等于什么都没说吗?[2] 如果人们对于"良法"没有普遍的共识,那么,他们又怎么会有普遍服从的义务呢? 对于合法性问题,形而上学的论证模式容易忽略个人的"肉眼"在合法性论证过程中应当扮演的角色。洞穴外的法是"看不见"的,而上帝的法又是"朦胧不明"的。我们必须承认,那种将形而上学的论证等同于暴政之根源的说法也许十分片面,但也不得不正视此种埋怨之声中的合理性:谁应当成为哲学之王? 谁应当成为他的臣民? 为什么这种秩序一定就是真理?[3] 也许合法性问题必须求助人们对上帝的信仰,[4]但随着现代化黎明的到来,上帝不再遥不可及,而个人亦可摆脱教会的操控,直接表达对它的信仰。那世俗国家怎么办? 人们怎么可能仅听信国王的一面之词——"我是亚当的直系后裔,因而对你们具有统治权"[5],就有服从世俗权威和国家法律的义务呢?

后世的乌托邦思想家至少了给出三条路径来解决合法性难题。可以说,它们

---

[1]　〔古希腊〕柏拉图:《理想国》,郭斌和、张竹明译,商务印书馆 1986 年版,第 279—281 页。

[2]　〔古希腊〕亚里士多德:《政治学》,吴恩裕译,商务印书馆 1965 年版,第 202 页。

[3]　我们都知道,这种观点的代表人物是英国哲学家卡尔·波普尔(Karl Popper),参见他对柏拉图理论可能带来的极权主义的控诉。〔英〕卡尔·波普尔:《开放的社会及其敌人》(第一卷),陆衡等译,中国社会科学出版社 1999 年版,第 171—172 页。

[4]　神学与宗教对合法性问题的影响是深远和复杂的,抛开圣奥古斯丁和阿奎那那种直接从上帝谕令寻求正解的理论不说,"社会契约论"传统的代表人物洛克和霍布斯都借助了上帝的口吻来陈述"自然法"的存在。我们将在下文康德那里继续看到神学和宗教对政治哲学与伦理学的影响。

[5]　这种"君权神授"论调来自洛克的论敌罗伯特·菲尔麦爵士。〔英〕约翰·洛克:《政府论》(上篇),叶启芳、瞿菊农译,商务印书馆 2012 年版,第 12—14 页,第 89—137 页。

的共同之处都在于通过对"人之形象"的不同描述,从而令这些"个人"在假想的历史状态中缔结"社会契约"走入政治共同体。在这里,我们找到了乌托邦理论的关键共识:那就是从"假想历史"经由"假想契约"进入"假想共同体"。在这些理论中,最终结果的差异往往来自"人的形象"和"假想历史"的差距:在霍布斯那里,人是趋利避害的人,并且自然法的确给予了他们合理自卫并谋求生存的自然权利,因此,他们非得依靠一个强大的主权者来保卫自己脆弱的个体存在;①在洛克那里,不仅仅是那个国王,所有人都是上帝的创造物和子女,且平等地享有人之为人的种种权利,而理性的他们走入政治国家并非是要寻求绝对力量的保护,而仅在于政治国家能够以自然状态所不能的方式通过立法、司法和行政捍卫他们本来所具有的天赋权利;②在卢梭(Rousseau)那里,人本来良善而且充满着美好的情感,但这份人与人之间纯真在现代国家中为"财产私有"的产生所败坏,因此,社会契约的主要目的,就在于怎样的联合能够既保留这份原始的纯朴,又使得人们享受现代国家的便利,最后,卢梭将问题丢给了个人理性的集合,也是所谓的"公意"(general will)。③

　　与卢梭一样,康德(Kant)认为"律法共同体"的要旨在于通过共同体成员的普遍立法形成基于政治权力的"合法外在强制"。然而,"伦理共同体"才是康德主要思考的问题。伦理共同体是一个"美德"的王国,它关乎"善的法则"如何在尘世这片土壤上得以实现。尽管在康德看来,"伦理共同体"不可能脱离"律法共同体"而独立存在,在很大程度上,前者要以后者为基础,并且在"律法共同体"与"伦理共同体"很可能出现在同一个政治国家中,但它们毕竟是两个范畴:律法共同体的保障在于普遍立法意志所形成的合法性,而伦理共同体的保障则关系更神秘的内在道德性。这样看起来,似乎康德认为个人皆由公意走入政治国家,而在这个政治国家中美德的实现则需要一位比人更高的立法者。因为外在的强制并不能树立伦理的权威,而人民又不能成为彼此在道德上的立法者,故康德在此处又回到了上帝。④

　　在这里提及这些先哲的论述绝非多余。一方面,正如笔者在开篇时指出的,

----

①　关于霍布斯对国家成因的论述,参见〔英〕托马斯·霍布斯:《利维坦》,黎思复、黎廷弼译,杨昌裕校,商务印书馆 2012 年版,第 130—132 页。

②　〔英〕约翰·洛克:《政府论》(下篇),叶启芳、瞿菊农译,商务印书馆 2012 年版,第 77—80 页。

③　〔法〕卢梭:《社会契约论》,何兆武译,商务印书馆 2003 年版,第 17—25 页;参见〔法〕卢梭:《论人与人之间不平等的起因和基础》,李平沤译,商务印书馆 2007 年版,第 79—82 页。

④　"因此,只有这样一个任务,才能被设想为一个伦理共同体的最高立法者,对他来说,所有真正的义务,因而也包括伦理的义务,必须同时被设想为他的诫命……一个伦理共同体只有作为一个遵循上帝诫命的民族,即作为一种上帝的子民,并且是遵循德性法则的,才是可以思议的。"〔德〕康德:《纯然理性界限内的宗教》,李秋零译,中国人民大学出版社 2011 年版,第 86—87 页。

德沃金的整体性论证反对乌托邦式的理论：假如合法性问题的解决必须依靠这些对"人""历史"以及"社会契约"的假定，那么，政治哲学如何能够论证现实的、具体的政治、法律制度具有上述意义上的合法性？我们不能去曲解历史，说"自然状态"必然是真实存在的，也不能将自己所身处的政治实践装扮得完全符合乌托邦的条件。另一方面，康德的崇高理想"伦理共同体"与"律法共同体"应当被视为两个范畴吗？存不存在一种可能性，使得某一政治共同体符合某种特定的条件，使其既能使法律共同体对强制力的使用和持有正当化，又满足美德王国建立的必要条件？在现实世界中，许多法律共同体的成立并不需要借助社会契约的论证，许多伦理共同体也并不需要借助上帝的假定才能够形成，那么，又该如何解释这样的现象呢？这里牵涉的问题转换是至关重要的：在社会契约论传统中，思想巨擘的努力关系如何通过特定的假设形成完美的法律或者伦理共同体；而在现实政治的历史演进中，它的解决关系一个既存的法律共同体必须满足何种条件才能够被视为得到了合法性证明，更关系此种合法性证明如何在时间的流逝中得到"一以贯之"地延续。也许有人认为，问题随着转换发生了质的改变，所以，人们能在这个问题获得的唯一确定性只关乎于"怎样才能说一个法律共同体事实存在"。① 然而，这与其说是解决了合法性问题，倒不如说是对它的完全放弃。因为我们不能说纳粹法律的存在就解决了屠杀犹太人的合法性问题，也因为人们的正义观总是并不甘心于止步于此。然而，人们对正义的直觉在现实中又总是各不相同，很难获得"公意"般的完全一致，甚至有可能产生意见的彼此对立。基于以上种种，我们会说，合适的替代论证必须解决这些问题。②

---

①　"法体系的事实存在是一回事，而它应当符合某种标准则是另外一回事"——这是法律实证主义者对法律共同体存在与否所持的分离立场。站在这个立场上的哈特指出：一个法律体系可能不能获得其大多数人员的内心认同，但只要它能够获得社会成员的基本服从，从而获得法体系的"实效"（efficacy），并且其内部的官员阶层对法体系大致持有"内在观点"，进而获得法体系的"效力"（validity），那么，即使"这样一个社会可能十分可悲，犹如待宰羔羊般地脆弱，而且这只羔羊可能最终难逃进入屠宰场的命运"，但我们"没有理由拒绝将'法体系'之名赋予这个社会"。德沃金将哈特的观点视为一种"因袭主义"在合法性问题上的回应，并反对这种应当和事实的断然分离。我们将在后文的"原则共同体"一节中看到德沃金对因袭主义式"规则手册"共同体的批评。H. L. A Hart, *The Concept of Law*, 2nd ed. P. Bulloch and J. Raz, Oxford: Clarendon Press, 1994, pp.102-103.
②　这关系基于直觉而产生的正义原则之间是有可能发生冲突的。罗尔斯认为，直觉主义式的道德、政治判断有可能导向"自明正义原则"的成立，但却无法在各种相冲突的正义原则间给出任何建设性的解答。罗尔斯承认：任何"正义观无疑都要在某种程度上依赖直觉"，但"一个直觉主义的正义观只是半个正义观"，而我们应当首先我们所能概括出解决"原则优先性"的明确原则，进而再通过"反思的均衡"程序达成对正义原则的字典式排序。德沃金对罗尔斯的方案提出了批评，见下文"'服从'的义务"一节。〔美〕约翰·罗尔斯：《正义论》，何怀宏、何包钢、廖申白译，中国社会科学出版社2009年版，第32—33页。

　　乌托邦理论为现实世界留下了难题：人们是否需要首先同意加入这个法律共同体，进而才拥有服从其法律与政治命令的义务？在乌托邦理论中，这一步骤是通过社会契约来完成的，但这种契约在现实世界中似乎并不存在：我们都出生在特定的政治、法律共同体内，它们因历史、血缘和地理之故而形成；在大多数情况下，这些共同体先于我们而存在，这说明它们并非是通过相互握手而缔结的合同。针对此种困境，有一种观点认为，当公民达到特定年龄后，他们其实已经通过不选择移民而默认了那隐而不宣的社会契约。[①] 这种观点与社会契约论的初衷背道而驰，因为先不说这些契约的真实存在是否经得起推敲，"默认合法"实际上会剥夺社会契约论所力图捍卫的公民的自由选择权。用德沃金的话来说，它逼着异议者要么选择自己所不认同的祖国，要么就必须在成年后赤手空拳地在异国他乡另谋生计。并且，即使这位异议者选择了移民，他最终还是会前往其他政治、法律共同体，而不是像社会契约论所设想的那样，能够在蛮荒之中找到一些陌生人来建立新的国家。[②]

　　那么，我们是完全被动地从属于先于我们的共同体吗？这也未必。的确，"默认说"提示着公民的确可以通过自由移民来选择自己所从属的共同体，而禁止这种自由选择的做法往往会被视为暴政。[③] 于是，公民在多大程度上能够基于合意而加入政治、法律共同体也就成为一个重要的问题。此处，德沃金的绝妙论证形成了下图所展现的"合意程度光谱"。（见图 5-1）

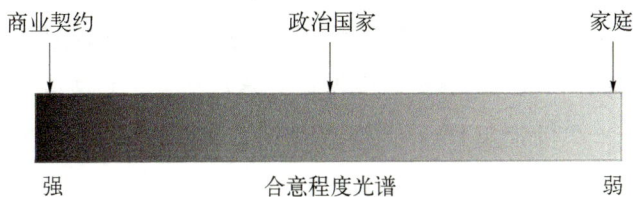

图 5-1　合意程度光谱

---

　　① Ronald Dworkin, *Law's Empire*, Boston: Harvard University Press, 1986, pp.192-193.

　　② Ronald Dworkin, *Law's Empire*, Boston: Harvard University Press, 1986, p.93.

　　③ Ronald Dworkin, *Law's Empire*, Boston: Harvard University Press, 1986, p.207；另见社会契约论对"自然状态"的描述，特别是〔英〕托马斯·霍布斯：《利维坦》，黎思复、黎廷弼译，杨昌裕校，商务印书馆 2012 年版，第 92—97 页；〔英〕约翰·洛克：《政府论》（上篇），叶启芳、瞿菊农译，商务印书馆 2012 年版，第 12—14 页，第 3—10 页的相关内容。

　　不难看出，在所有光谱所示意的结合里，加入政治共同体大致处于中间的位置。① 它比家庭关系的形成更具灵活性，又不如纯粹的合同关系那般完全建立在一致同意的基础上。合意的光谱解决了上文提出的第一个问题，即人们能在多大程度上"同意"自己加入某个政治、法律的共同体。此处也正对应着合法性问题的转换：既然公民不能完全自由地选择自己所身处的政治、法律共同体，我们就不能说他们彼此之间的合意直接导致了守法义务的产生，而应当去问他们所身处或可供选择的既存共同体应当具备怎样的结合形式才能形成公民守法的义务。然而，这使得我们又必须去问："政治共同体"能否被视为守法义务产生的温床，从而在结合形式上满足特定条件解决自身的合法性问题？ 在德沃金的探究中，他考察的对象是采取"法治"（rule of law）模式的英美政治共同体。这也就对问题进行了限定，意即他的任务就是回答为何这样的政治共同体是合法的，而不是去找到一种抽象的、置之四海而皆准的方法，来解决所有可能存在的政治共同体的合法性难题。②

　　在德沃金所考察的"法治国家"中，政治共同体的结合形式被法律所规定：法律明确了公民的权利和义务，国家的政治体制、决策程序和对社会资源和国家福利的分配方案。根据法律在此种模式中的至高无上的地位，合法性问题要去寻找的服从义务，在英美世界就可以被简略地概括为"守法义务"。③然后，"法治模式"对合法性难题进行的限定，导致了提问再次发生了转换："法治"成为共同体的结合形式，而法律成为人们联合的结合形式，而人们是否有服从法律的义务，就取决于法律是否满足了特定的条件，以使得这种结合形式能够招致公民遵守法律的义务。这种转变需要变得更为具体，因为我们或许会说，是法律的种种特征使得公民有义务服从它，然而，这里的"种种"还是显得含混不清。

　　在政治哲学对立法原则的探究中，我们找到了作为政治美德"公平""正义"

---

　　① 这个光谱的比喻直接来自德沃金的论述，Ronald Dworkin, *Law's Empire*, Boston：Harvard University Press，1986，p.207.
　　② 在我们急匆匆地将德沃金的理论视为"普世价值"前，最好先了解他对自己理论的限定。在这个意义上，我们不能未经反思地认为，整体性的理念理所当然地被适用于解决其他政治共同体的合法性问题；但是，我们也不能断然否认这种可能性的存在，尽管论证此种可能性是个非常困难的问题。关于德沃金的限定，参见 Ronald Dworkin, *Law's Empire*, Boston：Harvard University Press, 1986, p.216.
　　③ Ronald Dworkin, *Law's Empire*, Boston：Harvard University Press, 1986, pp.191-192.

与"程序性正当程序"（procedural due process）。① 然而，这三种美德还必须进一步转换才能用于解决特定共同体的合法性问题。德沃金认为，根据特定共同体的历史和实践，如果特定政治共同体认为立法原则必须体现这三种美德，才能使得该共同体的成员大致拥有服从法律的义务，我们就必须追问的问题就不再是什么"放之四海而皆准"的公平、正义以及正当程序的标准，而必须转换为"在这个特定的共同体内这些美德意味着什么"。② 他进一步指出：在待阐释的英美政治共同体中，能够找到公平、正义以及正当程序的"政治美德"作为立法原则必须尊重的合法性依据："公平"意味着法律规范的制定、政治权力的分配以及官员的选举应当按照正当的方式体现公民对上述事项大致平等的影响力；"正义"意味着按照特定方式产生的政治命令和法律规范在社会资源分配、保护公民个人权利等事项上应当做出符合特定正义观的正确决定；"正当程序"意味着国家强制力在判定公民是否违反法律的情境中，必须在侦查、取证以及审判等过程中确定公民应有的程序权利，并根据此种权利正当地对待公民。那么，共同体能否仅凭对这三种"政治美德"的遵循，就能产生公民的守法义务呢？这是个棘手

---

① "公平""正义"与"正当程序"的政治美德在政治哲学中是个复杂的问题，特别是"公平"与"正义"这两个美德，它们有时候被学者认为是同一种美德，有时候又因为其对政治实践提出了不同的要求被分而视之。德沃金对其进行了一个简短的综述："某些哲学家否认公平与正义之间可能存在的根本性冲突，因为他们认为最终这些美德都能从彼此之中推导得出。有些人说，离开了公平的正义就什么也不是，而在政治中，就像轮盘赌一样，凡是经过公平程序而得出的结果就是正义的。这种极端形式的思想被称为'作为公平的正义'（justice as fairness）。另外一些人则认为，在政治中，对公平的唯一检验就是对结果的检验，如果一个程序没有可能产生某种结果，并且使其符合特定的标准，那么它就不是公平的。这种相反的论调被称为'作为正义的公平'（fairness as justice）。很多政治哲学家——并且我认为大多数人也这么看——采取了中间的立场：公平与正义在某种程度上独立于对方，所以公平的制度有时候会造成不正义的结果，而不公平的制度也会产生正义的结果。"值得一提的是，两种极端形式分别是"功利主义"式的公平观与罗尔斯式的"正义观"。关于"作为公平的正义"，参见〔美〕约翰·罗尔斯：《正义论》，何怀宏、何包钢、廖申白译，中国社会科学出版社 2009 年版，第 9—14 页；关于"作为正义的公平"，参见〔英〕詹姆斯·密尔：《詹姆斯·密尔政治著作选》（影印版），中国政法大学出版社 2003 年版，第 3—6 页。此外，我们必须注意到德沃金此处区分了"实体性正当程序"（substantive due process）和"程序性正当性程序"。根据美国法学理论界的划分，前者指"要求国会所制定的法律，必须符合公平与正义。如果国会所制定的法律剥夺了个人的生命、自由或财产，不符合公平与正义的标准时，法院将宣告这个法律无效"。由于实体性程序正义与法律的实际内容，故而下文对公平、正义政治美德的探讨已经包涵了这一理念。而根据《布莱克法律辞典》和主流学说的解释，后者则主要指："任何权益受到判决结果所影响的当事人，都享有被告知和陈述自己意见并获得听审的权利"，并且"要求一切权力的行使在剥夺私人的生命、自由或财产时，必须听取当事人的意见，当事人具有要求听证的权利。"当然，这些解说都不能完全概括正当程序的全部可能意蕴，目前我们只希望通过此种说明了解德沃金对政治美德进行了怎样的区分。参见王名扬：《美国行政法》（上），中国法制出版社 1995 年版，第 383 页；H. C. Black, *Black's Law Dictionary*, West Publishing Co, p.1083；参见〔美〕杰姆罗·巴伦、托马斯·迪恩斯：《美国宪法概论》，中国社会科学出版社 1995 年版，第 134 页。

② Ronald Dworkin, *Law's Empire*, Boston: Harvard University Press, 1986, p.208.

的问题,因为不同的政治美德之间并不能自然而然地协调一致。在此种冲突存在的基础上,德沃金主要考察了在英美法律共同体中"公平"与"正义"可能面临的困境。①

沿着此种思路,假设有人做出了如下的论证:在政治共同体内,只要公民们认为立法者所立之法律大致符合他们中大多数人对正义、公平的理解,那么,他们便有了服从立法者所立之法的义务,反之,则不然。这个哲学家会说,在任何有良知的人类看来,他们没有真正的义务去服从纳粹的法律,因为这些法律太过于邪恶,并且没有通过公平的方式反映与纳粹政权向左的政治异议,它们只是希特勒及其统治集团专横的统治工具,因此,它们因其内容的非正义和不公平不可能产生真正的守法义务。② 诚然,在这个极端的例子中,此种辩护能自圆其说,但是在现实世界中,人们真的能够借助对正义、公平的大致理解找到解决合法性难题的钥匙吗? 我们或许会说,人类是有良知的存在,因为在他们头脑清醒的时候,他们中的绝大多数人都会基于"正义感"对种族屠杀表示深深厌恶,他们也同样会认为立法应当公平地通过合法程序反映不同意见,而不是采取独断的方式将政治领袖的意志强加于公民之身。我们在乌托邦世界中能找到这种信念:在那里,政治世界的一切都已经得到设定,所以,由此诞生的法律都在理想的光环下无限接近"正义"与公平,因此,人们总是基于这种完美性拥有义务去服从近乎完美的法律,但我们切不可被这光环眩晕了脑袋,进而忘记了人们事实上极有可能对正义有着不同的理解,又忽略了"正义"和"公平"极有可能发生的冲突。因为"完美"毕竟是一种理想,而非全部的现实。而现实中的人们一边就"纳粹屠杀是非正义的"的信念达成共识,一边就其他更为复杂和具体的问题争个不停:支持堕胎的立法是正义的吗? 分歧将在有着不同信仰、道德见解的公民中产生;用富人的收入补贴穷人收入的所得税立法是正义的吗? 分歧将在功利主义者与平等主义者之间产生;有条件的种族隔离立法是正义的吗? 分歧将在美国的南

---

① 以上均是德沃金给出的定义,参见 Ronald Dworkin, *Law's Empire*, Boston: Harvard University Press, 1986, pp.164-165, p179.在《法律帝国》中,德沃金并未对"正当程序"的政治美德进行深入的探讨。他指出:"……在接下来的论证中,我将更多地将注意力放在公平与正义上,而因此忽略正当程序。"不过,在他的另外一本著作《原则问题》中,德沃金对"正当程序"的政治美德在美国的实践进行了深入的探讨。〔美〕罗纳德·德沃金:《原则问题》,张国清译,江苏人民出版社 2008 年版,第 112—119 页。很显然,正当程序也可能与"正义"的政治美德产生冲突:例如,在刑事案件中,严格对正当程序的遵守可能将会导致"结果正义"的无法实现。
② 参见〔德〕古斯塔夫·拉德布鲁赫:《法哲学》,王朴译,法律出版社 2005 年版,第 227—236 页。

方公民与北方公民产生。

德沃金指出：即使是在类似英美这样的成熟共同体内，持有不同道德、价值判断的人们也总会就立法是否符合"正义""公平"的标准发生争执。这些观点的分歧无法在实质层面得到调和，所以，民主国家的立法实际上就是通过合法程序使每一种声音都"公平地"在最终结果中有所反映。在这里，"公平"通过民主决策的方式以"妥协"解决了"正义观"的冲突，但这种象征着公平的"妥协"必然地会与"正义"发生冲突，因为某一部分人的正义观将不会被写入法律。他们接受这个结果，是因为他们接受了妥协（compromise）。根据德沃金的论述，立法应当追求的是一种在不同正义观之间做出妥协，而不是对于正义的内部妥协（internal compromise）。① 这是什么意思？一种对不同正义观做出的妥协的要求是：使得立法程序能够决出不同声音间的优胜者，并使得这种正义观念以原则的形式一以贯之地体现在最终的立法结果中；而另一种对正义的内部妥协则意味着：使得最终结果的按照分配正义的原则体现不同正义观在立法意见中的力量对比，并且有区别地体现在最终的立法结果中。这前一种妥协被称为"胜者全得"（winner takes all），而后一种方案则被称为"棋盘式法律"（checkerboard law）。②

显然，"棋盘式"法律比"胜者全得"的方案更能体现公平，也更能体现不同正义观的实现。这种棋盘式的"内部妥协"将提出这样的建议：在一个政治共同体中，如果人们对某一特定的问题发生了分歧，不管这个问题是多么重要，不管这个问题是否关乎原则，最终的立法结果都应当按照不同意见进行有"区别"的立法：阿拉巴马州的人民不是在种族隔离的问题上产生了分歧吗？那为何不干脆允许在学校的种族隔离，而在交通工具上平等地对待所有黑人呢？纽约州的人民不是在制造商是否应当承担严格责任的问题上产生了分歧吗？那为何不将这种严格责任课以汽车制造商而使得家电产品公司无须承担呢？英格兰人不是总在堕胎问题上争个不停吗？那为何不干脆在英格兰禁止奇数年份出生的妇女堕胎而允许偶数年份出生的妇女这样做呢？③ 这些做法显然更为公平，因为较之"胜者全得"的立法，它给予不同声音更多的机会，使其能够在最终结

---

① Ronald Dworkin, *Law's Empire*, Boston：Harvard University Press, 1986, pp.164 – 165, p.179.
② Ronald Dworkin, *Law's Empire*, Boston：Harvard University Press, 1986, pp.164 – 165, p.179.
③ 关于这些追问，请参见 Ronald Dworkin, *Law's Empire*, Boston：Harvard University Press, 1986，pp.164 – 165, p.178.

果中获得一席之地；这些做法可能也更能体现不同正义观的实现，因为"胜者全得"的方案将在最终结果中否认某些相反意见，而采取一以贯之的态度"片面地"实现获胜的正义原则。所以，人们不能武断地根据公平、正义拒绝服从"棋盘式法律"。①

　　然而，这样的立法能被接受吗？公民们真有义务服从它吗？德沃金认为，人们有一种直觉，认为这些立法并不合时宜，因为它采取了错误的态度"有差别地"对待法律帝国的臣民；这种直觉还认为，在法律权威统摄的范围之内，它应当以原则上的"一以贯之"地平等对待每一个人，而不是采取恣意的方式将不同的正义观念与公共秩序像分蛋糕那般扔给每一个公民。当然，公民们的确可以接受一定程度上的恣意划分，但在原则问题上他们不能，因为没人能够真诚地希望自己在原则问题上被"有所区别地"对待，也没有人能够真诚地认为自己有真正义务去服从这些"棋盘式法律"。② 现实世界告诉我们，公民的直觉虽然仍然排斥"棋盘式法律"，但是，他们不能通过"正义"或者"公平"去论证自己拒绝的理由，因为棋盘式的法律显然更加公平，并且至少从结果上看来更能体现多元的正义。那么，这种直觉是否只是一种错觉？人们能否在公平与正义之外找到真正的理由去服从"区别对待"之法？如果人们的直觉是正确的，那么，这种直觉又代表着什么？

二、第四种美德

　　　　天文学家们在发现海王星前就假定了它的存在。他们只知道，有一颗行星的运行轨道处于他们的认知范围之外，而只有它的存在，才能解释其他行星运动的轨迹。我们关于内部妥协的直觉揭示了与公平、正义并驾齐驱的政治美德：整体性就是我们的海王星。③

　　若将政治美德比作日常政治必须仰望的浩瀚星辰，那么，整体性的"引力"就将对其他"行星"的轨迹产生影响。这种"引力"意味着，如果政治命令和法律规

----

　　① 关于德沃金对棋盘式法律在"公平"与"正义"上的得失考量，请参见 Ronald Dworkin, *Law's Empire*, Boston: Harvard University Press, 1986, pp.180 - 184. 以上的论证都是在说明，"公平""正义"并不能成为我们排斥棋盘式法律的理由。
　　② Ronald Dworkin, *Law's Empire*, Boston: Harvard University Press, 1986, pp.164 - 165, p.179.
　　③ Ronald Dworkin, *Law's Empire*, Boston: Harvard University Press, 1986, pp.164 - 165, p.183.

范在重大问题上对部分公民采取了特定的公平与正义标准,它就必须以一以贯之的原则形式将这些标准适用于其他公民之身:如果政府尊重作为"公平"的选举原则,并认为其政治命令和法律规范的公平性建立在多数人民主的基础上,那么,它就必须在划分选区的事项上同样尊重类似的民主原则;如果立法者认为汽车公司应当依据正义原则对产品的瑕疵承担严格责任,它就必须认真考虑此种正义原则是否应当同样适用于家电制造商;如果公权力承认在盗窃案件中不应为效率之故而牺牲个人的程序权利,它就不能在罪名涉及颠覆国家政权的案件中为了尽快结案而无视这条原则。[①] 一言以蔽之,它要求政府或立法者必须要"用同一个声音说话"(speak with one voice)。[②]

　　这就是德沃金称之为"第四种政治美德"的"整体性"。我们应当如何理解"整体性"要求的"用一个声音说话"? 一个伦理学上的类比或许能够带来澄清:[③]在一个共同体中,人们不仅无法就某些政治问题达成共识,也会在特定的道德问题上产生分歧。排除分歧的具体内容不谈,人们总是希望共同体内的成员——他的家人、邻居或者朋友——以"前后一致"而不是"反复无常"的态度来对待他。比如,某人可能是完全自私自利的,并且没有人赞同他的"利己主义"行事原则;然而,如果他在任何时间、任何地点对任何人都"一以贯之"地践行此种态度,那么,我们或许会说,自私自利的做法虽然不对,但是,他在这个问题上遵循了"前后一致"的态度,并且这种"态度"区别于他的实际道德立场。我们会说,他比另外一个时而极端自私,时而无比慷慨的人更好地遵循了此种"前后一致"的原则,尽管根据不同的原因,我们都不赞同他们的所作所为。

　　为了使这个类比大致成立,"整体性"需要将"政治共同体"想象为一个抽象的"道德主体"(moral agent),并且通过这种"人格化"(personification)的方式要

---

　　① 德沃金对整体性的"引力"的论述,参照 Ronald Dworkin, *Law's Empire*, Boston: Harvard University Press, 1986, pp.166 - 167.

　　② Ronald Dworkin, *Law's Empire*, Boston: Harvard University Press, 1986, p.165.

　　③ 这个例证来自德沃金,笔者对其进行了详细化地扩充。此外,伦理学理论亦对"前后一致"的行事方式提出了具体的要求,科尔斯戈德将这种要求称为"实践同一性",并且认为此种"同一性"应当在反思的前提下,通过对义务的无条件遵守取得。"实践同一性是一个十分复杂的问题,对于普通人好比一团乱麻。你是一个人,你是一个女人或一个男人,你是某种宗教的信徒,某个族群的成员,你是从事某种职业的人,是某人的爱人或朋友,等等。所有这些同一性都带来了理由和义务。你的理由表达了你的同一性,你的本性;而你的义务来自同一性所禁止的东西。……自我观念对我们来说最为重要,无条件的义务正是由它产生。违背这些观念就是丧失了你的完整性,也就是丧失了你的同一性。从而,你将不再是你所是的那个人了。"〔美〕克里斯蒂娜·科尔斯戈德:《规范性的来源》,杨顺利译,上海译文出版社 2010 年版,第 115—116 页。

求"政治共同体"以特殊方式前后一致地对待每一位共同体的成员。① 所以，如果说"前后一致"是一种特殊的个人美德的话，那么，"整体性"因其为公民的政治、法律生活带来了"同一性"也就成为特殊的"政治美德"：它假定政治共同体是能够承担道德义务、责任的独立人格，并且要求此种人格服从政治美德，进而正当地对待它的臣民。我们在乌托邦的理论也能窥见"人格化"的影子，②但完美的共同体本身并不处于真实的历史洪流之中，故政治命令与法律规范的"前后一致"就不成问题。这也意味着，非时间的乌托邦理论并没有给整体性留下明确的栖身处所。③

既然如此，整体性又应当如何审视完美的乌托邦理论在不完美的现实中所不能解决的合法性任务呢？提出这个问题，就意味着我们应当在一定程度上放弃那略显陈旧的社会契约论类比，而让政治共同体的"人格化"成为改良贫瘠土壤的新枝嫩芽。德沃金找到了两颗种子，它们分别能够指向不同的问题：其一，为何一种合法性理论能够将政治共同体视为抽象的道德人格？其二，凭借这种抽象的人格化，如何推导出公民服从政治决定以及法律的义务？第一个问题是解决第二个问题的基础，它关系历史上曾经出现的"群体责任"（group responsibility）问题。虽然并没有直接作为个人参与到战争行为之中，某些年轻的德国人或日本人还是会或多或少地认为自己对犹太人或者中国人负有说不清道不明的道德责任。当代美国白人也许并没有继承黑奴制所带来的任何利益，但他们中的某些人或许就黑人的处境产生同样的朦胧的"内疚之情"。那么，人为何要为他们个人没有去做或者没有从中受益的事情而责怪自己呢？④ 除非他们已经将自己置

---

① 这里需要探讨一下"道德主体"一词的译法，这个词还可以被译作"道德代理人"或者"道德行动者"。笔者在此处采取了"道德主体"的译法，考虑到后文所提及的共同体能够承担"群体责任"与"合法性证明责任"。所以，笔者认为应当恰当地将共同体视为"责任主体"，进而与它承担责任的可能达成对接。关于"人格化"与"道德主体"的论述，参见 Ronald Dworkin, *Law's Empire*, Boston：Harvard University Press, 1986, p.168, p.170.此外，"特殊的方式"在原文中表述为"a principled and coherent manner"。显然，这个表述有两个层面的意思，目前笔者只采取了"前后一致"或"一以贯之"这个层面。笔者将在本书后文对"原则共同体"的讨论中提及另一个层面。参见 Ronald Dworkin, *Law's Empire*, Boston：Harvard University Press, 1986, p.165.

② 比如，我们熟知的伟大国家人格"利维坦"。参见〔英〕托马斯·霍布斯：《利维坦》，黎思复、黎廷弼译，杨昌裕校，商务印书馆 2012 年版，第 132 页。

③ 针对乌托邦理论的软肋，德沃金给出的论述是："在乌托邦国家中，整体性不会作为一种明显的政治美德而得到需求。因为官员们的作为总是完美地符合公平与正义，所以，'一以贯之'自然而然地就得到了确保。"参见 Ronald Dworkin, *Law's Empire*, Boston：Harvard University Press, 1986, p.176.

④ 德沃金在此处引用了康德的观点来论证"群体责任"的合理性，这个观点是"没有人应当为他自己不曾做过的事情而遭受谴责"，所以，人们可能会感到有责任，乃是由于它们属于一个更大的历史、血缘共同体，而这个"共同体"的人格化能够解释人们的此种罪责感。Ronald Dworkin, *Law's Empire*, Boston：Harvard University Press, 1986, p.173.

于一个他们所身处的且更为抽象的人格之中。

在这个例证中,我们已经隐约看到,因为历史、血缘和地理因素形成的政治共同体在"人格化"的视野下能够成为承担群体责任的道德主体,但我们亦必须小心地对以下两点加以区分:其一,说某个德国人对纳粹的所作所为有着朦胧的道德责任并不代表着他必定有义务在犹太人陷入困境时伸出援手,但我们的确可以说,因为纳粹也是德国人,所以,如果他觉得自己有这样的义务也合情合理;其二,这种人格化的抽象不是一种乌托邦式的抽象,也不是一种形而上学,因为"人格化"连同其带来的责任和义务是一种假设,而不是一种发明,也因为此种"责任意识"的有无强弱取决于政治共同体在时间意义上的连续性:当代意大利人也许并不会因为罗马奴隶主曾虐待、屠杀过迦太基奴隶而感到对突尼斯人民负有任何道义上的责任。①

第二个问题更为关键,也直接与合法性问题相关。为什么我们说政治共同体的合法性问题关系现实中的人们大致都有服从政治命令或者法律规范的义务呢?德沃金提供了一个间接的类比:②他设想了一个汽车公司生产了有缺陷的产品,造成了大量的人员伤亡,然后,现在的任务就是要确定具体谁应当来承担事故的道德责任:诚然,调查者可以一个人接一个人地考察他们是否履行了自己的义务,而调查的结果或许将会指向某个粗心大意的工人或者不负责的设计师;当然,我们也有可能找不到那个替罪羊,因为或许公司中的每个人都没有明显的过错,而也不能认为购买该公司股票的股民仅仅因为他们进行了错误的投资或者享受了利润的分成,就在"道德上"有"义务"承担事故的责任。

与此对照,"人格化"采取了"一分为二"的路径来考察义务与责任:它首先将公司作为一个整体想象成能够承担道德责任的抽象人格,然后运用某种道德原则判定这个抽象人格是否应当承担道德责任。那么,假如判定结果为它必须为事故负责,借由对原则和公司结合形式的考量,我们就可以运用第一个原则的配套原则去衡量个体员工在汽车设计、生产、销售过程中所应尽的义务,于是,就

---

① 关于"群体责任"的例证,参见 Ronald Dworkin, *Law's Empire*, Boston: Harvard University Press, 1986, pp.172 - 173. 另外,关于人格化是一种"假设"而不是一种"形而上学"。参见 Ronald Dworkin, *Law's Empire*, Boston: Harvard University Press, 1986, pp.167 - 168, pp.187 - 188. 笔者认为,德沃金如此小心地对"人格化"问题进行了限定,可能是由于"形而上学"式共同体很有可能打着"哲学"的旗号践踏个人权利。他自己也提到了这种担心,并表示自己的设想并非是发现了一种哲学上的"实在"(entity)。

② Ronald Dworkin, *Law's Empire*, Boston: Harvard University Press, 1986, pp.169 - 171.

可以得到哪一个具体的人没有尽到自己应尽的职责,故应当承担其事故的个人责任。此种"一分为二"有两个明显的优势:第一,它使得我们能够合理地通过人格化赋予公司以道德责任,进而解决那"无人应当其责"的困境;第二,在配套原则的适用中,我们可能将产生分歧,因为不同的正义观和责任观将导致不同的人承担具体的道德责任,但这并不代表着分歧的存在应当否认公司的整体责任,因为分歧赖以产生的"高原"是我们在人格化第一阶段所形成的共识,而争论者可以依仗这个平台最终决出合适的个人归责原则。[①]

公司的例证带来了怎样的启示?德沃金认为,这样深层次的人格化同样可以适用于政治国家的合法性问题。如果政治哲学将其余血缘、地理和历史因素而形成的特定政治共同体设想为抽象的道德人格,那么,政治哲学的原则就能够被运用于考察这个道德人格应当承担怎样的道德责任,而合法性问题要求政治共同体应当承担的责任是它必须对站在政治命令与法律规范身后的国家强制进行合法性证明。然而,在现实的视野下,这个抽象人格难以通过乌托邦式的假设来履行这个责任,所以,我们就必须回到之前提到的问题转换:这个抽象人格承担责任的方式不是去找出一群非历史的契约缔结者,而是它必须证明现实的结合形式必须能够足以产生公民服从法律的义务,进而解决悬临于共同体之上的合法性难题。一如前文所述,我们将找到"公平""正义"以及"正当程序"作为立法原则使得国家去承担这个责任,去正当化国家对强制力的使用和持有,但棋盘式法律的困境告诉我们,它们并不足够,因为这个证明需要"整体性":在特定的政治共同体中,历史和实践的演进中形成了某种足以让共同体成为共同体的"合意",[②]而如果这个共同体采取了法治的结合形式,那么,它就必须将这种关系法律之公平、正义以及正当程序的合意,以"一以贯之"的立法原则形式正确地对待每一位公民,这种"正确对待"必须根据共同体结合形式的"某些条件",使

---

① Ronald Dworkin, *Law's Empire*, Boston: Harvard University Press, 1986, pp.170-171.

② 既然整体性的方案要抛弃"契约论"的论证,那么,此种"合意"是如何形成的呢?笔者必须在此处解释这个问题。按照德沃金的看法,"合意"的形成乃是"建构性诠释"(constructive interpretation)和"诠释性态度"(interpretive attitude)在历史演进中所起的作用。德沃金列举了"礼貌代表尊敬"作为一个假想共同体的"诠释性概念"(interpretive concept),而"怎么做才能表达尊敬"则是这个概念的"概念延伸"(conception)。在实践、寓意和历史的相互作用中,人们关于"礼貌代表着什么"会逐渐凝结成共识,而其"概念延伸"又确保了此种共识能在前者的基础上进一步得到阐释。我们或许应当说,在德沃金看来,"合意"本身是历史和实践的产物,而不是某种假定的结果。下文所提及的"合意"也正是在这个基础上进行探讨的。关于"建构性诠释""诠释性态度"以及"概念"和"概念延伸",参见 Ronald Dworkin, *Law's Empire*, Boston: Harvard University Press, 1986, pp.45-86.

得这个共同体在时间维度上凭借此种"合意"的延续而得到延续,从而才能令该共同体的公民真正拥有服从法律的义务。① 结合我们前面提到的问题,整体性要求政治共同体采纳特定的立法原则与裁判原则,在回答"法律应当如何被制定""法律应当符合何种价值"以及"法律应当如何被理解"时获得"合意",进而将此种合意视为共同体结合形式得以诞生并延续的关键因素;它还要求这种合意必须通过一以贯之的方式在时间流逝中使合法性问题持续不断地得到解决,使公民的守法义务能够持续不断地来源于法律本身,从而使共同体人格的延续得以维持,并在历史变迁中而不是在社会契约论所假想的非历史语境下回应合法性问题。

这个抽象的论述尚待下文的进一步说明。不过,它仍能够解释整体性所要求的"一以贯之"将如何看待共同体中的种种分歧。我们看到,即便是在英国或者美国,人们仍旧对法律是否符合正义和公平仍存在异议,那么,为何他们大致上仍有服从法律的义务? 不妨再次求助于公司的类比:假定公司作为抽象人格对瑕疵产品承担责任,但是,具体是谁没有履行义务仍待配套原则的考察,在这个意义上,责任产生了一种基本存在的员工义务,而当归责分歧出现时,谁来承担责任并没有因为这种义务的基本存在就解决了问题——相反,调查者可能会就运用怎样的配套原则产生分歧,并且,义务会随着争论的深入由"基本存在"走向"清晰明朗",从而最终解决"何人应当担其责"的问题。但必须承认,分歧的存在并没有否认义务的存在。相似地,在政治共同体中,公民和官员认为自己有大致存在的服从法律的义务,而"整体性"倡导的是分歧本身不能够否认成员们应当忠于法律,因为整体性视野下的合法性问题也采用了一分为二的方式:在政治共同体人格化的第一阶段,因为宪法、法律和政治制度承担了正当化强制力的责任,故采取了一种特定的结合形式解决了合法性问题,因此,公民有守法义务;在政治共同体人格化的第二阶段,因为对正义与公平的分歧,公民们需要在肯定守法义务的同时展开具体地争论,他们必须争论哪一种正义观和公平观能够更好地解决合法性问题,能够更好地理解既存的法律与政治制度,能够更好地诠释他们对政治共同的信念和理想,但这些"更好"都不能否认他们在某些问题上所形成的合意,相反,这些"更好"肯定了这些分歧,因为它们都建立在人格化的第

---

① 参见德沃金的论述,Ronald Dworkin, *Law's Empire*, Boston: Harvard University Press, 1986, p.173, p.213.

一阶段的"高原"(plateau)之上。区别于"正义"和"公平","整体性"要求这种"高原"必须形成;若非如此,人们的守法义务连同合法性问题的解决将随着共识的否认与内部的妥协而化为泡影。①

　　"一以贯之"解决的第二个问题是:为什么在法治国家中,人们既有义务服从来源于当下政治决定的法律,又有义务服从来源于过去政治决定的法律? 在乌托邦理论中,我们找不到历史和时间的力量,因为共同体人格"同一性"已经通过自明的假定与推理得到了保证;在现实世界中,这种人格的"同一性"并不能获得自明地担保,相反,共同体人格可能会产生"分裂",进而采取"有所差别"的态度对待他的公民。当一个人"前后不一"时,我们经常做出比喻说他"判若两人"。当一个国家采取有差别的态度对待其公民时,我们怎么就不能运用同样的类比呢? 德沃金指出:公民们不可能将自己视为"人格分裂"政治共同体中的真正成员,所以,他们没有义务服从有关原则问题的"棋盘式立法"。这种立法代表着一种"人格分裂",而在人格分裂的政治共同体中,我们无法合理地去设想,因为一些过去的法律符合共同体所认同的正当性标准,故公民们有义务去遵守它们,只是因为一些现行立法违背了同样的原则,故公民们可以对其视而不见——假如美国的法律否认了在几百年前就得到确认的公民基本权利,那美国公民为何还有义务遵守这样的法律呢? 所以,"整体性"的立法原则要求立法应在时间维度上保持原则上的统一和协调,正如同一个自然人应当遵守道德原则而免于"反复无常":在整体性视野下的政治共同体中,公民之所以有守法的真正义务,乃是因为他们所身处的共同体以特定的结合形式凝结并延续了"合意",进而在时间的流逝中,"一以贯之"地承担起了正当化强制力行使或持有的政治道德责任。具体而言,如果一个法治共同体称得上是"一个"法治共同体,那么,过去和现在的立法者必须用同一个声音说话,它们必须在事关强制力正当化证明的关键问题上采取相似的立法原则,使得当下的立法与过去的立法保持原则上的

---

　　① 德沃金认为,"正义""公平"也是"诠释性概念"。这意味着随着政治哲学和历史实践的发展,对于"正义代表着什么"以及"公平要求国家如何安排政治制度"这样的问题,人们能够凭借"建构性诠释"形成分歧予以产生的共识"高原"。在特定政治传统中,"正义"被用于衡量法律或者政治是否采取了恰当的方式对待这个共同体的居民,因此,人们的大致共识使得他们能够在此基础上有效地进行讨论。而在另一些政治学说中,"正义"和"公平"可能代表着完全不同的问题。关于德沃金对这个观点的论证,参见 Ronald Dworkin, *Law's Empire*, Boston: Harvard University Press, 1986, pp.73 - 76.关于"高原"以及"更好地诠释"的标准,参见 Ronald Dworkin, *Law's Empire*, Boston: Harvard University Press, 1986, p.53, p.71.

协调和统一,①从而在历史演进中连续承担着进行合法性证明的共同体任务,去维护"一个"法治共同体存在所依赖的"整体性"条件,去承认公民应当拥有那些哪怕既往立法没有予以明确肯定的权利,②从而才能使得公民能够持续地拥有守法的义务。此外,整体性也对裁判实践提出了要求,因为我们也不能合理地去设想,因为公民们有义务去遵守的法律在意义上是不明的,而法官们要么应当只拘泥于过去文字的表面含义,弄清作古之人的真实意图,要么完全脱离过去的立法意图,进而只解决现实问题来制定对社会发展有利的"新法"。"整体性"的裁判原则要求当下司法采取"诠释性态度"来发展对过去法律的正确理解:它要求在当下的司法过程中,法官们应当既反对那种只往后看的"因袭主义",又反对那种对其置之不理,一心只顾未来的"法律实用主义",而应当采取"建构性诠释"的态度,在法律的过往含义、当下理解和未来考量之间找到对它的"最佳诠释"。

上文已经勾画了"整体性"的基本轮廓。然而,这个轮廓还需要更多的笔画加以明晰,才能更具体地说明它如何解决了合法性问题。我们已经提到,整体性视野下的政治共同体能够被设想为一种道德主体,这个道德主体因其承担了合法性证明责任,故能在其中产生公民守法的道德义务。必须指出,没有哪种政治共同体能够产生公民所有的道德义务,并且尽管政治国家强制力有时候也会要求公民去服从那种他们认为没有道德义务去服从的法律,但这并不代表着一个具备合法性的政府可以要求公民去做任何它想让公民去做的事情。③结合我们前面所提及的问题转换,政治共同体的合法性问题与公民守法义务的关系可以被表示如下:当公民因为身处其中的政治、法律的制度与实践满足了"合法性证明"的"某些条件",故大体上拥有了应遵守法律的道德义务时,那么,这个政治共同体就是合法的。在此处,"语焉不详"的条件需要变得更加具体,更能体现"整体性"对合法性问题产生的影响。这些条件是下文中希望重点考察的关键问题,而一些理论家已经对它作出了回应:他们诉诸功利、正义、公平,乃至"互惠性"(reciprocity)。笔者希望通过下文介绍这些理论,给出德沃金对它们的批评,并借此形成整体性的最终方案。

---

① 德沃金列举了美国在黑奴制存在时期,国会立法对整体性美德的违背。Ronald Dworkin, *Law's Empire*, Boston: Harvard University Press, 1986, p.184.
② 德沃金列举了《美国宪法第十四修正案》来印证整体性的这一要求。Ronald Dworkin, *Law's Empire*, Boston: Harvard University Press, 1986, p.185.
③ 关于这些观点,参见 Ronald Dworkin, *Law's Empire*, Boston: Harvard University Press, 1986, p.191.

三、联合之义务

　　说一个人在法律上有义务去纳税是一回事,说一个人有道德上的义务去纳税又是另外一回事。前一种说法的潜台词是"法律要求的就是公民有义务去做的事情",而这种说法回避了合法性问题,为何法律具有这种道德权威?为何公民有道德义务去服从法律?要求他去纳税的法律是如何在道德上得到证明的?如果这个公民只是有一种纳税的习惯,那么,我们还可以说他有道德义务去纳税吗?① 乌托邦理论的思想家认为,因为这个公民通过社会契约同意了他要通过纳税服从要求他纳税的法律,并且他如果不这样做,他不再继续履行这样的义务,那么,他就是违反了自己的承诺,故也违反了自己的道德义务。② 一如前文所述,这种乌托邦式的契约或许并不存在,而且即使将国家宪法视为这种契约的"现实版本",我们也很难解释为何过往的宪法能够在时间的延续中对非原始缔约者产生约束。所以,政治哲学家们转换了解决问题的思路,他们希望找出一个现实存在的共同体应当符合怎样的特点,以至于人们有义务去支持这种政治制度,且有义务去服从宪法及法律的义务。这个转换的核心是:在一个共同体内,政治制度或立法原则必须大体上能对强制力的使用或持有进行正当化地证明,这样才能够说公民有服从政治命令以及法律规范的道德义务。

　　现在来看看经典理论如何来澄清上文中语焉不详的"某些条件"。功利主义者们(utilitarian)曾经站在经验主义立场上,就立法原则问题给出过回应:他们也反对那虚无缥缈的社会契约假说,并且认为真正的立法原则应当来源于主宰人类"快乐和痛苦"的"功利原则"(the principle of utility)。③ 按照他们的观点,

① 我们在哈特的"内在视角"(internal point of view)观点中看到了将"义务"与"道德"进行分离的努力。哈特认为:某人可能对某一规则持有内在观点,并且认为遵守此种规则是他的"义务",但他并不必然地将此种义务视为一种"道德义务"。哈特所提供的例证是"象棋游戏":每一位棋手对于象棋规则都持有一种内在观点,不仅认为自己有这样做的义务,而且,还会对"逾越规则"的行为提出批评,进而要求其他实践参与者也像自己一样行事,但这种义务和要求并不必然与道德相关。在下文中,我们将看到德沃金批判了哈特的"棋类比",并认为此种类比无助于解决共同体的合法性问题。关于哈特的论述,参见H. L. A Hart, *The Concept of Law*, 2nd ed. P. Bulloch and J. Raz. Oxford: Clarendon Press, 1994, pp.56-57, pp.89-91.
② 我们可以在卢梭的论述中找到此种论证。〔法〕卢梭:《社会契约论》,何兆武译,商务印书馆2003年版,第19、24页。
③ "一切法律所具有或通常应具有的一般目的是增长社会幸福的总和,因而首先要尽可能排除每一种趋于减损这幸福的东西,亦即排除损害。然而所有的惩罚都是损害,所有的惩罚本身都是恶。根据功利原理,如果它应当被允许,那只是因为它有可能排除更大的恶。"〔英〕边沁:《道德与立法原理导论》,时殷弘译,商务印书馆2000年版,第217页。

人们有义务去服从的法律必须在最大程度上实现他们的最大幸福。虽然，我们不能轻易地认为功利主义者是集权主义的拥护者，正如他们并不同意牺牲个人的生命来增进另外十万人的福祉，①但我们仍旧有理由对功利主义的合法性理论提出质疑：假如一项国家立法通过分配社会资源最大程度上地增进了公民的共同福祉，那么，为何一个人所获得的收益应当少于另外一个人？假如这项立法没有平等地对待每个人——因为那样没有效率并且无助于最大功利的实现，那么，为何任何公民不采取法外行动去谋求自己的最大收益？他们为什么还有道德上的义务服从此种立法？为什么他们还要继续支持此种"变相的不平等"？在这些问题上，功利主义给出的回应是失败的，因为它在某种程度上混淆了"正当"与"善"的概念，也没有说明社会资源分配的方案将如何在具体的个人间得到正当性证明。②

约翰·罗尔斯提出了这些质疑，并将它们视为"正义原则"（the principle of justice）的开场白。罗尔斯设想了在一个虚构的"原初状态"（original position）中，每个人在屏蔽其自身信息的"无知之幕"（veil of ignorance）下对正义原则进行的公平选择，并且最终决出的正义原则将决定一个真实共同体的立法原则和政治结构。③在罗尔斯的论证中，人的形象被描绘为康德"定言命令"（理性的）与"假言命令"（合理的）的综合体，"无知之幕"所屏蔽的只是人欲求的具体对象，但并不否认个人的欲求形式、正义感以及形成合意的理性能力，④而通过这些假定与条件最终决出的两个正义原则应当成为现实政治必须仰望的"浩瀚星空"：

① 请注意另外两个功利主义的经典命题，那就是由边沁（Jeremy Bentham）所提出的底线命题（即功利原则的功效之实施不能逾越个人权利的底线）——"一个就是一个，无人超越一个"[everybody（is）to count for one，nobody for more than one]，以及对于法律的"严格遵守，自由批评"（to obey punctually，to censure freely）。这两个命题体现了功利主义的政治立场只能建立在一个开放的社会之中，它也只可能建立在自由主义和个人主义的政治思想的根基之上。〔英〕J.密尔：《功利主义》，徐大建译，上海人民出版社 2008 年版，第 63 页；〔英〕边沁：《政府片论》，沈叔平译，商务印书馆 1995 年版，第 99 页。
② 这些批评来自罗尔斯。罗尔斯在《正义论》中指出：功利主义的道德原则和立法原则不关心欲望"满足的总量怎样在个人之见进行分配"，因此，"并不认真地对待人与人之间的差别"。〔美〕约翰·罗尔斯：《正义论》，何怀宏、何包钢、廖申白译，中国社会科学出版社 2009 年版，第 21—22 页。
③ 〔美〕约翰·罗尔斯：《正义论》，何怀宏、何包钢、廖申白译，中国社会科学出版社 2009 年版，第 8—9 页。
④ 关于罗尔斯理论与康德哲学的联系，参见〔美〕约翰·罗尔斯：《正义论》，何怀宏、何包钢、廖申白译，中国社会科学出版社 2009 年版，第 221—227 页；〔美〕约翰·罗尔斯：《道德理论中的康德式建构主义》，陈肖生等译，载萨缪尔·弗里曼主编：《罗尔斯论文全集》（上册），吉林出版集团有限公司 2013 年版，第 341—406 页。关于罗尔斯对康德定言命令和假言命令的提及，参见〔美〕约翰·罗尔斯：《政治自由主义》，万俊人译，译林出版社 1999 年版，第 50—51 页。

假设一个政治共同体的政治结构或立法原则符合正义原则的要求，人们就大体上拥有了道德义务去服从它们；假如它们严重地偏离了这些原则，不管其结果是如何高效且有益于增进幸福，人们都没有真正的道德义务去服从它们。① 罗尔斯的设想是伟大的，但它仍旧是社会契约论的变种，②因为这些理论无法合理地解释为何特定个人在特定境遇中有支持特定政治制度和法律体系的义务。倘若瑞典的政治结构和法律制度与美国一样都大致地符合正义原则，那么，美国人为何会认为自己更有义务去支持美国的制度？③

另外一些理论以公平的名义提出了"费厄泼赖"（fair play）的证明方式。④这种理论认为，生活在特定共同体下的公民因为通过自己的身份享受到了共同体的政治、经济和文化福利，故有义务支持该共同体的政治体制，并服从它的法律。这种论述成功地避开了社会契约论的"非历史性"，因其可以解释具体的个人为何有义务服从具体的政治命令与法律规范。然而，正如德沃金所指出的那样，这种论调存在着两个致命的"模糊"：首先，公民有可能并不希望自己去享受那些福利，故由此推导出他理所当然地就拥有了遵守法律的义务——我们能说只要一位哲学家在公开场合进行了演讲，那么，所有有意或无意的听众都有给他演讲费的义务吗？⑤ 其次，"福利"（welfare）也是模糊的。"费厄泼赖"的理论假定了共同体的福利标准去证明共同体的合法性，但是，它有可能会陷入两难之地：假如该理论认为，一个政治共同体所提供的福利必须比其他任何政治共同体更好，公民才能合理地认为他自己有守法的道德义务，那么，这个标准就过于严苛，什么都证明

---

① 〔美〕约翰·罗尔斯：《正义论》，何怀宏、何包钢、廖申白译，中国社会科学出版社 2009 年版，第 11—12、21—22 页。

② 这一点也是罗尔斯自己认可的，参见〔美〕约翰·罗尔斯：《正义论》，何怀宏、何包钢、廖申白译，中国社会科学出版社 2009 年版，第 9 页。

③ 这是德沃金对罗尔斯理论提出批评，Ronald Dworkin, *Law's Empire*, Boston：Harvard University Press, 1986, p.193。

④ 必须注意，此处的"公平"与德沃金所谓的作为政治美德的"公平"是不同的概念。这里的公平指向一种抽象的互惠性的存在，而德沃金式的公平则指向"公民应当对政治决定和立法的最终结果有大致平等的影响力"。Ronald Dworkin, *Law's Empire*, Boston：Harvard University Press, 1986, pp.193 - 194, p.437。

⑤ 德沃金承认，这个例子间接来自罗伯特·诺齐克（Robert Nozick）的《无政府、国家和乌托邦》一书。在该书中，诺齐克认为罗尔斯与哈特提出的"公平原则"（principle of fairness）导致了此种困境的产生。参见〔美〕罗伯特·诺齐克：《无政府、国家和乌托邦》，姚大志译，中国社会科学出版社 2008 年版，第 111 页；关于哈特对诺齐克批评的回应，参见〔英〕H. L. A. 哈特：《法理学与哲学论文集》，支振锋译，法律出版社 2005 年版，第 216—222 页；Ronald Dworkin, *Law's Empire*, Boston：Harvard University Press, 1986, pp.193 - 194。

不了；假如该理论认为，这个共同体所必须提供的福利只需要使公民比荒野之中的原始人过得更加幸福，那么，这个标准形同虚设，因为它怎么样都成立。①

排开"费厄泼赖"的种种弊端不说，我们可以通过反思它的论证获得有益的思路，也正好切合了合法性问题的转换。上文已经提到，一个政治共同体必须符合某种特点，以恰当的方式对待它的成员，此种共同体的成员才有可能产生遵守法律的道德义务。可不可以说，一个政治共同体并非是由于它为公民带来了特定的福利，而是因为它以正当的方式平等地对待了身处其中的所有成员，才因此使得公民有义务去遵守它的政治命令以及法律规范，从而解决了那个棘手的合法性问题呢？② 如果这样设想，那么，这个共同体得到合法性证明的原因就不再是它可能会为其成员提供一些他们并不需要的福利，也不再是过强或过弱的比较性福利标准，而是它以一种"贯彻始终"的方式在有关公平与正义的原则事项上的"正确对待"（right treatment）。在法治国家中，这种"正确对待"来自立法原则的实体性道德内容，这正是"整体性"立法原则的关键要求。但此处仍旧欠缺若干说明，因为我们尚未了解此种合适的、平等的态度究竟是什么？并且，如果整体性的方案要区别于"费厄泼赖"，那它将怎样解决义务与合法性问题之间的关联？因为反对者们仍旧会说：整体性无法论证此种"正确对待"的合理性，因为它似乎既不基于超越的理念假定，也并非纯粹来源于现实的经验考察，所以，它怎么能够自称自己解决了问题呢？这些反对者的追问切中了问题的要害，因为整体性所设想的进路需要找到合适的类比，进而使得合法性问题落入理念与经验之间的共同"生活形式"（a form of life）。③ 第三条道路、实践的道路，同时

① Ronald Dworkin, *Law's Empire*, Boston: Harvard University Press, 1986, pp.193-195. 德沃金提到，这个怎样都成立的标准让人想起了霍布斯所谓的"自然状态"。参见〔英〕托马斯·霍布斯：《利维坦》，黎思复、黎廷弼译，杨昌裕校，商务印书馆2012年版，第128—130页。

② Ronald Dworkin, *Law's Empire*, Boston: Harvard University Press, 1986, pp.193-195.

③ "生活形式"（a form of life）是维特根斯坦（Ludwig Wittgenstein）后期哲学的主要议题和核心观点。在维特根斯坦后期哲学中，他批评了那种认为"语义"潜藏于语言本质中的观点，并极力主张哲学研究应当回到日常语言本身。"使用决定意义"可以说是维特根斯坦后期实践哲学的中心议题，它意味着语言的含义并非是"'在那里'等待我们去发掘"，而是被"生活形式"中人们的"语言游戏"（language game）实践所规定和限制——"想象一种语言就叫做想象一种生活形式"。关于"生活形式"，参见〔英〕路德维希·维特根斯坦：《哲学研究》，陈嘉映译，上海人民出版社，2005年版，第11页，第15页，第95页。德沃金对生活形式的提及主要是为了论述建构性诠释的"前诠释阶段"（pre-interpretive stage）。当然，他在论及"义务"问题时，提到了"义务本身也被复杂的诠释性态度所决定"，故笔者认为在此将德沃金的论证称之为"实践哲学"的"第三条进路"是没有问题的——当然，这个问题也许值得学界赋予更多的关注，而限于篇幅，本书不可能展开。关于德沃金对"生活形式"已经对"义务亦是一种诠释性概念"的论述，参见 Ronald Dworkin, *Law's Empire*, Harvard University Press, 1986, p.63, pp.193-194, p.197.

也是整体性的道路,被德沃金称为"友爱共同体"(fraternity community)中的"联合义务"(associative obligation)。①

那么,什么是"联合义务"?它又将如何产生?顾名思义,它存在于各式各样的人类联合与共同体中。在这些不同的联合与共同体中,我们是家人、朋友、同事、街坊邻居和诉讼当事人。很明显,我们并不能完全自由选择成为某个母亲的子女或某个国家的纳税人。在这些共同体内,我们的"联合义务"是去正确地对待处于同一共同体中的其他成员:假如父母苦心养育了子女,那么,子女自然在双亲年老时应尽赡养的道德义务;假如我的朋友在我困难的时候伸出了援手,那么,只要我不是一个完全的利己主义者,我也将感到自己有义务在他身处同样境地时给予大致相同的帮助。这些义务,正如它们的结合形式一样,都不完全是在先的"合同"或者明确的"合意"。人们不能说,自己感到有道德义务去回报曾经帮助过自己的邻居,是因为他们曾经在这种关系形成时签订过合同。因为我们总是生来就置身于特定的生活形式中,然后,才随着社会实践的展开意识到我们有怎样的"联合义务"。"费厄泼赖"的理论试图将这种义务的成因归结于人们事实上享受着联合带来的福利——比如,人们有义务回报父母或朋友带给他们的利益。但正如上文所述,这种论证是"暧昧不清"的,并且它也无法解释,为何人们必须因为享受了自己不愿享受的福利而拥有道义上的责任。的确,总是先存在于社会实践中的个人,无法完全自由地选择自己希望得到的利益,但仅以个人享受福利,就断定他们有义务的观点可能会失之偏颇,以至于此种论调将不适合解决政治共同体的合法性难题:我在赞比亚旅游时也许受到了特别的欢迎,那么,是否只要这个国家单方面宣称给予我国民一般的福利,我就有

① 现在我们需要来探讨一下这两个概念的翻译问题。在我国台湾地区的译本中,李冠宜先生对"fraternity"一词给出的解释是:"fraternity 源自拉丁文 frater,意指兄弟……",这个词又指"法国大革命的口号"的"博爱","但因为'博爱'有时会用来指称宗教家对世人与万物一视同仁的那种普世关怀的态度,而与政治上意指国家或社群(community)内外差别对待之区分,在意义上有所不同,故将之译成友爱。"李常青译本采用了"博爱共同体"的译法。相比之下,笔者个人认为李冠宜先生的译法更为妥当,也更为贴近下文的论述,故采用了"友爱共同体"这一表述。另外,李常青教授将"associative obligation"译作"连带义务",而李冠宜先生将其译为"联合义务"。很明显,李常青教授在这里犯了个错误,因为这里的义务不具备民法中"连带责任"中的"连带"之义,而是根据"联合"(association)和共同体(community)二词衍生出的义务——用德沃金的原话说:"我将其称为联合(associative)的或共同体(communal)的义务"。故笔者也遵循了李冠宜先生的译法。〔美〕罗纳德·德沃金:《法律帝国》,李常青译,中国大百科全书出版社 1996 年版,第 169 页,第 176 页;〔美〕罗纳德·德沃金:《法律帝国》,李冠宜译,台湾时英出版社 2002 年版,第 199 页,第 206 页;Ronald Dworkin, *Law's Empire*, Boston: Harvard University Press, 1986, pp.195-196.

了义务去支持它的政治制度和法律规范？① 联合义务产生的形式总是更为复杂，也在一定程度更为私密，因为它关系个人在社会实践中所"遭遇"的"共同历史"（shared history）。②

是共同历史和生活形式决定了"联合义务"的形成和演变。以友谊为例——我们都有朋友，而朋友之所以成为朋友是因为大家彼此共同经历的历史，而我们并不是始终在"有意识地"建构友谊的关系，我们是在时间流逝中逐渐"发现"和"领会"了友谊的形成。与此相应地，我们说朋友之间大致有相互帮助的义务，但我们却无法合理地认为是共同的历史"预设"（assume）了义务的存在，因为人与人之间的友谊并不总是"规定"了白纸黑字般的义务清单，相反，不同的人认为友谊所要求的义务是不同的，并且，他们有可能对"友谊"要求朋友们怎样对待彼此发生分歧。当友谊在不知不觉形成时，人们总是无法刻意地领会到义务的存在；而只有当共同历史进行到特定时刻，"遭遇"了特定的事件，一个人要么感到自己有特别的义务去帮助对方，要么感到自己并没有那样的义务，或者宁可背弃友谊也不愿去践行义务。在这个意义上，共同的历史并不言明义务的存在，而是引发（attract）了它们的生成；在这个意义上，我们也可以说，不同的人之所以可以通过"联合"而成为朋友，不是因为他们有意识地去选择与对方缔结某种契约关系，也不完全是因为他们享受了朋友给自己带来的利好，而是因为他们不自觉地在"友谊要求朋友对彼此承担何种义务"的问题上达成了共识。

有人也许会说，这种彼此的义务只是互惠性的一种特殊形式，但此种提法严重曲解了问题。上文已经指出，这种义务的产生必须植根于共同的历史，也必须

---

① Ronald Dworkin, *Law's Empire*, Boston：Harvard University Press, 1986, p.202.

② 这里的"遭遇"，不应当做贬义理解。通过反思"整体性"与"建构性诠释"概念所带有的时间性色彩，或许可以将德沃金的以下陈述视为将海德格尔存在论在社会实践诠释领域中的应用："我们都对我们的朋友拥有基于共同历史而产生的义务，但如果说是这种共同的历史预设了义务，那么这听上去就很不合常理。是事件和行为的历史引发了义务，而我们甚至都通常不会注意到，我们自身随着故事的展开进入了任何特别的状态。只有当以下情况发生时，人们才会对友谊的义务有了清晰的自我意识；比如某些情况发生了，而这种情况要求他们去履行这些义务，或者在某个时间点，他们已经对友谊感到厌倦和尴尬，以至于不得不以背叛的方式去对友谊加以拒绝。"所以，我们和友谊及其义务的关系不是"认识和被认识"的关系，而是一种"遭遇"和"展开"的领会。用海德格尔的话来解释，我们"遭遇"了"友谊"，而共同历史作为一种"先行领会"规定着我们对友谊以及其意义的"领会"，而"义务"总是在友谊遭遇"窘迫""触目"和"腻味"时浮出水面，因而带给我们以进一步通过实践诠释友谊意义的可能。我们必须在那个特定的时间点进行选择，使得"友谊"的意义在"先行领会"的基础上得到进一步规定，通过履行义务维系友谊抑或背弃它。Ronald Dworkin, *Law's Empire*, Boston：Harvard University Press, 1986, pp.197 - 198；〔德〕马丁·海德格尔：《存在与时间》，陈嘉映、王庆节译，生活·读书·新知三联书店 2006 年版，第 85—90、177 页。

基于一些特定条件的满足。所以,这种互惠性的提法必须在历史和条件的限制下得到修正,才能够正确地说明由社会实践和生活形式所形成的联合义务。也就是说,我们在特定共同体内有特定的义务,是由于这些义务本身的"相互关切"恰当地融合了当事人之间对关系性质的看法:我感到我有义务在室友患病时牺牲个人的时间照顾他的饮食起居,但前提条件必须是他曾经或者有可能将会在我遭遇了相似不幸时给予我大致平等的关怀;我感到自己有义务去关心自己弟弟的学习情况和基本生活,但如果他对我的态度和陌生人无异,或者他在家庭内部没有尊重我所认为应当尊重的双亲,我或许会感到自己帮助他的义务会大打折扣。

所以,联合义务的互惠性应当被这样修正以符合我们的日常实践,即共同体成员并非是因为通过共同体享受到利益而负有对其他成员的义务,而是因为他在这个共同体中得到了来自其他成员的"正确对待"。这个"正确对待"的标准依据共同体的结合形式不同而不同,并且并不如"费厄泼赖"理论所言是一种利益的交换,我们不能说,儿女在双亲年老时赡养他们的义务来自他们在孩童时段刻意追求的利益,而可以说是来自家庭关系的血缘亲情观念要求他们以这样的方式"正确地"对待父母。我们说,父母和子女、朋友和朋友,乃至社团成员之间在联合中对"如何正确地对待彼此"达成了共识,所以,他们之间的彼此正确对待的义务就是一种"联合义务"。因此,在这个意义上,此种"联合义务"就有别于功利性的互惠视角,从而具备了规范性(normative)色彩。①

此外,这些"义务"的规范性要求,也是"义务"作为诠释性概念的延伸。在特定的文化和社会实践中,"联合义务"的概念延伸究竟要求"人们去做什么"也是一个关于历史的诠释性问题。在不同文化和历史中,一个人可能认为"友谊"就是见面寒暄的点头之交,而另一个人却认为,"友谊"应当被理解为肝胆相照地两肋插刀,那么,这两个人就存在着根本性的分歧,因为他们就友谊所要求的"联合义务"产生了完全不同的理解;然而,两个朋友之间可能会一方面对"友谊代表

---

① 在这里可以引入一句古语来帮助我们理解朋友之间的联合义务——"君子喻以义,小人喻以利"(《论语·里仁》)。不过必须注意,我们不可以认为德沃金也赞同道德层面上的"君子"与"小人"的优劣划分;我们也可以用另外一句古语来审视子女赡养敬重父母的义务:"'今之孝者是谓能养。至于犬马皆能有养,不敬何以别乎'"(《论语·为政》)。或许可以认为,德沃金主张"联合义务"的来源并非"实际的利益",而是蕴含在"联合"中彼此正确对待的"规范性要求",也就是某种"道义"。当然,我们可以说中国的"礼"也是一种这样的规范,而此种规范在多大程度上符合德沃金所言的"正确对待"则仍是一个值得探讨的问题。

着相互平等地关切"表示赞同,另一方面,会就"这种平等关切义务"的具体细节问题产生分歧,但这并不妨碍他们身处于"友谊"的联合形式中,因为他们在相互所赖以形成的"高原"上通过共同历史和实践形成了不自觉的共识。但这的确要求,在这个小小的共同体内部,他们之间必须有一种信念和态度的融合,否则,他们就会因为根本性的分歧而无法维系友情的持续存在。这里也必须指出,这种信念和态度的融合必须是相互的。我不会因为地铁上邂逅的某个陌生人认为"跟我很有共识",并且决定他有义务将我视为他的朋友。

具体而言,共同体成员对"友爱联合"中的"联合义务"将具有以下四个基本共识:第一,共同体成员都必须认为这种义务是特殊的(special),从而使此种义务与其他联合所产生的义务加以区分。就个人而言,我们虽然认为任何尽责抚养子女的父母都值得尊重,但我们还是对自己的双亲有一种特别的尊重义务,并且这种尊重将区别于我们对他人父母的尊重。[①]

第二,这些义务必须直接关系个人(personal),与某个抽象群体无关。[②] 我们的兄弟姐妹可能会认为他们应当为了整个家庭的利益更加专注于自己的事业,从而在我们需要援手时拒绝我们提出的合理要求。也许,对于他们而言,这是一种最好的安排,但这种行为并不符合联合义务所要求的"相互关切",于是,可能我们与他们之间"联合义务"产生的可能性将由此削弱。[③]

第三,这种义务要求联合内部的每一个成员按照普遍的原则(principle)看待义务,而这种普遍的视角要求他们每一个人根据联合都有义务关心每一个人的福祉(well-being)。在上文中,我们提到"联合义务"的产生来自共同历史的"遭遇",这表明义务在历史和社会实践中是不连续和情境化的。而普遍的视角要求成员们将不连续的义务视为"关切其他成员福祉"的衍生物,从而使得不连续的义务获得了它们在时间维度上的"整体性"。"合同式"的联合仅要求缔约者尊重合同的含义,这意味着在特殊情况发生时,他们只需要履行合同所规定的义务,而不必根据原则去"有所阐发地"在新的情境中自动生成新的衍生义务。"联合义务"否认这种情况,并且在新的历史和实践中不断提出新的要求——它要求其内部成员根据

---

① Ronald Dworkin, *Law's Empire*, Boston: Harvard University Press, 1986, p.199.

② 笔者认为,德沃金在此处提出的这个条件,是为了避免"友爱联合"所可能导致的"种族主义"(racialism)和"国家主义"(nationalism)倾向。德沃金指出:上述两种联合都给人类带来了巨大的不正义和苦难。Ronald Dworkin, *Law's Empire*, Boston: Harvard University Press, 1986, p.196.

③ Ronald Dworkin, *Law's Empire*, Boston: Harvard University Press, 1986, pp.199-200.

一个更普遍的原则仍旧本着关心其他成员福祉的总体原则继续履行"联合义务"。当然,不同的原则产生于不同的共同体中,而这些原则区分了关心的范围和程度。我们对朋友的关注可能体现在有义务在他危急时刻雪中送炭,然而,我们不必对他履行家人一般的义务,像我们帮助兄弟姐妹一样在社会生活中获得成功,但我们确实需要相互、适当的关心以及对"友谊"共同原则的理解履行我们对他的义务,而只要这种关心和理解能够在共同历史中得到维系,那么,就不能说此时的义务和彼时的义务是完全不同的义务。相反,它们在原则上是统一的。①

第四,这种关切应当是一种平等的关心(equal concern),故"友爱联合"应当是一种平等的共同体。有人也许会说,在家庭和某种政治结构中,"等级制度"的存在同样使得"友爱联合"沦为了乌托邦式的幻想,但平等的"关心"同样也可以合理地存在于恰当的等级制度中,即使像在家庭这样有着明显分层的社会结构中,只要一个家庭平等地对待每一个人的生命和权利,认为没有一个家庭成员的生命和权利比另外的成员更为重要,那么,这种联合就满足了平等关心的要求。② 我们也许会说,父母对子女拥有毋庸置疑的权力,但这并不代表父母理所应当地认为自己的生命和权利比子女更加重要。根据此种原则,规定血统贵贱的种姓制度显然不符合友爱联合的条件。

那么,"友爱联合"中的"联合义务"将怎样解决政治共同体的合法性问题呢?整体性的"人格化"论证将为它在政治共同体中的运用提供助力。前文已经论述,人格化视野下的政治共同体因其满足了"某种特定"条件,故能在其内部产生公民守法的义务。如果我们愿意将更大的,并且也是更具匿名形式的政治国家视为基于血缘、历史和地理因素的"友爱联合",为什么不可以将公民支持政治制度和法律规范的义务视为"联合义务"呢? 当然,与友谊、家庭和社会的联合不同,在政治国家中公民之间的关系可能更为特殊,他们彼此之间可能相互陌生,且不存在着个人情感的纽带,但这并不代表着联合义务无法在他们之间产生。

---

①　我们还可以从父母对儿女的关爱中找到一个例证:在家庭中,一位父亲时而责备儿子,时而鼓励儿子,那么,我们能否将父亲的行为视为前后不一? 很显然,事实并非如此,因为父亲是在通过各种不同的行为在体现对儿子的"关心",而此种关心的意义都衍生于家庭共同体中的"父爱",所以,父亲不同的行为在此种"关心"的视野下就显得"前后一致"。当然,这个例子不是在说,德沃金认为国家与公民之间的关系亦如"父爱主义"(paternalism)那般。考虑到笔者后面的论证,这个例子只是为了说明,如果国家希望以一以贯之的方式对待它的公民,它就必须尊重特定的原则——尽管此种原则和友谊、家庭、社团的原则在内容上可能完全不同——从而使得自己"用一个声音说话"。关于对"友爱联合"的类似限制,参见 Ronald Dworkin, *Law's Empire*, Boston: Harvard University Press, 1986, p.215.

②　Ronald Dworkin, *Law's Empire*, Boston: Harvard University Press, 1986, pp.200 - 201.

因为"联合义务"所设立的四个条件不是心理学（psychological）的标准，而是建立在共同历史的基础上，可以通过建构性诠释加以展开实践（practical）的标准。① 结合前文对整体性的论述，如果将这些标准运用于政治共同体中，那么，"联合义务"是否能够产生就取决于两个问题：其一，政治共同体的政治制度和法律规范有没有体现该共同体在历史和实践中形成的对公平正义的"合意"；其二，这个共同体有没有将此种合意以"一以贯之"的原则形式予以践行，并由此在政治和法律实践中展现"友爱联合"所要求的特殊的、个人化的、相互的、平等的"正确对待"。如果它的政治制度和法律规范基本满足了这些条件，那么，就可以说它的公民有义务去支持它的政治制度，并服从它的法律；如果没有满足，甚至在某些条件上犯了严重的错误——比如，这个政治共同体的立法将一些人的生命视为比另外一些更加重要，或者它的政治实践直接导致了这样的结果，那么，我们就很难说这个它的成员有真正的道德义务去支持这样的法律和政治实践。

此处，还必须注意，这些联合义务在政治共同体中产生的条件不必像社会契约论那样要加入"自愿"的元素，人们总是不完全自愿地被"抛入"了某个政治共同体中，而不是像社会契约论那样非历史地成为宪法文件的理性缔约者。因此，德沃金区分了两种类型的共同体：一类是在历史的进程中满足血缘、历史和地理条件"单纯"（bare）的共同体；另一类是因满足了上文所述联合义务"四条件"从而由"合格"共同体转变成为的"真正"（true）共同体。② 在后文，对合法性问题的继续论证中，我们将看到此种区分的意义。不过，两个类型间区分在此至少说明了，公民们必须首先是"单纯"共同体中的成员，从而才随着共同体满足了条件拥有了对其身处共同体的联合义务。他们不会如"费厄泼赖"理论所言，因为在异国他乡不情愿地被给予了荣誉公民身份，就有义务去支持陌生国度的政治制度和法律规范。

四、原则共同体

最后，我们将重返合法性问题，来看看"整体性"与"联合义务"如何解决社会契约理论所不能解决的疑难。如上文所述，一个基于历史、血缘或者地理因素形

---

① Ronald Dworkin, *Law's Empire*, Boston: Harvard University Press, 1986, p.201.
② Ronald Dworkin, *Law's Empire*, Boston: Harvard University Press, 1986, p.201. 此处，笔者亦参照了李冠宜先生的译法。

成的共同体必须首先是"单纯"的共同体,再借由对"联合义务"得以产生的四个条件的满足成为"真正"的共同体。由于在"真正"的政治共同体中,公民都有一种真正的道德义务去遵守法律和支持它的政治制度,所以,现在我们就必须进一步追问:一个单纯的政治共同体必须如何具体地符合"联合义务"的四个条件,才能称得上是一个合法的共同体?在政治共同体中,"正确对待"的实践标准又应当是什么?此外,我们还必须问:在这种共同体中,"整体性"的政治美德将怎样发挥它的作用,使得它能够在真实历史而不是乌托邦式的假想中维护它的合法性证明?这些问题关系政治共同体的结合形式。结合前文的讨论,共同体的合法性问题的解决在于其结合形式能否满足某些条件,以至于能够产生公民服从法律或者政治命令的义务。现在,"某些条件"已经逐渐具体化为联合义务所赖以产生的"四个条件"。那么,我们是否最终可以直接凭借之前的理论准备来检视政治共同体的合法性难题——公民守法的"联合义务"将在怎样的政治共同体中产生?

为了比较与澄明,德沃金拟定了"'事实'(de facto)联合""规则手册"(rulebook)和"原则共同体"(the community of principle)三类待检验的备选政治共同体模式。"事实联合"是这样一种共同体模式,它的成员是基于一种历史、地理或者血缘的偶然因素成为联合的一份子。这种偶然性表明,每一个人在此种共同体中都无法脱离其他人而生存,所以,他们必须通过结成共同体的模式来延续自身的生命以及发展。在这个共同体中,人们对待彼此的态度建立在一个共同的最低目标上,就像鲁滨逊和"星期五"的关系一般。此外,这种共同的最低目标使得"事实联合"还有另外的情形:那就是在已经存在的共同体中,个人因为既存共同体的非正义性和非公平性,希望借助抽象的正义、公平原则来尽他所能帮助每一个他所能帮助的人。在他看来,这种对他同胞的帮助是"偶然的",因为他的力量只能因事实的限制达到这种程度,故他与他所能帮助的人的联合仅仅是"事实性"的。在鲁滨逊式的事实联合中,这种共同联合的最低目标在于"求得生存";在后一种模式中,它在于实现某种最低的"抽象"公平与正义。很明显,这种联合的目标不是特殊的,它不能符合"联合义务"赖以产生的第一个条件,同时也是最基本的条件:在事实联合中,每个人对其他人的关心不会超出自己所希望达成的那个目标,故在这种联合中不能产生真正的"联合义务"。[1]

---

① Ronald Dworkin, *Law's Empire*, Boston: Harvard University Press, 1986, p.209.

"规则手册"的政治共同体则有所不同。在描述的社会学（descriptive sociology）视野下，这种模式就像是一类由人们共同制定规则的游戏，而法律则是那被共同制定出来的规则。[①] 在"规则手册"模式下，人们都大致同意法律应当被遵守，而不是被违抗，因为立法表达了每个人的利益以及对公平正义的理解。公民们也大致赞同守法的义务，因为加入这个游戏，就意味着必须遵守它的游戏规则，进而才能在规则框架下表达自己利益诉求和寻求合适的行动方案。然而，这种态度同样也表明，法律对于人们而言无非是一种契约性的产物，而人们的权利和义务也应当只按照因袭主义式的理解从法律的"明显含义"中衍生出来。[②] 这意味着"规则手册"模式否认人们能够正当地享有那不被"清晰文字"所规定的权利，而公民的守法义务也不被潜藏在法律表面文字下的深层原则所支配。法律说了什么，就是什么——这些权利和义务将被规则的"明显含义"所穷尽，它不能更多地有所指代和意味。那么，参与着"政治"和"立法"的人们同样将这些实践视为游戏的一部分，这意味着只要在法律的表面含义内行事，有着不同利益诉求、道德判断和正义观念的游戏的参与者都希望以最少的付出获得最多的回报。而解决这些冲突的方案正是前文所提及的"棋盘式法律"，所以，在"规则手册"模式中并无"整体性"所立身之处。

我们现在必须问：这种拒斥整体性美德的政治共同体是否符合"联合义务"的四个条件。我们或许会因为"规则手册"模式是一种"法治"模式而同意它符合第一个要求。在这种共同体中，每个人对他人的义务有一种特殊的关切，他们都要求自己遵守法律，也要求彼此应当遵守法律，而这种要求超越了他们自身个人的关切。他们都会同意，不管法律规则作出了何种规定，只要这种规定通过了正当程序成为"手册"的一部分，那么，任何人都可以凭借合法的行为在既定框架中追求和表达可能与他本人相冲突的利益和诉求。它也符合联合义务所产生的第二个条件，即这种对他人守法的关切直接从每个人推及另外的每个人，就好像在游戏中每一个游戏者都是个体在遵守游戏规则，但它不能满足第三个条件，即这种关切没有按照普遍的原则去看待守法义务，而失去了此种原则的立法在时间

---

① 此种"描述社会学"视角由是哈特提出，并在《法律的概念》一书中得到了详细的论述。关于哈特的具体观点，参见 H. L. A Hart, *The Concept of Law*, （2nd ed）. P. Bulloch and J. Raz. Oxford: Clarendon Press, 1994, preface；关于德沃金对"描述社会学"的阐述，参见 Ronald Dworkin, *Law's Empire*, Boston: Harvard University Press, 1986, p.208, p.210.

② 这是因袭主义的论点。

维度上只不过是一些不连续的命令，以至于公民们不可能真正的产生遵守此种法律的道德义务（moral obligation）。"规则手册"模式首先允许棋盘式的立法存在，而正如上文所言，这种立法不能够说明一个合法的政治共同体为何应当允许原则问题上"差别对待"，并最终因此侵蚀它对强制力使用和持有的正当化证明。其次，"规则手册"将使得"联合义务"产生的相互关切荡然无存：毫无责任感的政客当然一边凭借技巧和手段在立法阶段推动只符合某个特定群体或他本人利益的法律，又在这种法律出台后将所有公民视为"同胞兄弟"，并以"共同体"的名义要求他们遵守。不错，这个政客自身在"规则手册"模式下也要遵守法律，他自己也必须遵守他所不认同的规则，在另一场政治游戏中成为内部妥协的牺牲品，但我们很难据此认为在这种共同体中公民有任何道德上的"守法义务"。[①]

　　"原则模式"反对这种装模作样的"友爱联合"，坚持"联合义务"的四个条件都必须在尊重整体性政治美德的立法过程中得到实现。"原则共同体"同意"规则手册"模式的法治理念，也同意公民们必须在遵守法律的问题上达成共识，但是它采取了更为全面和深刻的方式去理解"合意究竟是什么"。在整体性的人格化视野下，政治共同体的合法性问题首先在于它自身有没有承担起正当化其强制力行使和持有的责任。诚然，如前文所述，这种正当性证明依赖于人们对法律规范和政治制度的正义性和公平性达成的基本共识，但却是整体性以及它所要求的原则的"一以贯之"给予这些共识以平台，让它们随着历史的演进和分歧的产生仍然不失为一种共识，使政治共同体能够在时间维度连续地承担起"合法性问题"的重任。"规则手册"不能做到这点，因为它有可能采取"内部妥协"的方式，使得政治命令和法律规范成为国家人格断断续续地呢喃，最终导致由"棋盘式法律"所带来的政治共同体的"人格分裂"，让公民们无法因其对正当化强制力任务的承担在道德上拥有守法义务。与之相反，原则模式要求这些政治命令和法律规范必须被视为原则上的整体，它们不是各说各话、毫不相关，而是共同体在历史演进中就政治道德和立法原则所画出的延长线。原则模式还要求应当根据政治共同体所应当承担的责任来看待公民的权利和义务：如果这个共同体认为，自己必须承担起正当化证明的责任，而对强制力的使用应当源于公民个人的基本权利，并且要求另外一个公民服从命令或法律也是出于此种理由，那么，它

① Ronald Dworkin, *Law's Empire*, Boston: Harvard University Press, 1986, pp.212-213.

就不应当把"基本权利"局限于法律的"表面文字",也不应当把自己昨天的立法和今天的命令看成是毫无关联的存在。所以,在这个共同体中,每个公民将会因为共同体连续、全面地担责而拥有对政治和立法的崭新态度:他们都同意彼此享有权利,并因此承担守法的义务,并且他们将不仅仅把自己所支持的法律规范与政治制度视为一种单纯的历史事实,而是将它们视为一种基本共识的历史性延续,最终凭借此种延续和依据让延续得以可能的原则,去主张和承担政治命令或法律规范所未曾"明文"规定、确立和宣布的权利和义务。

"原则的共同体"进而符合"联合义务"所赖以产生的四个条件。① 它对公民的关切是特殊的,因为每位公民在其中都会对政治制度和法律规范的公平性和正义性达成原则上的共识。而此种共识产生于这个共同体内部,而不来源于超越时间的乌托邦理论,并且它很有可能在不同程度上有别于其他共同体对公平、正义的理解。这种关切是个人化的,因为整体性要求共同体平等地在原则问题上对待每一个人,它必须不能为了更多的利益和"高尚"的目的对原则进行妥协,以多数人的福祉或普遍正义的名义去正当化对少数人权利的牺牲。与"规则手册"模式不同,原则共同体为公民们提供的不是"装模作样"地关切,它反对上文中政客的做法,并且认为每个人在政治实践中展示的态度都应当被理解为一种承诺:立法及其执行带来的牺牲不仅应当由失败者来承担,同样应当由那些可能从整体性所反对的 "棋盘式法律"中获得利益的强势人物来担当。"原则的共同体"因其具备整体性的特点对公民采取平等关切的态度,因此,也符合了第四个条件,它要求公民在政治共同体中得到正确地对待,并且对"正确对待"的理解必须符合共同体所尊重的政治美德和政治原则,进而平等地将此种"正当对待"的概念延伸适用于每一个公民。在满足了这四个条件后,原则的共同体会获得道德上的合法性,因为共同体的立法原则给出了庄严的承诺,它尊重自己所必须承担的合法性责任,以法律为根据对对强制力的使用和持有作出了正当性证明,并且此种作为根据的法律符合该共同体中公民对公平和正义的基本共识,又以整体性所要求的"一以贯之"和"平等关切"的态度正当地对待了每一个公民。在原则共同体中,因为法律不仅是强制的行使,更是政治美德所提倡的正当态度的展现,所以,每一个公民在道德上都有遵守法律的真正义务。

---

① Ronald Dworkin, *Law's Empire*, Boston: Harvard University Press, 1986, pp.213 - 214.

最后,我们可以用图 5 - 2 来总结整体性立法原则与合法性问题的关联。

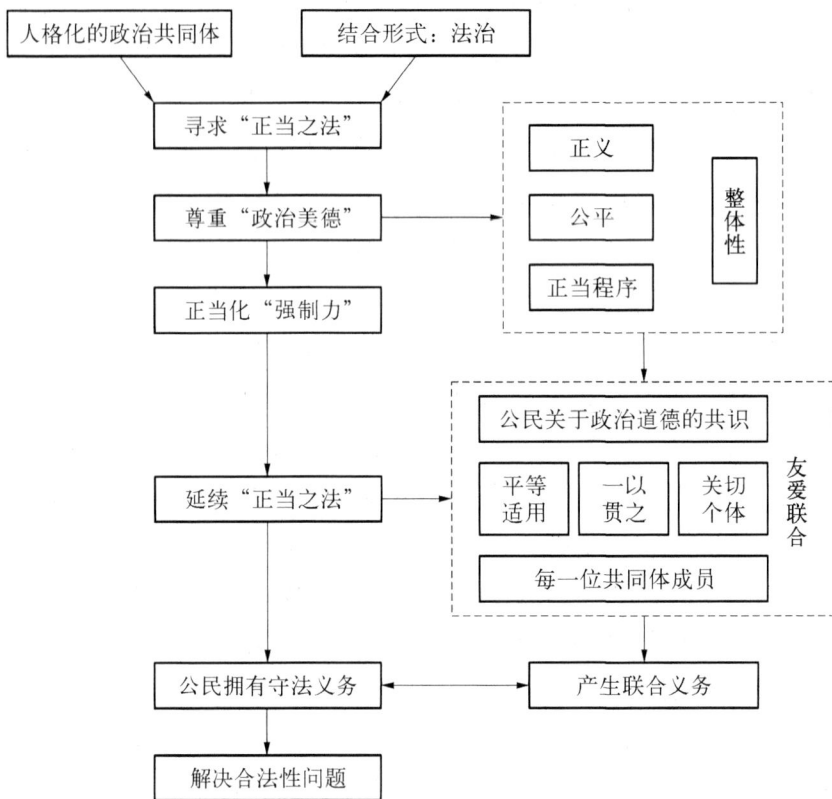

图 5 - 2   整体性立法原则与合法性问题的关联

第二节   裁 判 原 则

前文已经基本厘清了整体性立法原则与合法性问题的关系。在原则共同体中,合法性问题的解决在于政治共同体的法律必须符合以下原则:立法者必须将共同体在历史发展中对正义、公平和正当程序形成的共识,以一以贯之的原则形式体现在未来和现在的立法之中,并且将这些共同体对政治道德的普遍共识平等地适用于共同体的每一位成员。一方面,此种立法原则通过对整体性政治美德的尊重,反映了共同体过去政治决定对未来立法的限制;另一方面,它又通过提供一种关系正义、公平和正当程序的共识平台,使得公民能够在大致拥有遵守法律义务的前提下,展开针对这些美德的争论和探讨。在原则共同体中,公民的道德信念与合法性问题的解决息息相关,因为立法原则必须将共同体对普遍道德传统的共识和争议纳入其考虑范围内,所以,每一位公民的道德信念因为成为立法原则必须尊重的普遍道德传统的一部分,从而与共同体的未来紧密相连。

　　在本书的最后,我们必须思考合法性问题与整体性之裁判原则的联系。笔者相信,"作为整体的法律"以及它所刻画的赫拉克勒斯法官形象对于学界已经不是什么新奇的事情了,故在下文,笔者将着重探讨这些命题与论证与合法性问题之间的相关性,而这一点往往是国内甚至是国外研究所忽略的。① 那么,为了探讨此种相关性,下文的论述将分为四个层次展开。在探讨的第一部分,我们将结合对整体性立法原则的讨论,由此引出裁判原则与合法性问题的大致关联,并简要论证"作为整体性的法"的裁判原则是如何从前文论述的立法原则衍生而得出。第二部分将主要回顾德沃金所作的文学诠释的类比,并运用本书对"建构性诠释"的论述,探讨此种类比的要旨和结构。第三部分尤为关键,因为它将要把第二部分探讨的要旨和结构运用至德沃金所描述的"赫拉克勒斯之审判"当中,然后通过研究此种要旨和结构的复杂性以及它与政治道德、反思性论证的关系,说明此过程乃是法官在审判实践中通过思考法律的概念进而发现正当之法的诠释性实践;第四部分是一个总体的交代,它将通过揭示整体性美德与建构性诠释之间的关系,说明整体性的美德在诠释对象、诠释范围和诠释意图层面限制了建构性诠释的发展,使得意义得以延伸的条件必须是特定共同体的共同实践。

一、合法性裁判

　　"作为整体性的法",既不同于那种仅拘泥于过去政治决定之明显含义的严格因袭主义,亦绝不赞同只关注共同体未来利益最大化,进而无视个人权利实际存在的实用主义,对司法裁量原则持有一种独特的看法:它认为法官应当在司

---

　　① 在《哈特的后记与政治哲学的要义》一文中,德沃金解释了为什么他会招致(甚至是来自哈特的)种种误解:"通过追求一项明显是规范性的和政治性的方案,我们可以更好地理解法律实践,更清晰地理解种种法律命题……我在那里(指《法律帝国》——笔者注)没有强调'合法性'这个词,但我确实诉诸了这个价值。"Ronald Dworkin, *Justice in Robes*, Harvard University Press, 2006, pp.170-171.

法裁量的过程中寻找对过去立法与判例的"最佳诠释",进而通过法官个人的政治道德信念进行反思性论证,最终得出对疑难案件的正确判决。我们已经看到,严格因袭主义的论点在于法官要么应该尽一切之所能,在自己身处的法律实践中"发现"法律的正确明显含义,要么应该在此处明显含义无法觅得之处,根据社会环境和利益衡量的需要进行正确立法。此即因袭主义之"法律发现"观点。与此相反,实用主义的要旨在于法官实际上应当无视过去判决对自身的束缚,进而采用任何合理的策略以判决推动社会的进步,但必须在这个过程中假装尊重为过去政治决定所确立的"似乎存在"的个人权利,此即实用主义"高贵谎言"式的"法律创造"学说。"作为整体性的法"反对以上任何一种视角,它主张司法裁判的"正确答案"与其说是一种"发现"或者"创造",不如说是法官将自己作为法律实践历史共同作者的一员,进而能结合当下政治实践的种种特性,以自己的判决展现此种实践的最佳寓意。此种为实践带来最佳寓意的判决,就是任何司法裁量的"最佳诠释"。

我们理解"作为整体性法律"的方式当然可以有很多。根据前文论述,它首先应当被视为德沃金所提出法律概念的延伸意义:"作为整体性的法"赞同法律正当化强制力的意义,并且认为此种寓意的关键在于立法者和法官都必须在过去的政治决定中寻求当下法律实践的合法性依据。在对待法律共同体历史的问题中,"作为整体性的法"拒绝因袭主义那种机械主义式的理解,也厌恶实用主义式"只顾未来"的工具主义倾向,认为"与过去实践一致"或者"来源于过去实践"中的"一致"和"来源于"必须经由建构性诠释的方案得到理解。我们将在下文中对这个问题进行详细探讨。

总而言之,"作为整体性的法"认为法官必须在司法实践中遵从合法性的标准,意即法官总是有义务给出正确的判决,而不是任意或者僵化地去创造法律或者揣摩作古之人的实际意图。法官的这个义务,来源于共同体法律实践的总体面貌:在上一节的论述中,"整体性"的政治美德要求立法者必须将共同体视为某种抽象的道德人格,进而将此种道德人格在历史和传统发展中所形成的关于正义、公平以及正当程序的政治原则,以立法的形式平等地适用于每个公民之身。[1] 我们也论述了,只有当立法者的立法符合了此种立法原则,这个共同体中

---

[1]   Ronald Dworkin, *Law's Empire*, Boston:Harvard University Press, 1986, p.225.

的成员才大致拥有遵守法律的义务，于是，共同体的合法性问题也就在立法层面上得到了解决。然而，法律的生命必须在司法实践的展开过程中得以延续。如果我们将司法实践结合合法性问题来一同看待，那么，一个在立法上满足了"整体性"所主张之合法性条件的共同体，并不必然地在司法实践的展开中能够维系它对上述问题的"正确解答"。这是因为在司法过程中，立法者所确认的共同体关于公平、正义以及正当程序的共识，有可能在法官有意无意地"错误诠释"中遭受曲解，假设立法者正当地认为共同体不应当推行一种教育资源上的不平等以促进整体利益的繁荣，某位持实用主义的法官却在判决中坚持某些黑人在教育问题上无权享有与白人平等的待遇，那么，政治共同体的合法性问题便在此位法官的判决中面临着巨大的威胁。另外，假设过往的立法者没有将"杀害遗嘱的继承人"写入纽约州的遗嘱法，某位持有因袭主义态度的法官于是不假思索地承认了埃尔默的继承权，那么，他难道不是在用一种未经反思的态度践踏共同体的合法性基石吗？所以，"作为整体性的法"对于合法性问题的态度是严肃的，因为它主张任何案件的判决都必须符合两个层面上的检验：首先，谓之为"符合"，亦即这个判决必须从形式上符合它所身处的法律传统和法律实践——就德沃金考虑的英美法律体系而言，这个判决必须尊重和考虑其他法官在过去针对类似判决所拟定的判决先例；其次，谓之为"正当"，亦即判决必须在"符合"的基础上进一步结合共同体在立法实践中所尊重的正义、公平，亦即正当程序美德，在法官运用个人政治道德信念和反思性论证的前提下铸造自身的合法性基础。满足这两个检验条件的判决，就是德沃金所谓的对于任何案件的"最佳诠释"。

在下文中，我们通过对裁判原则的详尽阐述说明"最佳诠释"从何而来。不过，结合学界目前对"最佳诠释"理论的研究，现在，笔者必须就德沃金对"最佳诠释"的论述进行澄清：至少在《法律帝国》著作中，德沃金修正了"唯一正确答案"这一提法，这具体表现在他认为赫拉克勒斯的判决是经由"建构性诠释"路数和"整体性"美德限制后所得出的关于法律实践的"最佳诠释"。在德沃金看来，此种"最佳"与其说是将一个案件的可能判决和论证局限为"一个判决"，不如说是以一种寻求"最优解"的意图，运用反思性论证不断地深化、拓展法官对司法判决合法性基础的论证。在《法律帝国》中，德沃金明确表示：他针对特定案件的判决并非是一种"唯一"正确的结论；与此相反，"建构性诠释"的理念鼓励不同的法律人以自身对法律寓意、政治美德的理解持续不断地发现"更好"的判决。① 德沃金只是强调：每一位对自身司法实践不持有内在怀疑主义态度的法官，都必须令自己的判决展现法律实践的"最佳意义"，而此种"最佳意义"绝非一蹴而就。如果武断地将德沃金视为一位"法律决定论"者，或者将其视为一位法理学的暴君，那么，我们的意图或许就会和他的良苦用心相去甚远。毕竟，法理学的要义或许在于能够持续不断地发问，而不在于一个伸手可得的"最佳答案"。

二、文学之类比

在解读"建构性诠释"之概念的第二章中，我们已经阐明了文学批评和部分文学创作实际上是一种建构性诠释，而此种诠释活动的目的，一方面，在于给予作品或素材一个特定的目的，使它在自身所属之风格和流派中获得它的"最佳解读"；另一方面，在上一小节中，我们也提到了立法原则和裁判原则的关联：原则共同体内的司法实践必须将政治共同体视为某种抽象的道德人格，并且将司法活动视为此种道德人格不断在法律实践的过程中对自身合法性的证成。那么，伴随着"共同体"之拟人化，法官对每一个具体案件的判决也就必须获得它的合法性基础。现在我们必须问，在假定立法原则和普遍道德为共同体提供了"合意存在"的前提下，裁判原则应当如何具体地在审判活动中将其予以展现？德沃金指出：对这些问题的回应必须借助"章回小说"的类比。所以，我们还必须问：为何审判实践与文学创作具有相似性？应当怎样理解"审判实践乃是章回小说的续写过程"？什么叫做给予文学作品或司法实践以最好的意义？在这些问题得到正确回应之前，我们或许很难准确地理解赫拉克勒斯法官对整体性裁判原则的运用。

现在，让我们重返文学领域。众所周知，德沃金将司法实践在历史、传统中的展开视为一种"章回小说"的续写。假定某位作家接受了一个写作任务，这个任务要求它在原先几位作家已经完成的篇章之上，进一步展开小说的叙事。② 他的任务就是要运用自己的美学信念，在前人写作的基础上"尽善尽美"地完成这篇小说的写作，并且使得这部小说能够成为它所在之风格、流派中的"最佳范

---

① 这些都是德沃金自己做出的辩护。Ronald Dworkin, *Law's Empire*, Boston: Harvard University Press, 1986, pp.239 - 240.

② Ronald Dworkin, *Law's Empire*, Boston: Harvard University Press, 1986, pp.228 - 230.

例"。这里必须注意,他不能自私地只完全考虑自己的意图,因为他的任务明确了他必须使"整部"小说成为"最好",而不仅仅是使他完成的部分"孤立地"成为最好。在此意义上,他必须对其他作者的创作进行解读,并且需要适当地调节自己的审美判断,使自身之创作能够成为对前文内容的"最佳接续",而不是另起炉灶,创作一部与前文内容相去甚远的作品。

在此种接续的过程中,他将感到一种矛盾,首先,他或许会认为自己的创作是不自由的,受到了前文的限制。也就是说,他的创作必须以恰当的方式"符合"其他作者对小说的塑造和理解。假设莎士比亚只写了《哈姆雷特》前几章,而他的任务就是要尽善尽美地使得这出戏剧成为"最佳作品",那么,起码在他续写的开端,他不能立即颠覆前文作者,也就是莎士比亚对主要角色的定位和认知——比如,突然将理想主义者哈姆雷特改写为一位渴望权力和皇冠的世俗伪君子,[①]但是,这种限制本身不是绝对的,因为他将会发现,自己的写作比纯粹地翻译外国文学要更为自由,他可以根据自己对小说的前文情节、人物关系,乃至重要事件的解读,创造性地给予素材以新的意义。[②] 所以,虽然不享有那种纯粹原创式的完整自由,他还是会认为自己在续写小说的过程中拥有自由发挥的空间:假使他设想了若干个方案,比如,强调哈姆雷特与奥菲利亚之间的爱情;又比如通过社会现实的角度强调王族内部的虚伪和地主之间斗争的残酷性;还有就是着力刻画哈姆雷特自身性格的软弱和犹豫,并且将他最后的决斗视为宗教意义上的对自己的救赎,那么,也许任何上述诠释都满足"符合"前文的要求。所以,他必须决定哪一种"解读"或者"续写"能够使小说的整体最好地呈现在读者面前。此时,他也必须使用自己的审美判断,并结合当时社会环境、风俗对戏剧创作的限制和影响来判断他应当如何满足"续写任务"的"第二层检验",也就是使其"尽善尽美"。

我们可以看到,这个既自由又不自由的过程就是一种建构性诠释活动。在这个过程中,续写者本人既是回顾前文"批评家",又是要拓展意义的"创作者"。也许有人会说,如果他要尽可能好地完成"续写",那么,这位作家就必须搞清楚

---

① 笔者在此处改写了德沃金所举的"斯科鲁奇"(Scrooge)的例子,是为了说明同样的文学例证也能够帮助我们理解章回小说续写的种种特征。关于德沃金的原例,参见 Ronald Dworkin, *Law's Empire*, Boston: Harvard University Press, 1986, pp.232 - 233.

② 关于此种张力,参见 Ronald Dworkin, *Law's Empire*, Boston: Harvard University Press, 1986, p.234.

莎士比亚或者其他前作者脑海中的创作意图。然而，前文已经初步地驳斥了此种作者意图说，并且将建构性诠释的过程视为一种使得"作者本人能够从诠释中获取新鲜养分"的创造性诠释。又有反对者会站在外在怀疑主义立场上提出，这位作家所给出的种种方案的确可能"符合"前文或者"背离"前文，但他在"符合"前文的基础上，根据自己的艺术信念所作出的"更好地诠释"是一种主观臆断，因为在艺术创作中根本不可能存在一种"客观上"更好地"诠释"。

这个反对意见的提出恰好说明了误解"建构性诠释"的关键所在，假如续写者在回答"什么是更好的小说"这一问题上犯了"主观"的错误，那么，他关于自己的续写"符合"或者"不符合"前文小说的标准也一定是"主观的"。所以，我们不能够将"符合"与"尽善尽美"这两个标准视为完全分离的准则，它们间存在的关系不是主观客观的对立关系，而是彼此依存的互动延伸。① 例如，假使这位小说家认为"刻画奥菲利亚与哈姆雷特之间的爱情"不符合戏剧前文的结构、情节和人物关系，那么，这位作家实际上也是"主观地"运用自己的审美信念来判断"什么叫做符合"（what 'fit' means）。② 也就是说，在进入续写"尽善尽美"的阶段之前，这位作家自觉或者不自觉地必须回答以下问题：在他的理解中，戏剧的创作形式如何限制了他的自由发挥。该问题表明有一些"意义"已经在"续写"之前获得了"前理解"：这其中包括我们前文提到的"前诠释式的理解"，也就是他必须和其他作家一样大致都使用相同的语言来理解"戏剧究竟是什么"，同时也包括"诠释阶段"的概念性理解，亦即对于他而言，"戏剧续写这一实践在'形式'上对作家提出了何种限制"。

所以，"尽善尽美"的阶段亦可被视为"艺术诠释"的"后诠释"阶段：正如上文提到的，他可能面临着多种方案（例如，宗教主题的救赎诠释和社会现实主题的宫廷内斗诠释），并且，这些方案都由他的"初阶"艺术信念证实为"符合"前文；然而，在他信念体系中，"关于什么是更好方案"的"高阶"艺术信念要求他必须在这些相互竞争方案之间做出选择，以使得他的写作能够与前文结合在一起，"整体上"成为一部最好的《哈姆雷特》。在这个过程中，他也许会写写停停，或者试图重新吃透前文，有时还会放弃自己原先的方案，采用对相关情节完全不同的理解——在各个竞争性方案之间，他必须运用高阶艺术信念去进行"反思"。

---

① 我们同样可以参照上文现象学的注释来理解。
② Ronald Dworkin, *Law's Empire*, Boston：Harvard University Press, 1986, p.238.

随着"反思"的展开,不同的作家之间也有可能存在着争论,这些争论推动着艺术实践的前进。为了铺垫后文对裁判原则的叙述,此处也有必要审视这些争论的实质意义。前文已经指出过,此种关于艺术信念的争论不可能是"语义学"争论——假使一位文学门外汉认为海子的《秋》是一部"小说",而另一位诗人则认为无论如何它都是一首优美的诗歌,那么,发生在两人之间的争论就毫无意义。当然,两位诗人都可以从"诗之意蕴"入手,辩论究竟何种解读"最好地"理解了《秋》的"真意",或者创造性地赋予了连海子本人都未曾设想过的"新意"。在对诗歌寓意的评论外,一位文学批评家亦可以认为这首作品不"符合"他心中对诗歌创作的基本要求,比如,不管其"意蕴"如何,这首诗在形式上存在着重大缺陷。不过,假如那位质疑海子诗歌不符合诗歌形式的批评家试图给出任何有意义的诠释,他就一定不能是一位外在怀疑主义者,他不能说,由于对"诗歌形式"没有任何客观标准,所以我们对于诗歌本身不可能有任何客观的认识。因为这样他其实什么都没说。如果他希望有意义地质疑,就必须提出一种关于"诗歌是什么"的实体性艺术主张。他必须回答,如果海子的诗歌不符合他的标准,那么,这个标准究竟应当是什么。① 所以,建构性诠释视野下的文学争论和批评的主题既可以是"作品是否得到了更好的理解",也可以是"作品本身是否符合特定文学传统的要求"。此种关于"符合"与"尽善尽美"的争论推动了文学理论的进步,此种进步又在一定程度上反过来影响着文学创作的实践。因此,"符合"和"尽善尽美"本身也是随着诠释而展开的"概念"和"概念延伸"。

三、赫拉克勒斯

与续写章回小说的作家一样,英美普通法实践中的法官也同时扮演着批评者和创作者的角色。② 德沃金认为,法官必须将自己身处的法律实践,视为共同体抽象道德人格在司法领域所创作的连贯性叙事,他们的任务与续写小说的任务相似,便是进行通过司法裁判寻求对法律实践的"最佳诠释",并通过反思性论证深化、扩展共同体对过去政治决定和立法行为的理解。为了完成这个任务,德

---

① 这也就是前文多次提及的"阿基米德主义"的要害之处。See Ronald Dworkin, "Objectivity and Truth: You'd Better Believe It", *Philosophy and Public affairs*, Vol. 25, No. 2, Spring, 1996, pp. 87 - 139.

② Ronald Dworkin, *Law's Empire*, Boston: Harvard University Press, 1986, p. 229.

沃金创造了赫拉克勒斯（Judge Herclues）的形象，他支持"作为整体性的法"，并且拥有超越凡夫俗子的智慧、耐心和经验，亦不为现实司法实践的紧迫所束缚，能够在无时间的思辨中反复、审慎地考量每一个案件的判决。[①]　诚然，正如许多批评者所指出的，赫拉克勒斯的确是一个神话般的存在，令现实生活中的法官们相形见绌。但是，德沃金认为，我们可以从两个不同的角度来审视此种神话的必要性，虽然赫拉克勒斯有着卓尔不群的智性，但他审判案件的方式，或者说他理解法律实践的方式与凡人法官并无二致——大多数真实法官在面临疑难案件时，自觉或者不自觉地沿着赫拉克勒斯的思考路径来理解判决先例，或者展开他们的法律论证。[②]　因此，在德沃金看来，赫拉克勒斯和他事业代表了一种对英美司法实践的"最佳诠释"，但这幅图景并不表示现实的司法就已经如神话叙述那样完美无缺。在这个意义上，这位半人半神的英雄和他的壮举表达了法律人对司法实践的一种正当且合理的期盼和与憧憬。诚如德沃金所言：很多法律人心中有对于完美法律共同体的梦想，而这个梦想往往来源于现实法律共同体的不完美。[③]

　　现在，让我们来看看赫拉克勒斯法官如何判案。上文已经提到了赫拉克勒斯的任务，便是要将其所身处的法律实践传统视为一个拥有连贯叙事的"整体"，然后，尽自己最大的可能通过对疑难案件的判决中给出对该"整体"的"最佳诠释"。我们对立法原则的探讨已经说明了共同体为什么可以被视为一个有着抽象人格的道德主体，从而将公民对于政治美德的基本共识一以一以贯之地法律原则形式平等地适用于每一位成员。赫拉克斯要延续这个道德人格，所以，他必须通过自己的判决使得政治美德回响于法庭之中。那么，这个任务何以可能？赫拉克勒斯是否要像续写章回小说的作家那样，在思索如何给出判决的过程中必须遵守特定的原则呢？类似于文学诠释，"作为整体性的法"要求赫拉克勒斯必须使自己的判决通过两个维度的检验：他的判决必须在"符合"该共同体法律实践的基础上，竭尽所能地正当化其判决的理由和论证，最终使得此种理由和论证能够在"符合"的前提下，使判决之合法性最好地展现共同体法律实践的意义。

　　与章回小说相似，赫拉克勒斯必须首先考虑"符合"的标准。前文对"法律概念"和"法律是什么"的探讨恰好能说明"符合"意味着什么。首先，赫拉克勒斯与

---

①　Ronald Dworkin, *Law's Empire*, Boston：Harvard University Press, 1986, p.245.
②　Ronald Dworkin, *Law's Empire*, Boston：Harvard University Press, 1986, p.245.
③　Ronald Dworkin, *Law's Empire*, Boston：Harvard University Press, 1986, p.164.

其他法律人共享一套大致相同的生活形式和语言规则,因为他不可能否认国会作为立法者之事实或者直接忽略普通法体系下大量判决先例的存在。在前诠释意义上,半人半神的他必须与其他凡人法官一样,对"法律是什么"有着相似的回答。但是,也正如前文指出的,此种前诠释意义上的共识不必过于紧密,因为赫拉克勒斯很快将面临更为深入的问题,也就是在生活形式和语言规则相似的基础上,如何理解法律寓意的"诠释问题"。假设赫拉克勒斯要审判埃尔默案,那么,他就必须回答纽约州的"遗嘱法"和与之相似的判决先例的寓意到底是什么。他必须通过法律的"概念延伸"来理解司法传统究竟为他提供了怎样的"约束"和"限制"。假设赫拉克斯面临着相似的判决先例,他也应当运用自己的法律信念去甄别这些先例是否与本案相关,以及相关性有多大。也就是说,他必须运用自己的法理学概念,对这些过往的司法决定进行重新诠释,以便判断哪一个判决先例"符合"他现在所面临的疑难情形。就好像续写章节小说的作家面临前人的写作一样,赫拉克勒斯必须在过往法官所做的判决之中找到那些"符合"本案的素材,然后,再根据这份清单做出第二个层次的选择。

此处涉及一个重要的问题,就是"判决先例应当如何被理解"(how precedent should be read)。德沃金认为,这一方面关系赫拉克勒斯"应当"如何断案,另一方面直接与赫拉克勒斯本人的法理学信念相关——关系他如何回答"法律是什么"。也就是说,不论是"当下理解"是否"符合"先例的考量,还是"先例"是否"符合"具体个案的考量,都是他本人运用其法理学信念判断"法律是什么"的考量。[①] 假设赫拉克勒斯的法理学信念是"作为整体性之法律",并且认为司法判决(包括立法行为)必须在来源于过去的政治决定中,找到为强制力提供正当性证明的权利和责任,那么,他将会如此考虑"符合"的问题,有没有可能找到一种对判决先例和法律规范的理解,去回答当事人在当前案件中享有或者不享有何种权利。这个过程被称为对判决先例的诠释。接下来,赫拉克勒斯可能会得出初步的结论,他可以凭借此种"法律通过权利正当化强制力"的"法律概念"列出一份诠释清单。[②] 这份清单将首先排除实用主义式的先例诠释,因为它不赞同

---

① 此处与上文中艺术诠释的说明相对应。关于司法裁量中"符合"与"正当化"标准的内在逻辑一致性,参见 Ronald Dworkin, *Law's Empire*, Boston: Harvard University Press, 1986, p.255.

② 在原文中,德沃金令赫拉克勒斯所断之案为"麦克洛林"(*McLoughlin*)之不在场精神赔偿案件。关于该案具体的诠释清单,参见 Ronald Dworkin, *Law's Empire*, Boston: Harvard University Press, 1986, pp.240-241.

人们在法律上拥有真实的合法权利,但可以将因袭主义的观点纳入以备下一个阶段的考察,因为因袭主义起码赞同人们拥有法律权利,只是它采取了与"整体性"路数不同的方式来理解这些权利。这些诠释当然还可以有很多种,比如,一种诠释可能会认为,"只有当埃尔默享受继承权的功利性结果能够绰绰有余地弥补此种结果所带来的损失时,埃尔默才拥有继承权"。这个诠释看上去是一种弱化的"功利的实用主义"版本,但它在最低程度上承认埃尔默可能会拥有权利,所以,根据赫拉克勒斯所赞同的法律概念,虽然赫拉克勒斯会在第二个阶段中将它放在最后考虑,但它也在最低意义上"符合"它所希望诠释的法律实践。

第二个层次称之为"正当化",亦即赫拉克勒斯必须在这个司法过程中直面"何谓正当之法"的问题。① 假设赫拉克勒斯现在手头已经拥有了若干诠释和可以参考的判决先例,这些对判决先例的诠释都已经通过了"符合"的检验。于是,他必须开始考虑哪一种诠释才能通过对判决的合法性证明,赋予作为法律实践之整体以最好的意义。现在他手上已经有了一份诠释清单,不同的诠释可能会产生不同的判决,或者会就相同的判决给出不同的合法性论证。这些诠释被称为"竞争性诠释",而赫拉克勒斯必须在这些诠释中找到最终的获胜者。现在他必须考虑的问题是,哪一个论证能够最好地完成正当化判决的任务,并且以此展现司法实践的最佳意义。与续写章回小说一样,在关于"法律是什么"的"符合"标准与"何谓正当之法"的"正当化"标准之间存在着微妙的互动关系:一方面,"符合"的标准必须相对独立于"正当化"的标准,也就是说,法官不能事先凭借个人的政治道德信念扭曲司法实践的真貌,他必须首先通过法律共同体对判决先例体系的相关共识来找出哪些判例"符合"他所面临的挑战,就好像一位文学批评家必须借由文学传统对"什么是诗歌"作出的判断来评判一首诗歌是否是诗歌那样,"什么是诗歌"与"一首诗歌是否足够好"是不同的问题。另外一方面,"符合"的标准必须和"正当化"的标准拥有一致的内在逻辑,也就是说,这两个标准必须在同一个信念体系下以一以贯之的方式存在。我们可以说"正当化"标准来

① 关于"正当化"的译法,也许有人会提出质疑。笔者认为,那些将"justify"译为"论证"和"证立"的观点错失了德沃金所关心的核心问题。显然,即使是一位只顾未来的法律实用主义者也需要论证,他需要借助高贵的谎言欺骗民众,并使得判决有利于共同体未来的最大福祉。我们无法将赫拉克勒斯的"论证"等同于高贵的谎言,并且只有当"justify"代表着"正当化证成"的时候,德沃金的合法性理论与司法裁量理论才能拥有一致的内在逻辑。这也是笔者为什么在此处采用"正当化"的译法,即法官必须考虑共同体的政治道德传统,在待选的诠释清单中选出能够最好地回应合法性问题的判决——也就是"最佳诠释"。

自于"符合"标准,因而是一种法律概念在后诠释阶段的概念延伸,因为它必须根据不同法官的政治道德信念去回答"应当如何判决"的问题。很显然,这种微妙的互动正是我们一直在强调的"建构性诠释"的特征,即法律理论和法律实践之间并不存在着一条明显的界限,法官对"法律是什么"的认识,将直接影响它关于"正当之法"的认识,从而影响他最后的判决实践。这些对"法律概念""概念延伸"以及"法律实践"的信念必须在一个体系中以一以贯之的形式存在,否则法官对疑难案件判决所给出的论证就将显得尤为可疑。当然,这并不是说每一位法官都必须在判决书中写下关于"法律是什么"的论证,但我们可以合理地认为,法官之所以做出了特定的判决,是因为他自觉或者不自觉地接受了法律人在"前诠释阶段"和"诠释阶段"中形成的共识——他没有必要去说明那些不言自明的东西,但这并不代表此种共识是空洞的教条、高贵的谎言或别有用心地装模作样。

　　让我们回到赫拉克勒斯的工作,假设在他的清单中,赫拉克勒斯发现当时的法官赞同"从字面意义上来理解法律"。他可能会问,是否应当采取此种因袭主义的视角来理解本案中的情形,即应当按照法律语言的明显含义来理解此案的继承权问题。而在对另外一个判决先例的诠释中,他可能会发现当时的法官采取了"遵循立法者意图"的方式来决定相似的案件。赫拉克勒斯将不会把这些努力视为装模作样或者别有用心,因为它希望通过自己的判决来赋予法律实践的整体以最好的意义。所以,他必须通过以下步骤来进一步筛选他的"符合"清单:首先抽象出每一位过往裁判所试图表现的"正当化"原则,再将此种被抽象的原则还原至他所身处的时代,进而凭借自己对这些原则的理解,决定哪一个原则应当在目前的案件中优先适用。[①] 简言之,他必须在当下判决中重铸"正当"这个概念。让我们来进一步解释这个步骤:在"符合"清单中,每一位过去的法官都承认在相似的案件中当事人应当根据某种特定的理由拥有或者不拥有法律权利,而这种推论乃是法官们将抽象的法律原则、政治道德运用至具体个案的结果,赫拉克勒斯要做的,便是发现这些隐藏在判决背后的原则与道德传统,进而结合他对当下法律实践的认知和判断,以一种更高阶的原则(higher-order principle)来决定哪些法律原则和政治道德应当在目前的案件中被优先考虑。此种更高阶的原则运用的目的在于使得判决最好地呈现了共同体法律实践的意

---

① Ronald Dworkin, *Law's Empire*, Boston: Harvard University Press, 1986, p.249.

义,这也是赫拉克勒斯本人对共同体政治道德传统的理解,也就是他将在疑难案件中如何理解"正义""公平"等政治美德。① 这不是一个简单的任务,所以,赫拉克斯的头脑必须要足够灵活,他还必须拥有足够的想象力,因为他所要做的不是机械地将过去的东西直接拿来就用,也不能完全不顾这些传统和原则,直接以个人的道德信念代替过去的声音。他必须在当下的司法实践中"还原"那过去抽象的原则和道德,如果有可能的话,此种"还原"还将"建构性地"使得这些抽象的原则和道德的意义有所发展。② 此处的"还原"和"发展",正是合法性问题或者"何谓正当之法"的追问不断在司法实践的历史脉络中发出的回响。

那么,具体而言,赫拉克勒斯将怎样借助这些原则和道德传统呢?在前文论述中,我们已经提到了政治共同体的立法原则必须体现对四种政治美德的尊重:正义、公平、正当程序以及整体性。那么,假设赫拉克勒斯在他的清单中发现了立法者试图尊重的"正义原则",并且亦有过往的法官试图以共同体对"正义"的理解来正当化判决——比如,某位法官认为根据"一罪不二罚"的"正义原则",他应当判决埃尔默拥有继承权。他还将发现"公平原则",也就是共同体中每一位成员的关于道德问题的看法都必须在立法中给予大致平等的影响力,假设在埃尔默的时代,大多数公民都认为"允许杀人犯继承遗产"的判决不符合他们的道德观念,那么,显然遵照"公平原则",纽约州的遗嘱法就不应当被理解为允许这种现象的发生。尽管正义和公平在许多案件中都能指向同样的判决,但现在这两个原则之间似乎发生了不可调和的冲突。赫拉克勒斯必须运用他的力量去决定哪一个原则应当在当前的案件中被优先考虑。现在他必须求助于前文所提及的高阶原则,应当将哪一个原则予以优先以至于此种判决能够使得作为整体的共同体法律实践在最好的意义上得到理解。③ 随着政治美德之冲突的展开,赫拉克勒斯必须运用反思方式给出正当化论证:假设他自己和许多法官一样,认为抽象的正义原则更为重要,所以,他应当判决埃尔默胜诉,但是,他必须考虑,此种激进的判决在道德上可能并不为大多数共同体成员接受,并且在司法实践的历史中也找不到相似的案例来支持他的观点,所以,他将会认为假如他一意孤

---

① Ronald Dworkin, *Law's Empire*, Boston: Harvard University Press, 1986, p.249.
② 这也就是为何我们在第二章中引入了艺术诠释的理由。德沃金认为,既作为评论家又作为作者的法官能够"还原"和"发展"来自过去传统的政治美德之"寓意"。
③ Ronald Dworkin, *Law's Empire*, Boston: Harvard University Press, 1986, p.249, p.257.

行地按照抽象的正义原则进行判决,那么,此种判决就不会使共同体的法律实践展现它最好的意义。所以,他最后也许会选择"公平优先于正义"的方案,判决埃尔默丧失继承权。但不管怎样,赫拉克勒斯决定"正义"和"公平"何者优先的那个信念,应当独立于这两个"信念"本身,但它同样是一种关系政治道德的高阶信念。这个信念就是"整体性"政治美德的信念。

　　顺着赫拉克勒斯的事业,整体性美德在司法实践中的意义也就逐渐清晰了。我们可以参照下图来做进一步理解:(见图 5 - 3)

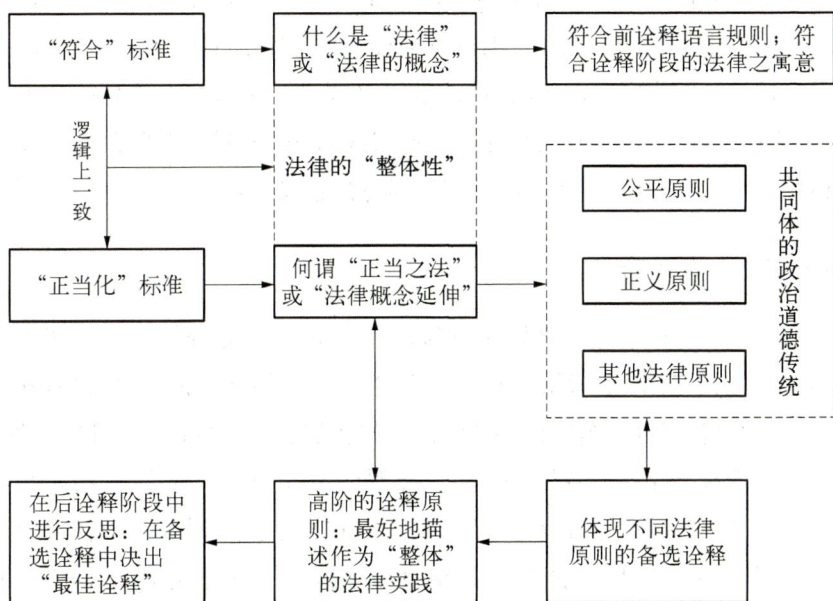

图 5 - 3　法律的"整体性"

　　"作为整体性的法"要求他运用自身的法律信念和政治道德信念进行断案,但这个实践并不是因袭主义式的"发现"法律,也不是实用主义式的"创造"法律。这种实践首先提出了"符合"的要求,即法官根据自身信念所给出的诠释必须符合共同体的法律传统和道德传统。任何没有达到"符合"标准的法律诠释都毫无疑问地面临着失败,因为它们不仅没能更好地诠释共同体的法律实践,还通过扭曲的方式使得共同体前后不一地背叛了自己应当持续尊重和恪守的法律原则与政治道德原则。当一个诠释满足"符合"标准时,它将和其余适格的意见共同面对"正当化"的标准。在这一个阶段中,整体性的政治美德判断孰优孰劣的标准在于它们是否能够通过自己对"正当之法"的探寻,借助赫拉克勒斯式审慎的反思性论证,尽可能好地回应"法官应当如何判案"。和章回小说的续写一样,法官在这个过程之中是既自由又不自由:他将感到自己受到了"符合"标准的束缚,而此种束缚来源于他和其他法官对"法律是什么"这一问题大致相同的诠释性理解,并且此种"符合"的标准同样来源于法官们共享的"法律概念"理论,而不是一种单纯鉴别法律是否存在的语义学标准。此外,诠释必须同样满足"正当化"的标准,而此种标准不能脱离法官们的共享信念,即"法律概念"来予以谈论。因为在赫拉克勒斯的信念体系中,这两个标准间存在着一以贯之的内在逻辑,而"符合"标准对"正当化"标准的限制,则可以被视为信念体系在法官实践之不同领域的运用。最后,"作为整体性的法"的成立还必须借助法官个人的高阶政治道德信念,因为他必须借助此种信念,并以法律实践的"整体性"作为限制其他政治美德的根据,从而通过判决赋予法律实践以最好的意义。

四、整体之诠释

在澄明"作为整体性之法律"的裁判原则后,本书的论述即将进入尾声。最后,笔者希望在下文中简要地探讨"建构性诠释"与"整体性"的概念关系,并将其作为对立法原则、裁判原则的论述总结。一如我们已经了解到的,"建构性诠释"代表着人们理解文学作品、社会实践,甚至科学研究的一种方式,它的核心论点在于揭示诠释者通过运用自身的意图和信念,在给予诠释对象一个特定的目的后,力图尽善尽美地在特定的流派、风格、传统或者历史中给出关于对象的"最佳诠释"。法律实践是建构性诠释的实践,而"法律的概念"也因此就是一种"诠释性概念"。在德沃金所考察的英美法律共同体中,法律人就法律概念和疑难案件所展开的争论,不仅仅是一种有关法律语言之共同规则的"语义学争论",也不能简单地视其为一种关于"法律是否存在"的经验性分歧。反过来,这些争论和分歧都必须以法律人在前诠释阶段和诠释阶段所共享的生活形式和意义共识为基础,而任何否认这些基础的法律人要么犯了常识性错误,要么就是对其身处的法律实践持有内在怀疑主义态度。而建构性诠释的主要目标在于说明,这些争论不是常识性错误的结果,也不是法律人对法律实践的深刻怀疑,它们是关于如何最好地理解法律实践的理论性争论。如果法律人希望给出关于自己法律共同体的"最佳诠释",他们就必须根据争论的基础和目的为建构性诠释的展开划定若干界限。或许可以认为,"整体性"概念正是此种界限。

"整体性"首先限定了建构性诠释的对象。① 德沃金曾不止一次地强调:他所构筑的诠释性方案是用以诠释他所身处的英美法法律实践。换言之,诠释的对象是特定法律共同体的法律实践,而不是普遍的、抽象的、置之四海而皆准的法律教条或者语义学共识。我们当然可以说,对特定对象的诠释必须要借助某些教条和共同语言规则,也似乎可以认为作为一种哲学论证模型的建构性诠释框架可以适用于不同的法律共同体,但是,建构性诠释方案关注的重点,在于诠释对象之"寓意"和"寓意的延伸"应当如何在对象和意图的互动关系中得到澄明,更在于通过澄清此种互动关系最好地理解对象本身。所以,诠释者本人就必须身处于此种互动关系之中,他必须是他所希望诠释之实践的参与者。也就是说,只有诠释者将自己置入实践之中,并且通过运用自己的意图来阐发实践的寓意,他才有可能对实践做出最好的诠释。在理论的历史长河中,存在着许许多多试图给出法律实践之一般性规定和描述的"概念性理论":例如,哈特的"法律作为初级规则与次级规则之结合"的法律概念正是这样的尝试。德沃金指出:此种语义学进路并不能最好地理解它所希望理解的对象。因为,如果"语义学"方案希望描述的对象是不特定的、抽象的法律概念,那么,它的结论或许只能为我们提供一种关于法律语言在前诠释层面被人们所共同遵守的事实性规则。没有人会否认这些事实性规则的基本存在,但如果片面地主张这些规则就是法理学应当研究的一切,此种法理学就会片面地给出结论去曲解法律实践的真态,因为实践的发展绝非是一种纯粹的概念性分析研究,而是法律之寓意引申、修正的过程。

假设语义学方案研究的对象和德沃金一样,是特定法律共同体的作为"整体"的法律实践,哈特以及相似的理论家就必须说明为什么他们的方案比其他方案更好。也就是说,他们必须将自己视为实践的参与者,而不是观察者,并且运用自己的意图和信念去诠释"那个"特定的实践。很显然,根据上文的论述,语义

①　德沃金在多处强调自己理论适用的对象是"我们的法律实践""英美法律共同体""我们的政治共同体"。他也承认,正如前注提到的希格弗里德法官一样,拥有不同信念的法官将对不同的法律实践持有"建构性"或"怀疑性"的诠释态度。关于德沃金对"诠释对象"的强调,参见 Ronald Dworkin, *Law's Empire*, Boston: Harvard University Press, 1986, pp.207-208, p.216, pp.239-239.某些反对者认为,整体性对诠释对象的限制代表了一种狭隘的地方主义(parochialism),德沃金对此进行了反驳,Ronald Dworkin, *Justice in Robes*, Harvard University Press, 2006, p.185.

学方案的失败正在于此：如果它们的对象是不特定的、抽象的法律概念，则他们的研究就将脱离法律实践从而变成法学院学生机械背诵的教条式命题；反过来，假如他们希望描述特定的、具体的法律实践，那么，他们的"语义学"和"分离"立场又使得它们只能独断地看见"这个"对象的"前诠释寓意"，故并不会因为"客观和中立"在"诠释竞争"中获得无可辩驳的地位。在这个意义上，诠释者必须在"特定实践"的限定中找到那个特定"参与者"的视角，因为建构性诠释不能止步于语义学阶段，它还必须将前诠释的共识吸收至它对意义追问的框架内，从而才能在既看到"抽象""一般"的基础上深入地、最好地诠释"特殊"和"具体"。所以，"最佳诠释"只有在诠释对象视为一个特定的"整体"时才是可能的。

　　整体性限定了建构性诠释的意图。[①] 在作为整体的对象确立的前提下，诠释者必须考虑他运用何种意图来展开他的诠释。现在，让我们以德沃金所提出的法律概念为例来说明意图在建构性诠释中至关重要的地位："法律正当化强制力的使用、持有和保留"是德沃金法律概念的核心寓意，针对此种寓意，诠释者可能会采取不同的态度来对其进行理解。第一种态度是"因袭主义"和"作为整体性之法律"所采纳的——它们都赞同此种"法律寓意"，并且认为只有如此理解特定法律实践，作为整体的法律实践才能更好地得到诠释。在肯定"法律的正当化"寓意之基础上，他们的分歧在于如何具体地理解此种寓意。另外，实用主义否认此种寓意，并且否认人们拥有真实的、客观的法律权利，所以，它采取了内在

----

　　① 关于"整体性"对诠释性意图的限制，我们还可以通过以下的分析从现象学的角度来理解：现象学采取一种实践的立场去看待"意义"的问题。这种立场首先说明了意义产生于实践之后：认识的实践给予科学以意义，道德的实践给予善以意义，而审美的实践给予美以意义。更重要的是，实践本身就是规定性的——它不是要去符合某种主体或者客体的标准，它本身就是标准。所以，如果要在现象学的意义上合法地谈论某种事物的"本质"或"意义"，就不应当站在"实践的外部"去寻找任何可能的依据，而应当首先对实践进行"最好的描述"，因为科学研究的规范性存续于意向性认识实践之中。以数学为例，数学语言使用规则本身不是一种描述，而是一种带有指向性的规定，对"善"的把握不在于行为之外，而在于意欲行为本身，而对美的追求植根于诠释活动所展开的意义整体。所谓内在的，即是指每一种实践都对应着不同主题的意义：在科学实践中，认识者通过连续的、多角度地"看"给予"被认识之物"的存在和用以认识它的"直观范畴"；在伦理实践中，意欲善之人对不同层次"善"的欲求预先确保了"善"在不同层次上被此种行为所规定；在审美实践中，"美"不在于主体或客体的投射或本质，而在于诠释行为在特定前见下的展开，所以，要获得一种对实践的最好描述，我们必须首先是实践的内部描述者，我们也需要先了解所讨论对象被我们的何种实践所规定。在德沃金的《法律帝国》中，他将我们对于完美共同体的理想以及对合法性问题的"最佳诠释"诉诸"最好"这个意图之中。也就是说，法理学只有运用此种意图才能够发现法律实践的"最好的意义"——这种最好的意义不是一种纯然的主观臆想，也不是一种实际的客观存在，而是为法理学之先行意图所规定的"建构性诠释"。参见〔法〕克劳德·德布鲁：《规范性概念：从哲学到医学》，成素梅译，童世骏校，《哲学分析》2011年第2期；〔德〕马克思·舍勒：《伦理学中的形式主义与质料的价值伦理学》，倪梁康译，上海三联书店2004年版，第18页，第33—34页。

怀疑主义的态度去否认法律实践能够在上述意义上得到更好地理解。它认为法律最好被理解为一种朝向未来共同体之最大功利、福祉或者其他价值的工具性手段，而只有在接受了此种前提的基础上，法律人才能给出对于法律实践的最佳诠释。一方面，"整体性的法律""因袭主义"和"实用主义"围绕着"合法性问题"与"最佳诠释"的关系进行着"诠释竞赛"；另一方面，这三种法律概念延伸共享着一个相同的"诠释意图"：那就是最好地理解它们所试图的理解的对象。这就是整体性对"建构性诠释"所划定的第二个界限。

当然，在某些情况下，诠释者将无法采取整体性的方案来理解对象本身。比如，诠释者发现他所身处的法律实践异常混乱和前后不一，它无法将这种法律实践视为一个最低程度上共享前后一致的原则（而不管这些原则具体是什么）的"连贯叙事"。由于这些形式上的原因，他将无法给出对"法律实践整体"的"最佳诠释"。又如，他所身处的法律实践在形式上满足了"最佳诠释"所要求的"整体性"条件，并且他也能发现在此种法律实践中所存在的"一以贯之"的原则体系，但是，他本人完全无法赞同共同体的这些原则和政治道德，因为可能在他看来，这个共同体的原则是在道德上是邪恶的，或者那些政治道德根本无法满足他对正义、公平的基本理解。所以，他所能给出的诠释只能是一种"内在怀疑主义式"的诠释，他有可能运用客观中立的意图去给出关于法律共同体的事实性描述，也有可能竭尽所能地否认和批评此种法律实践的核心价值，甚至有可能去找出该共同体中那为数不多的，他在道德上所能赞同的"实践残片"，去给出一个不坏意义上的诠释，但是，他无法将这个共同体视为一个他所能赞同的"实践整体"，所以，他诠释的意图无论如何都可能不再是"最好地去理解"。[①]

"整体性"最后限定了建构性诠释中意图和对象的互动。事实上，通过澄明"整体性"对诠释对象和诠释者的限定，建构性诠释的规则同样受到了限定。一方面，我们已经看到了"整体性"对诠释对象的限定作用，所以，在面对诠释对象（文学、社会习俗和法律实践）时，诠释者所给出的诠释必须"符合"那个特定的诠释对象；另一方面，我们也看到了"整体性"对诠释意图的限定作用，故诠释者必须运用他个人关于艺术、道德和政治道德的信念，去给出对那个指向对象的"最佳诠释"，此即上文中反复进行说明的"诠释规则"：在艺术诠释中，我们有"符

---

① 见前注希格弗里德法官的例证。

合"与"尽善尽美";在法律诠释中,我们有"符合"和"正当化"。那么,在法律诠释中,整体性要求诠释者将法律实践视为一个"意义连贯"的整体,将共同体视为"用一个声音说话"的抽象道德人格,将司法实践视为对"章回小说"的完美续写,还希望诠释者所采用的特定信念,能够以一以贯之的内在逻辑同时满足"符合"与"正当化"的要求。如果诠释者希望满足这些要求,他就必须调整自己的意图,首先令自己给出的诠释符合"法律实践",然后通过反思性论证和想象力的运用,从他关于"符合"的信念中推导出关于"正当化"的信念,并且绝不能将前者和后者视为毫无关联。也就是说,整体性要求诠释者将对象视为一个整体,而对象与意图间的互动关系要求诠释者本人的信念必须是一个整体式的信念体在艺术诠释中如何回答"什么是诗歌"取决于如何回答"诗歌如何得到更好的理解"。反之亦然。在法律诠释中,如何回答"何谓正当之法"取决于这位诠释者对"法律概念"的种种信念。反之亦然。我们已经知道,"最好地理解法律实践"必须要借助整体性的假设(法律实践本身的意义是一以贯之的"整体")。如此一来,我们可以反过来推论,只有在诠释者本人的信念、意图体系亦是此种"整体"的前提下,作为意图和信念之互动关系产物的最佳诠释才是可能的。所以,在整体性看来,"如何理解对象"和"对象是什么"的答案亦取决于对方——这两个问题在"整体性"对"最佳诠释"的追求中合二为一。

最后,笔者有必要指出,此种意图与对象的互动关系也正是哲学诠释学所谓的"诠释学循环"(der hermeneutische Kreis)。[①] 我们可以通过两个层面的检视来理解此种互动过程:第一个层面的例证来源于理解的"整体与部分"的关系。在前文对后诠释阶段的说明中,笔者使用了对正方体的观察来说明如何通过理解对象的部分来达成对整体的理解。诠释学循环在此种过程中恰好扮演着重要的作用,它要求诠释者必须充分地理解对象的各个部分,从而达成对整体的最佳理解,但是,如果要充分地理解对象的部分,又必须首先对其整体拥有必要的领会。第二个层面的例证来源于"时间",在理解的过程中,诠释者被"前诠释"阶段的前理解所规制,并且理解只有在这种规制之下才是可能的,这表明在理解发生之前有一些东西已经得到了"先行领会";在理解发生之后,先前的东西并不会自然而然地消隐,而是被还原于或被重新给予在新的理解之中,这表明在理解发生

①   关于"诠释学循环"在下文中的特征,参见〔德〕汉斯-格奥尔格·伽达默尔:《真理与方法——哲学诠释学的基本特征》(上卷),洪汉鼎译,上海译文出版社 2004 年版,第 373—376 页。

之后,先前的东西又重新得到了理解。整体性的要求就在于限制对象与意图的互动关系,它表明了如果我们希望最好地诠释法律实践的整体,我们就必须从作为具体法理学问题的部分入手开始,但是在处理具体问题前,我们必须要对法律实践整体有着大致的把握,比如:我们必须承认合法性问题在某个政治共同体内的大致解决;它强调过去的"法律原则"和"政治道德"是我们回应当下问题的"前理解",然而,此种前理解又能够在建构性诠释中被"还原"且"给予"新的意义。比如,法官既不应当拘泥于过去的立法意图,亦不应当只顾未来的恣意立法,他应当在过去和未来之间发现对作为"前理解"之法律规则和判决先例的"最佳诠释"。这或许就是法理学的"第三条道路"。

结　语

德沃金的"遗产"

　　在《法律帝国》的最后，德沃金表示："我是否已经言明法律之所是？最好的回答是：已得要点。"笔者撰写本书的目的，正是希望在总结和连接这些"要点"的基础上，重新阐述德沃金诉诸的合法性价值。这些"要点"包括但不限于：法律是一种诠释性概念，而法律实践本身则是建构性诠释活动的展开；发生在法理学领域和司法裁判中的争议，并非像法律实证主义所言是一种言辞的辩论，而是持有不同信念之法律人希望最好地"诠释"法律实践的"诠释竞赛"；如果法律人希望给出关于法律实践的"最佳诠释"，那么，他们就应当超越"语义学之刺"的浅薄和偏执，找到一把通往更高之处的梯子，从而凭借对"法律寓意"的诠释最好地理解他们作为参与者所身处的法律实践。所以，建构性诠释的立场拒绝那种僵化的教条主义，也拒绝那种扭曲实践真貌的怀疑主义，因为对于此种立场而言，法律实践和法律理论之间并不存在着明显的鸿沟。如果有人希望正确地对"法律是什么"做出回应，那么，他就必然要使自己的回应首先符合实践本身，从而才能在这个基础上去进一步完善、精炼和发展他对"法律概念"的看法。也许有的时候他认为自己给出了"最佳诠释"，但建构性诠释的态度要求他必须谦虚地进行反思，因为法律的概念正不断地处于发展过程之中。这种态度还要求他对过去保持正确的尊重，因为法律概念的历史在深刻地影响了法律实践的发展，而此种发展反过来又进一步为未来的法理学埋下了伏笔。在实践和学说演变的过程中，法律人对"法律是什么"这个问题形成了一些基本共识，他们共享着同一套法律语言、制度结构以及立法、司法的历史传统。因此，在特定共同体中，回答"法律之所是"必然涉及这些共同的东西，尽管它们并不能确保分歧的消弭。建构性诠释建议法律人不要否认这些分歧的存在，因为真正的、有意义的分歧恰好也为

"共识"与"合意"之存在提供了证明。它最后建议我们必须如此理解"分歧"：它们是法律人真诚的探索，是生长"最佳诠释"的肥沃土壤，是回响于过去与未来之间的严肃话语，是法理学和法律的历史，也是法理学和法律本身。

在建构性诠释的视野下，"合法性问题"应当被视为一个法理学问题，甚至是一个法律人无法回避的法理学问题。德沃金或许希望告诉我们："法律是什么"与"何谓正当之法"的追问可以在诠释性概念中合二为一。不少人，也许会对德沃金将"合法性问题"掺入法律概念的做法感到不解，甚至认为这将法理学研究与政治哲学的关切混为一谈。但是，如果采用一种明智的态度，法律人也许没有必要理会此种"担忧"。因为德沃金无非是想告诉人们，只有理解了一个概念的用法和寓意，他们才能有意义地谈及这个概念。在这个前提之上，在英美法律共同体中，法律的寓意在于"正当化强制力的使用、持有和保留"。这表明法律人当然可以认为法律是一种前诠释意义上的规则集合，也当然可以认为通过恰当的法律实践能够使得共同体的明天更为美好，但他们不能否认法律代表着一种正当性证明，代表着国家公权力必须通过对此种证明的满足而获得行使、持有和保留的依据。法律就是这样的依据，并且此种依据必然依赖于共同体的普遍道德传统。所以，法律的寓意要求法律尊重这个传统，进而采取原则的形式规制立法实践和司法实践，使得合法性问题能够在历史和实践的演进中持续不断地得到回应。一方面，立法原则要求"立法者用同一个声音说话"，此种"声音"应当被正确地理解为共同体抽象道德人格对政治道德共识的尊重，并且这个声音应当将它所希望传达的尊重平等地适用于每一位共同体成员；另一方面，裁判原则要求法官们必须尊重立法原则所尊重的政治道德，它要求法官应当在疑难案件中通过对"符合"与"正当化"的满足，发现对法律实践整体的"最佳诠释"，也就是要在法典和判例缄默不语处找到"正当之法"。在立法原则和裁判原则中，抽象道德人格类比对法律原则"一以贯之"地追求以及"章回小说式地写作"体现了整体性政治美德对法律实践的影响。这些类比让法律共同体的立法实践得到了更好地理解，给予赫拉克勒斯以正确的方式去发现并反思他所做出的每一个决定，并且使得每个公民的道德观念成为政治生活、法律实践的奠基石，但这并不是整体性美德的最终诉求，因为我们同样必须知道整体性"有何作用"，才能明白德沃金的良苦用心，我们可以通过引入"整体性"政治道德，更好地检视共同体的合法性基础，也就是回答"何谓正当之法"的问题。

　　那么,本书是否已经言明"法律帝国"的"寓意"? 笔者希望能够声称自己"已得要点",因为"这些要点"就是德沃金的"遗产"。那么,这笔遗产对于中国的法学理论和法律实践又有什么意义呢? 对于这个问题,笔者希望保持谨慎的态度,因为"如何理解德沃金"和"如何在中国适用它的理论"显然是两个完全不同的问题。在给出"作为整体性的法"的答卷去追求对法律实践的"最佳诠释"之前,德沃金对英美法世界法律实践的特点进行了深入、富有见解地论说。忽略这些背景显然是个巨大的错误,而不假思索的"拿来主义"则更将会是一场灾难。我们同样应当注意到,使法律在道德维度获得一致的"立法原则"与"审判原则"可能在不同的文化传统中呈现出完全不同的样态。[①] 因此,虽然此种"诠释模式"在德沃金看来能够适用于所有国家的法律制度,[②]但具体如何适用则是一个异常困难的问题——这显然不是本书能够回答的问题。所以,本书宁可对生搬硬套的做法持"审慎的怀疑态度"。[③]

　　但不能否认的是,假如我们中有人感到"德沃金的遗产"比其他方案更有说服力,更能解释存在于英美法传统中的法律争议,那么,他就借助这把梯子爬到了更高的地方,从而能站在高处审视我们自己法律传统中所存在的问题。如此一来,"找到"这把梯子显然不是他的最终目的,也不可能是中国法律人的最终目的,但我们必须首先得找到这座梯子,才有可能登上高处,去正确理解我们的法律实践。或许"德沃金的遗产"就是这把梯子。但是,在这个问题上,我们必须要付出自己艰辛的思考,正如他本人曾经告诫我们那样:应当"学会使用梯子",而不是抱着"梯子"不肯放下。

　　　　对于每一位读者而言,我在多大程度上成功地表明了"什么是法律"这一问题也因此变成了不同的问题。假设他进行了我试图引起的那种反思,于是发现自己拥有各种各样诠释性的、政治的和道德的信念,那么他就必须

---

　　① Ronald Dworkin, *Law's Empire*, Boston: Harvard University Press, 1986, p.176.
　　② 参见大陆译本中文版序言,〔美〕罗纳德·德沃金:《法律帝国》,李常青译,中国大百科全书出版社 1996 年版。
　　③ 这里笔者采纳了季卫东先生的观点。季卫东先生认为:"在价值多元化的现代社会,复数的普遍性原理并存的局面越来越常见,加上进入国界相对化的历史阶段之后,不同文明犬牙交错,互相碰撞,法律体系日益呈现出明显的多元构成,在实质性原理上达成一致的困难空前加大",特别是"对于中国人而言,法律上的连贯性固然重要,但更重要的却是恢复被纠纷破坏了的人际关系,重新达到社会结构上的均衡和整合。"参见季卫东:《法律体系的多元与整合——与德沃金教授商榷解释方法论问题》,《清华法学》2002 年第 1 期。

问自己,他沿着我的论证思路走了多远。如果他在某个抽象的关键性阶段早早地离开了我的论证,那对于他而言,我多半是失败了。如果在某个相关的细节问题上,他始终离不开我的论证,那么对于他而言,我又多半是成功了。然而,如果他抱着我的论证不肯放下,那么我就彻底失败了。[①]

我们每一个人都拥有自己的康德和维特根斯坦,而我们现在拥有了德沃金,并将在未来继续受益于他的恩惠。然而,在所有的探讨、误解和悼念之后,或许我们现在才刚刚开始明白,我们究竟能从这笔遗产中获取什么。

---

① Ronald Dworkin, *Law's Empire*, Boston: Harvard University Press, 1986, pp.412 - 413.

参 考 文 献

中文专著

[1] 〔美〕罗纳德·德沃金:《法律帝国》,李常青译,中国大百科全书出版社 1996 年版。

[2] 〔美〕罗纳德·德沃金:《法律帝国》,李冠宜译,台湾时英出版社 2002 年版。

[3] 〔美〕罗纳德·德沃金:《原则问题》,张国清译,江苏人民出版社 2008 年版。

[4] 〔英〕约翰·奥斯丁:《法理学范围之限定》(影印版),中国政法大学出版社 2003 年版。

[5] 〔美〕理查德·帕尔默:《诠释学》,潘德荣译,商务印书馆 2012 年版。

[6] 〔德〕马丁·海德格尔:《存在与时间》,陈嘉映、王庆节译,生活·读书·新知三联书店 2006 年版。

[7] 〔德〕汉斯-格奥尔格·伽达默尔:《真理与方法——哲学诠释学的基本特征》(上卷),洪汉鼎译,上海译文出版社 2004 年版。

[8] 〔德〕尤尔根·哈贝马斯:《交往行为理论》(第一卷),曹卫东译,上海人民出版社 2004 年版。

[9] 〔英〕路德维希·维特根斯坦:《哲学研究》,陈嘉映译,上海人民出版社 2005 年版。

[10] 〔美〕理查德·罗蒂:《偶然、反讽与团结》,徐文瑞译,商务印书馆 2003 年版。

[11] 〔英〕路德维希·维特根斯坦:《维特根斯坦全集》(第十卷),涂继亮、张金言译,河北教育出版社 2003 年版。

[12] 〔美〕克里斯蒂娜·科尔斯戈德:《规范性的来源》,杨顺利译,上海译文出版社 2010 年版。

[13] 〔美〕罗伯特·诺齐克:《无政府、国家和乌托邦》,姚大志译,中国社会科学出版社 2008 年版。

[14] 〔英〕托马斯·霍布斯:《利维坦》,黎思复、黎廷弼译,杨昌裕校,商务印书馆 2012 年版。

[15] 〔英〕约翰·密尔:《论自由》,许宝骙译,商务印书馆 2012 年版。

[16] 〔美〕约翰·罗尔斯:《正义论》,何怀宏、何包钢、廖申白译,中国社会科学出版社 2009 年版。

[17] 〔德〕康德:《实践理性批判》,李秋零译,载李秋零主编:《康德著作全集》(第五卷),中

国人民大学出版社 2006 年版。

[18] 〔英〕边沁：《道德与立法原理导论》，时殷弘译，商务印书馆 2000 年版。

[19] 〔德〕尼采：《论道德的谱系》，周红译，生活·读书·新知三联书店 1992 年版。

[20] 〔德〕卡尔·施密特：《政治的概念》，刘宗坤等译，载刘小枫主编：《施密特文集》（第一卷），上海人民出版社 2004 年版。

[21] 〔德〕卡尔·施密特：《宪法学说》，刘锋译，载刘小枫主编：《施密特文集》（第三卷），上海人民出版社 2005 年版。

[22] 〔英〕大卫·休谟：《人性论》，关文运译，商务印书馆 1980 年版。

[23] 〔法〕卢梭：《社会契约论》，何兆武译，商务印书馆 2003 年版。

[24] 〔法〕卢梭：《论人与人之间不平等的起因和基础》，李平沤译，商务印书馆 2007 年版。

[25] 〔德〕康德：《纯然理性界限内的宗教》，李秋零译，中国人民大学出版社 2011 年版。

[26] 〔古希腊〕柏拉图：《理想国》，郭斌和、张竹明译，商务印书馆 1986 年版。

[27] 〔古希腊〕亚里士多德：《政治学》，吴恩裕译，商务印书馆 1965 年版。

[28] 〔英〕卡尔·波普尔：《开放的社会及其敌人》（第一卷），陆衡等译，中国社会科学出版社 1999 年版。

[29] 〔英〕约翰·洛克：《政府论》（上篇），叶启芳、瞿菊农译，商务印书馆 2012 年版。

[30] 〔英〕约翰·洛克：《政府论》（下篇），叶启芳、瞿菊农译，商务印书馆 2012 年版。

[31] 〔英〕詹姆斯·密尔：《詹姆斯·密尔政治著作选》（影印版），中国政法大学出版社 2003 年版。

[32] 王名扬：《美国行政法》（上），中国法制出版社 1995 年版。

[33] 〔美〕杰姆罗·巴伦、托马斯·迪恩斯：《美国宪法概论》，刘瑞祥等译，中国社会科学出版社 1995 年版。

[34] 〔德〕古斯塔夫·拉德布鲁赫：《法哲学》，王朴译，法律出版社 2005 年版。

[35] 〔英〕J. S. 密尔：《功利主义》，徐大建译，上海人民出版社 2008 年版。

[36] 〔英〕边沁：《政府片论》，沈叔平译，商务印书馆 1995 年版。

[37] 〔美〕约翰·罗尔斯：《罗尔斯论文全集》（上册），陈肖生等译，吉林出版集团有限公司 2013 年版。

[38] 〔美〕约翰·罗尔斯：《政治自由主义》，万俊人译，译林出版社 1999 年版。

[39] 〔英〕H.L.A.哈特：《法理学与哲学论文集》，支振锋译，法律出版社 2005 年版。

[40] 〔英〕路德维希·维特根斯坦：《维特根斯坦剑桥讲演录》，周晓亮、江怡译，浙江大学出版社 2010 年版。

[41] 〔奥〕凯尔森：《法与国家的一般理论》，沈宗灵译，中国大百科全书出版社 1995 年版。

[42] 〔英〕尼尔·麦考密克、〔奥〕奥塔·魏因贝格尔：《制度法论》，周叶谦译，中国政法大学出版社 2004 年版。

[43] 〔奥〕汉斯·凯尔森：《法与国家的一般理论》，沈宗灵译，中国大百科全书出版社 1995 年版。

[44] 〔德〕尤尔根·哈贝马斯:《在事实与规范之间:关于法律和民主法治国的商谈理论》,童世骏译,生活·读书·新知三联书店 2003 年版。

[45] 〔奥〕路德维希·维特根斯坦:《逻辑哲学论》,贺绍甲译,商务印书馆 2005 版。

[46] 〔古希腊〕亚里士多德:《尼各马可伦理学》,廖申白译,商务印书馆 2003 年版。

[47] 〔古罗马〕西塞罗:《国家篇 法律篇》,沈叔平、苏力译,商务印书馆 2002 年版。

[48] 〔德〕埃德蒙·胡塞尔:《纯粹现象学通论》,李幼蒸译,商务印书馆 2002 年版。

[49] 〔美〕托马斯·库恩:《科学革命的结构》,金吾伦、胡新和译,北京大学出版社 2003 年版。

[50] 〔美〕圭多·卡拉布雷西:《制定法时代的普通法》,周林刚、翟志勇、张世泰译,北京大学出版社 2006 年版。

[51] 林立:《法学方法论与德沃金》,中国政法大学出版社 2002 年版。

[52] 〔德〕阿图尔·考夫曼:《当代法哲学和法律理论导论》,郑永流译,法律出版社 2013 年版。

[53] 〔法〕笛卡尔:《谈谈方法》,王太庆译,商务印书馆 2000 年版。

[54] 〔德〕康德:《纯粹理性批判》,李秋零译,中国人民大学出版社 2004 年版。

[55] 〔德〕康德:《判断力批判》,邓晓芒译,人民出版社 2004 年版。

[56] 〔德〕黑格尔:《小逻辑》,贺麟译,商务印书馆 1997 年版。

[57] 〔德〕埃德蒙·胡塞尔:《现象学的观念》,载倪梁康选编:《胡塞尔选集》(上),上海三联书店 1997 年版。

[58] 〔德〕马克思·舍勒:《伦理学中的形式主义与质料的价值伦理学》,倪梁康译,上海三联书店 2004 年版。

英文专著

[1] Ronald Dworkin, *Taking Rights Seriously*, London: Duckworth, 1977.

[2] Ronald Dworkin, *A Matter of Principle*, Oxford: Clarendon Press, 1986.

[3] Ronald Dworkin, *Law's Empire*, Boston: Harvard University Press, 1986.

[4] Ronald Dworkin, *Life's Dominion: An Argument about Abortion, Ehthanasia and Individual Freedom*, New York: Vintage, 1994.

[5] Ronald Dworkin, *Freedom's Law: The Moral Reading of the American Constitution*, Boston: Havard University Press, 1996.

[6] Ronald Dworkin, *Sovereign Virtue: The Theory and Practice of Equality*, Cambridge and London: Havard University Press, 2000.

[7] Ronald Dworkin, *Justice in Robes*, Mass: Harvard University Press, 2006.

[8] Ronald Dworkin, *Is Democracy Possible Here? Principles for a New Political Debate*, Princeton and Oxford: Princeton University Press, 2006.

[9] Ronald Dworkin, *Justice for Hedgehogs*, Cambridge: the Belknap Press of Harvard

University Press，2011.

［10］ Ronald Dworkin, *Religion without God*, Cambridge：Harvard University Press，2013.

［11］ John Finnis, *Natural Law and Natural Rights*, Oxford：Oxford University Press，2011.

［12］ Hans Kelsen, *Pure Theory of Law*（revised edition, trans by Max Knight），Clark：The Lawbook Exchange，Ltd. 2008.

［13］ Roberto Unger, *The Critical Legal Studies Movement*, 2nd ed.，Cambridge：Harvard University Press，1986.

［14］ Jules Coleman, *the Practice of Principle: In Defense of a Pragmatist approach to Legal Theory*, Oxford：Oxford University Press，2001.

［15］ H. L. A. Hart, *Essays in Jurisprudence and Philosophy*, Oxford：Clarendon Press，1983.

［16］ H. L. A Hart, *The Concept of Law*, 2nd ed. P. Bulloch and J. Raz. Oxford：Clarendon Press，1994.

［17］ John Finnis, *Fundamentals of Ethics*, Oxford：Clarendon Press，1983.

［18］ Ludwig Wittgenstein, Philosophical Investigations, trans by G. E. M. Anscombe, Oxford：Basil Blackwell，1999.

［19］ B. Cardozo, *the Nature of the Judicial Process*, New Haven：Yale University Press，1921.

［20］ J. Gray, *the Nature and Sources of the Law*, ed. by D. Campell and P. Thomas, Aldershot：Ashgate & Darmouth，1997, p.65.

［21］ K. Llewellyn, *The Bramble Bush*, Oceana Publications Inc.，1960.

［22］ W. Fisher III, M. Horwitz, T. Reed（editors），"American Legal Realism"，New York：Oxford University Press，1993.

［23］ Joseph Raz, *The Authority of Law*, Oxford：Clarendon Press，1979.

［24］ Joseph Raz, *Practical Reason and Norms*, Oxford：Oxford University Press，1999.

［25］ Joseph Raz, *The Concept of a Legal System*, Oxford：Clarendon Press，1980.

［26］ Joseph Raz, *Ethics in Public Domain: Essays in the Morality of Law and Politics*, Oxford：Clarendon Press，1994.

［27］ John Rawls, *A Theory of Justice*, Cambridge：The Belknap Press of Harvard University，1999.

［28］ John Rawls, *Political Liberalism*, New York：Columbia University Press，1996.

［29］ T. Endicott, *Vagueness in Law*, Oxford：Oxford University Press，2000.

中文期刊论文

［1］ 季卫东:《中国司法的思维方式及其文化特征》,《法律方法与法律思维》2005 年

第 1 期。

[2] 季卫东：《面向二十一世纪的法与社会——参加法社会学国际协会第 31 届学术大会之后的思考》，《中国社会科学》1996 年第 3 期。

[3] 季卫东：《法律解释的真谛（上）——探索实用法学的第三道路》，《中国法学》1998 年 6 期。

[4] 季卫东：《法律解释的真谛（下）——探索实用法学的第三道路》，《中国法学》1999 年第 1 期。

[5] 季卫东：《法律体系的多元与整合——与德沃金教授商榷解释方法论问题》，《清华法学》2002 年第 1 期。

[6] 范进学：《美国宪法解释方法论之辨思》，《现代法学》2006 年第 5 期。

[7] 范进学：《德沃金视野中的法律：走法律解释之路》，《山东社会科学》2006 年第 7 期。

[8] 范进学：《论德沃金的道德解读——一种宪法解释方法的进路》，《浙江学刊》2006 年第 4 期。

[9] 范进学：《论宪法解释的客观性》，《山东社会科学》2005 年第 7 期。

[10] 宾凯：《社会系统论对法律论证的二阶观察》，《华东政法大学学报》2011 年第 6 期。

[11] 沈宗灵：《评介哈特〈法律的概念〉一书的"附录"——哈特与德沃金在法学理论上的主要分歧》，《法学》1998 年第 10 期。

[12] 程立显：《德沃金的"权利—公正"论述评》，《中国人民大学学报》1999 年第 2 期。

[13] 林来梵、王晖：《法律上的"唯一正解"——从德沃金的学说谈起》，《学术月刊》2004 年第 10 期。

[14] 洪川：《德沃金关于法的不确定性和自主性的看法》，《环球法律评论》2001 年第 1 期。

[15] 刘星：《德沃金的"理论争论说"》，《外国法译评》1997 年第 3 期。

[16] 朱振：《哈特/德沃金之争与法律实证主义的分裂——基于"分离命题"的考察》，《法制与社会发展》2007 年第 5 期。

[17] 信春鹰：《罗纳德·德沃金与美国当代法理学》，《法学研究》1998 年第 6 期。

[18] 田成有、李来孺：《重构还是超越：法律解释的客观性探询——以德沃金和波斯纳的法律解释论为主》，《法制与社会发展》2003 年第 1 期。

[19] 王立：《德沃金视野中的自由和平等》，《法制与社会发展》2007 年第 3 期。

[20] 高中：《论德沃金自由主义权利论法学》，《政治与法律》2002 年第 5 期。

[21] 王彬：《论法律解释的融贯性——评德沃金的法律真理观》，《法制与社会发展》2007 年第 5 期。

[22] 桑本谦、纪建文：《司法中法律解释的思维过程探析——就审判利格斯诉帕尔默案与德沃金的对话》，《法学论坛》2003 年第 3 期。

[23] 文长春：《罗尔斯、诺齐克与德沃金权利正义论比较》，《学术交流》2006 年第 3 期。

[24] 刘宏斌：《德沃金的分配正义理论》，《兰州学刊》2004 年第 3 期。

[25] 钟丽娟：《德沃金"权利论"解读》，《山东社会科学》2006 年第 7 期。

[26]　张杰：《论德沃金"作为整体的法律"理论》，《内蒙古大学学报》（人文社会科学版）2005年第 3 期。

[27]　吕世伦：《论德沃金的"整体性法律"理论》，《山东社会科学》2006 年第 7 期。

[28]　张国清：《在原则与政策之间——罗纳德·德沃金和理想法律人的建构》，《浙江大学学报》（人文社会科学版）2005 年第 2 期。

[29]　陈金钊：《德沃金法官的法律解释——评〈法律帝国〉一书中关于法律的认识》，《南京大学法律评论》1997 年第 1 期。

[30]　吴克娅、程剑平：《法律是整体性的阐释性的概念——解说德沃金的〈法律帝国〉》，《中南民族学院学报》（人文社会科学版）2002 年第 2 期。

[31]　余俊：《国家司法中民间习俗的影响力评析——中国语境中哈特与德沃金之争的反思》，《现代法学》2011 年第 4 期。

[32]　李常青、邓巍：《"学"德沃金判案与德沃金判案——两种法律解释方法的案例比较》，《现代法学》2004 年第 5 期。

[33]　刘星：《描述性的法律概念和解释性的法律概念——哈特和德沃金的法律概念理论之争》，《中外法学》1992 年第 4 期。

[34]　吴玉章：《评德沃金的权利思想》，《法学研究》1992 年第 5 期。

[35]　张乃根：《试析德沃金的权利论》，《当代法学》1988 年第 3 期。

[36]　姚大志：《评德沃金的平等主义》，《吉林大学社会科学学报》2010 年第 5 期。

[37]　邱昭继：《法律问题有唯一正确答案吗？——论德沃金的正确答案论题》，《法律方法》2009 年第 2 期。

[38]　夏勇：《权利哲学的基本问题》，《法学研究》2004 年第 3 期。

[39]　夏勇：《法治是什么——渊源、规诫与价值》，《中国社会科学》1999 年第 4 期。

[40]　葛洪义：《法律原则在法律推理中的地位和作用——一个比较研究》，《法学研究》2002 年第 6 期。

[41]　陈弘毅：《当代西方法律解释学初探》，《中国法学》1997 年第 3 期。

[42]　汪太贤：《论法律权利的构造》，《政治与法律》1999 年第 9 期。

[43]　谌洪果：《法律实证主义的功利主义自由观：从边沁到哈特》，《法律科学》2006 年第 4 期。

[44]　陈景辉：《原则与法律的来源——拉兹的排他性法实证主义》，《比较法研究》2006 年第 4 期。

[45]　陈景辉：《原则、自由裁量与依法裁判》，《法学研究》2006 年第 5 期。

[46]　丁以升、李清春：《公民为什么遵守法律（下）——评析西方学者关于公民守法理由的理论》，《法学评论》2004 年第 1 期。

[47]　朱景文：《认真对待意识形态——批判法学对德沃金〈法律帝国〉的批判》，《环球法律评论》1993 年第 4 期。

[48]　李桂林：《法律推理的实践理性原则》，《法学评论》2005 年第 4 期。

[49]　郑永流：《出释入造——法律诠释学及其与法律解释学的关系》，《法学研究》2002 年第 3 期。

[50]　〔法〕克劳德·德布鲁：《规范性概念：从哲学到医学》，成素梅译，童世骏校，《哲学分析》2011 年第 2 期。

博士论文

[1]　邓巍：《德沃金法律阐释理论研究》，西南政法大学论文，2008 年。

[2]　马得华：《德沃金与法律的解释理论》，中国政法大学论文，2008 年。

[3]　刘宏斌：《认真对待平等——德沃金政治哲学思想探要》，复旦大学论文，2004 年。

[4]　王聪：《论当代自由主义权利观的理论嬗变——以罗尔斯、诺齐克、德沃金的权利观为主线》，吉林大学论文，2014 年。

[5]　张琪：《争议与阐释——德沃金法律理论研究》，吉林大学论文，2009 年。

[6]　傅鹤鸣：《论法律的合法性——德沃金法伦理思想研究》，复旦大学论文，2005 年。

[7]　陈景辉：《法律的界限：实证主义命题群之展开》，中国政法大学论文，2004 年。

[8]　邱昭继：《法律、语言与法律的不确定性》，中国政法大学论文，2008 年。

[9]　李旭东：《法律规范理论之重述——司法阐释的角度》，南京师范大学论文，2006 年。

[10]　朱颖：《德沃金的'原则'法理学——关于时间性、真理性与自由问题的考论》，西南政法大学论文，2008 年。

[11]　张帆：《论建构性解释——为一种有关法律本质的解释主义进路而辩》，中国政法大学论文，2009 年。

[12]　郑玉敏：《德沃金的少数人权利法理》，吉林大学论文，2007 年。

[13]　杨国庆：《认真对待平等权——德沃金自由主义法律理论研究》，吉林大学论文，2010 年。

英文论文

[1]　H. L. A. Hart, "Positivism and the Separation of Law and Morals," *Harvard Law Review* Vol.71. No.4, 1958.

[2]　Jules. L. Coleman, "Beyond Inclusive Legal Positivism", (2009) 9 *Ratio Juris*. Vol. 22 No.3.

[3]　S. J. Shapiro, "Plans, and Practical Reason", (2002) *Legal Theory*, Vol.8.

[4]　Jules Coleman, "Negative and Positive Positivism", *Journal of Legal Studies*, Vol. 2, 1982.

[5]　Scott J. Shapiro, "The 'Hart-Dworkin' Debate: A short Guide for the Perplexed", *Public Law and Legal Theory Research Paper Series*, Law school of Michigan University, Feb 2, 2007.

[6]　Richard A. Posner, "The Problematics of Moral and Legal Theory", *Harvard Law*

Review, Vol. 111, 1998.

[7] Stanley Fish, "Working on the Chain Gang: Interpretation in the Law and in Literary Criticism", in *The Politics of Interpretation*, ed., by W. J. T. Mitchell, Chicago: University of Chicago Press, 1983.

[8] Leslie Green, "Associative Obligations and the State", *Dworkin and his Critics: with replies by Dworkin*, ed. By Justine Burley, Oxford: Blackwell Publishing Ltd, 2004.

[9] Joseph Raz: "Speaking with One Voice: On Dworkinian Integrity and Coherence", *Dworkin and his Critics: with replies by Dworkin*, ed. By Justine Burley, Oxford: Blackwell Publishing Ltd, 2004.

[10] Jeremy Waldron: "The Rule of Law as a Theater of Debate", *Dworkin and his Critics: with replies by Dworkin*, ed. By Justine Burley, Oxford: Blackwell Publishing Ltd, 2004.

[11] D. Kennedy and K. E. Klare, "A Bibliography of Critical Legal Studies", *Yale Law Review*, Vol. 94, 1984.

[12] J. Derrida, "Force of Law: the 'Mystical Foundation of Authority'", *Acts of Religion*, London and New York, Routledge, 2002.

[13] Karl N. Llewellyn, "A Realistic Jurisprudence-the Next Step", Vol. 30, *Columbia Law Review*, 1930.

[14] O. W. Holmes, "The Path of the Law", *Harvard Law Review*, Vol. 110, No. 5, Mar., 1997.

[15] Oliver W. Holmes, "the Common Law", in William W. Fisher III, M. J. Horwitz, Thomas A. Reed (eds.), *American Legal Realism*, Oxford: Oxford University Press, 1993.

[16] Jerome Frank, "Are Judges Human?", *University of Pennsylvania Law Review*, Vol. 80, 1931.

[17] John Dewey, "Logical Method and Law", 10 *Cornell L. Q.* 27, 1914 – 1925.

[18] Richard A. Posner, "Values and Consequences", in Eric A Posner, *Chicago Lectures in Law and Economics*, Foundation 2000.

[19] Ronald Dworkin, "Model of Rules", *University of Chicago Law Review*, Vol. 35, Issue 1, Autumn 1967.

[20] Ronald Dworkin, "Hard Cases", *Harvard Law Review*, Vol. 81(5), Apr. 1972.

[21] Ronald Dworkin, "No Right Answer?", P. M. S. Hacker and Joseph Raz Eds., *Law, Morality and Society*, Oxford: Clarendon Press, 1977.

[22] Ronald Dworkin, "Law as Interpretation", *Critical Inquiry*, Vol. 9(1), Sep. 1982.

[23] Ronald Dworkin, "My Reply to Stanley Fish: Please Don't Talk About Objectivity Any More", in *The Politics of Interpretation*, ed., by W. J. T. Mitchell, Chicago:

University of Chicago Press，1983.

[24] Ronald Dworkin, "Darwin's New Bulldog", *Harvard Law Review*, Vol. 111(7), May. 1998.

[25] Ronald Dworkin, "Objectivity and Truth: You'd Better Believe It", *Philosophy and Public affairs*, Vol. 25, No.2, Spring,1996.

[26] Ronald Dworkin, "On Gaps in the Law", Neil MacCormick and Paul Ameselek eds., *Controversies about Law's Ontology*, Edinburgh: Edinburgh University Press, 1999.

[27] Ronald Dworkin, "Replies to Endicott, Kamm and Altman", *The Journal of Ethics*, Vol. 5(3), Jan. 2001.

[28] Ronald Dworkin, "Response to Overseas Commentators", *International Journal of Constitutional Law*, Vol. 1(4), Oct. 2003.

[29] Ronald Dworkin, "Hart's Postscript and the Character of Political Philosophy", *Oxford Journal of Legal Studies*, Vol. 24(1), Spr. 2004.

[30] Ronald Dworkin, "Rawls and the law", *Fordham Law Review*, Vol. 72 (5), Apr. 2004.

[31] Ronald Dworkin, "Replies to Critics", *Dworkin and his Critics: with replies by Dworkin*, ed. By Justine Burley, Oxford: Blackwell Publishing Ltd, 2004.

附 录

重要译名对照表

合法性(正当性)问题　puzzle of legitimacy

合法律性　legality

效力　validity

实效　efficacy

建构性诠释　constructive interpretation

整体性　integrity

最佳诠释　the best interpretation(best interpretations)

语义学之刺　the sting of semantics

寓意　point

概念　concept

概念延伸(概念观)　conception

诠释性概念　interpretive concept

诠释性态度　interpretive attitude

"前诠释"阶段　"preinterpretive" stage

诠释阶段　interpretive stage

后诠释阶段　postinterpretive stage

作为整体性的法　law as integrity

正当化证明　justification

程序性正当程序　procedural due process

"棋盘式"法律　"checkerboard" law

人格化　personification

联合义务　associative obligation

友爱共同体　fraternity community

高阶原则　higher-order principle

符合　fit

正当化　justify

尽善尽美　as best as it can be

索　引

后　记①

　　人们总喜欢说"时间过得好快"。对于我而言，四年的博士生生涯却显得十足的漫长，漫长到对过去自己的印象都有点模糊了。我听曾经的好友回忆过往的历史，有时常常会诧异，过去的自己竟是如此那般。这能说明人的变化。但他们又会说：你还是在做研究吧。我说：是的，并且，以后也打算继续研究下去。每当此时，我还是会意识到自己身上尚有未改变的地方。

　　"没有改变"可能同样意味着没有进步、没有提升，但好歹也意味着有一些东西并未被时间抹去。在经历过四年的种种后，我认识了一个最大的敌人，那就是时间。时间会磨平你的锐气，抽空你的理想，假扮成你的诤友，告诉你之前相信的一切都是谬误。它会教会你怀疑。所以，在这四年中，特别是临近毕业的阶段，在与孤独和困苦搏斗的同时，我感觉到时间的威力。它让人产生怀疑，比起相信而言，怀疑简直太容易了。我一直觉得自己不是个特别自信的人。如今，这也是我"没有改变"的地方。不过，不管是从前还是现在，我都对一件事情抱有信心，甚至可以说是信念，那就是选择学术这条道路。人可以基于很多原因做出选择，对于我来说，走上这条道路则是基于兴趣。然而，兴趣也许能让人勇于尝试，却不能确保你一以贯之，也不能确保你不产生怀疑。还需要一些其他的因素。

　　我想起和季卫东老师相处的两个片段。第一个片段是在刚入学不久，年少轻狂的我在一次讲座上向季老师提出了一个颇为尖锐的问题。我记得他的回答大概是："我之所以认为中国的法治会有美好的未来，是因为我相信法律人的努力终将获得回报，否则，我今天也不会站在这里，同你们讲这些话了。"第二个片段是在某次师门聚会上，当时的我产生了怀疑，觉得自己所做的研究有些"无

　　① 此为笔者博士毕业论文的致谢，现作为本书的后记。

用"，于是，向季老师询问是否应当去开展"更为实际的研究"。他对我说："有时候研究要讲究'无用之用'，比如，某些学者终其一生都在探索'无用'的学术，但却最后名垂青史为人所铭记。"后来，他又对我说："有些时候，是要根据实际情况对学术研究的方向进行调整，但也不可调整过了头……要坚持你自己觉得正确的研究方向"。在难捱的日子里，我总是会回忆起先生的话语。我感谢并敬佩季老师，不仅因为他的知遇之恩，也因为他的真诚和信念让我能够继续相信自己对学术的选择。我们都是从那些仍旧"相信"的榜样上，找到自己"不去怀疑"的理由。

我还必须感谢西南政法大学的周力教授。我们都叫他"老周"。我喜欢有趣的东西，而在我大三遇到老周的时候，他就对我说："法理学很有趣"。于是，我就开始学习法理学，一直到今天。记得以前是研究生的时候，我每次都很害怕去老周那里向他汇报读书进展，因为他会毫不留情地批评我的懒散和懈怠，于是，我每次都会向其他参加读书会的同学抱怨他的不留情面，这些同学很快就会将我的话语偷偷地转达给他。这让我感到很担心。我想说，或许本书将使他感到失望；但我也明白，失望的原因，是因为他对我抱有更高的期望。但不管怎么说，如果没有他的"猛烈批评"，我也不会今天还抱有对法理学的信念。我由衷地希望他能一直对我保持这样的态度。

感谢季门所有的师兄、师弟、师妹。特别是李鹏舒同学。鹏舒长我一岁，所以，他一直像兄长那样关照着我的学习和生活。虽然我和鹏舒的研究方向不同，但是，我们还是经常在一起探讨彼此涉足的诠释学和选举理论。他的热情、睿智和真诚深深地感染和打动着我，我为能拥有这样的朋友而感到庆幸。

我必须感谢我的室友李超博士和挚友邱振宇博士，一直以来，他们给了我许多关怀和照应。

我还需要谢谢钱磊女士，谢谢她多年来的陪伴和对我任性的包容。

我最后希望感谢我的母亲。你是一位伟大的母亲。我把本书献给你。

徐　晨

2015 年 6 月于交大闵行校区